ISBN 9783759761705

Herstellung und Verlag: BoD – Books on Demand, Norderstedt

Bibliografische Information der Deutschen Nationalbibliothek: Die Deutsche Nationalbibliothek verzeichnet diese Publikation in der Deutschen Nationalbibliografie; detaillierte bibliografische Daten sind im Internet über dnb.dnb.de abrufbar

Die Satire zur Lage Europas

„Rettet das Klima: Elektro-Panzer an die Front“©

Vor dem Prisma meines eigenen Lebens.

Wir machen uns fit für den Dritten Weltkrieg!

Unter dem Prisma der eigenen Erfahrungen des eigenen Lebens werden zu fünfunddreißig Punkten Episoden, Gedanken und Ideen aufgelistet, was für ein Wahnsinn es ist, heute als zivilisierte Bürger (angeblich „aufrichtige Demokraten“) sich überhaupt theoretisch mit Krieg zu befassen. Die Absurdität und Surrealität des Krieges in der heutigen Zeit soll durch jedes Kapitel dem Leser plastisch vor Augen geführt werden.

Dr. Friedhelm Attacke

FSC
www.fsc.org
MIX
Papier aus ver-
antwortungsvollen
Quellen
Paper from
responsible sources
FSC® C105338

INHALT

Prolog auf Erden

Aus der neuen Welt (Antonín Dvořák)

Krieg gibt es überall und in verschiedenen Varianten: Krieg muss nicht unbedingt Atomkrieg sein. Er kann auch jeden Tag als vollheftiger Mikrokrieg in unseren eigenen vier Wänden stattfinden. Im Kleinen, im Verborgenen, in winzigen Geschäftsbedingungen von Verträgen, in einfacher Diskussion. Krieg ist so wandelbar im äußeren Erscheinungsbild wie ein Influencer im Drogenrausch. Er ist fast schon wegen seiner Wandelbarkeit Oscarverdächtig.

Krieg kann sogar entstehen, ohne dass man es will. Aber trotzdem ist man involviert: Direkt, ungefiltert, ungeschminkt. Alle direkten und indirekten Konsequenzen treffen dann einen Selbst. Wie heißt doch die Liedzeile sinngemäß so schön: Es ist schwer zu verstehen, aber es trifft immer den, der am wenigsten Schuld hat am ganzen Geschehen. Jüngstes Beispiel der Geschichte als Beweis: Die Ukraine gehört weder zur Nato oder zur Europäischen Union. Aber trotzdem sind beide Institutionen mit allen Händen und beflissentlich intern mit diesem Thema Krieg/Ukraine befasst.

Wie Krieg im Mikrobereich entsteht, möge folgende Episode verdeutlichen, die sich tatsächlich exakt so vor ungefähr drei Jahrzehnten ereignete: Der Autor dieser

Zeilen weilte bei der Schwester seiner Mutter in den USA. Zu diesem Zeitpunkt lebte seine Tante bereits zwanzig Jahre in einer Ehe mit einem Topmanager in einem Vorort von Boston, alles durchaus mit ein paar Licht- und Schattenseiten (also die Ehe der Beiden, der Vorort sowieso). Der Ehemann war ein ebenso eigenwilliger Knabe, dem manchmal der Spaß an derben Verbalattacken in Probleme ritt. Eines Tages verkündete die Frau des Hauses voller Stolz, dass sie einen neuen weißen Teppich für den Eingangsbereich des Hauses von ihrem gesparten Geld gekauft habe. Das Ding war richtig teuer. Wieso man teure Teppiche gerade für den Eingangsbereich eines Hauses kaufen kann, erschloss sich mir nicht, noch weniger, warum das Teil dann auch noch ausgerechnet schneeweiß sein muss. Aber darüber soll an dieser Stelle nicht weiter philosophiert werden.

Mit eindringlichen Worten mahnte die stolze Teppichbesitzerin, dass auf keinen Fall ein Flecken auf das weiße Prunkstück kommen dürfe. Jeder, der einen Flecken verursache, müsse stante pede das Haus verlassen, ohne Chance auf Rückkehr, was insbesondere für Verwandte wie zum Beispiel Neffen gelte. Die Spielregeln waren damit klar. Spielregeln, die in der Zeit des Friedens einseitig definiert wurden und zu akzeptieren waren.

Die Katastrophe nahm mit der roten Linie der Tante, mit klaren Worten formuliert, ihren Lauf: Eine Woche später zeichnete sich der weiße Teppich durch einen riesigen schwarzen Fleck aus, der per unsachgerechter Handhabung von Schuhputzmitteln entstanden war. Alleiniger Täter: Der Ehemann bzw. Topmanager. Er war zu faul, seine schwarzen Schuhe, klassische Bostonian, am dafür vorgesehenen Ort im Keller zu putzen. Seine eingeschränkt manuellen Fähigkeiten taten das übrige zur Auslösung des Konflikts.

Weil nun sein eheinternes Sündenregister gegenüber seiner angetrauten Frau schon etwas länger war, er den ungebremsten Zorn mit aller Wucht mehr fürchtete als eine fristlose Entlassung aus der Chefetage eines Weltkonzerns, flehte er in seiner Not und Angst, dass der Neffe als bald wieder abreisender familiäre Gast die Schuld auf sich nähme.

Der verzweifelte Topmanager war sogar noch einen Schritt weitergegangen und hatte - hinter dem Rücken der Verwandtschaft - seiner Ehefrau schon mit Bitte um Gnade für den Delinquenten anvertraut, dass der Gast aus der Verwandtschaft den Flecken allein verursacht habe, weil er ausgerechnet auf dem weißen Teppich seine Sportschuhe verschönt habe. Eine komplett erfundene Nonsensstory ohne einen Funken Wahrheitsgehalt: Wer achtzig Meter unter Wasser schwimmt, kommt eben manchmal auf komische Ideen.

Die Ehefrau war ob des Malheurs außer sich vor Zorn,

im Zustand maximalster Erregung, und das alles nur wegen ein wenig Schuhcreme auf einem Teppich, den man jederzeit wieder hätte ersetzen können. Sie raste wie eine Furie ohne Sinn und Verstand und bat ihren Neffen, auf der Stelle das Haus zu verlassen und von Boston aus zurück nach Europa zu fliegen: Heute! Jetzt! SOFORT!

In - gefühlt - massiver Lebensgefahr sagte der Neffe die Wahrheit, nämlich dass sein Onkel der wirkliche Täter sei und die sanktionswürdige Tat begangen habe: Dies war dann das endgültige Todesurteil des Neffen, weil er es wagte, seinem Onkel zu unterstellen, dass er lügt und außerdem explizit vorwirft, gegen die von der Frau des Hauses aufgestellte Regel vorsätzlich verstoßen zu haben. Bis auf den Neffen flippten von da an Alle aus, liefen über Stunden die Marathonstrecke in weltrekordverdächtiger Zeit Amok, schrien und tobten, kurzum: Der Krieg war ausgebrochen und da.

Lag die Urformation der familiären Konfrontation und Eskalation nun schon einmal fest, ging es zackig weiter in der familiären Mini-Kriegsspirale: Die Ehefrau rief als erstes ihre Schwester an, um sich über den bösen Neffen zu beschweren. Die Schlussfolgerung dieses Telefonats: Der Neffe muss weg. Der Neffe ist überfordert. Der Neffe muss raus aus dem Haus. Staccatohaft wurden diese Sätze wie Programmsätze einer Friedensdemonstration wiederholt. Immer mit einem stärkeren Unterton latenter Gewaltbereitschaft: Alle

4

wollen nur das Beste und Frieden, aber der Kopf dieses Neffen muss schon dran glauben, und ab.

Derweil, der Topmanager verharrte angstvoll in der Position des Beobachters, immer in größter Sorge, dass seine kleine Intrige mit allen objektiven Fakten dann doch noch als solche enttarnt wird und die objektive Wahrheit ans Tageslicht kommt. Der Ursprung dieser Intrige war nichts anderes als eine übersteigerte Angst vor der Reaktion der Ehefrau, wenn sie den wirklichen Geschehensablauf erfährt.

Krieg zur Kaschierung einer vorgelagerten Lüge und der daraus resultierenden Angst, dass diese Lüge als solche entlarvt wird. Besser ein gescheiter und fairer Krieg als die Enttarnung der blamablen Lüge. Der Krieg kann also auch als Mittel herhalten, um eine unangenehme Wahrheit präventiv zu unterdrücken. Diesen Mechanismus sollte man sich einmal in einer ruhigen Minute bewusst vor Augen halten, vergegenwärtigen und merken. Ob es dabei dann um einen schwarzen Flecken auf neuen Teppichen oder verballerten Sinnlos-Milliarden geht, ist vollkommen egal.

War die Geschichte bisher wahr, gleitet sie ab diesem Moment in Fiktion ab: Der Topmanager war - dieser Fakt ist noch wahr - zu diesem Zeitpunkt gleichzeitig auch einer der Bürgermeister einer US-Kleinstadt in der Region um Boston. Ihm wäre es ein Leichtes gewesen, einen Medienvertreter formlos anzurufen und mitzuteilen, dass etwas in seiner Ehe durch den Neffen ausgelöst wurde, das dringend einer öffentlich-rechtlichen Berichterstattung in den lokalen Nachrichten bedarf. Zumindest mit einem kleinen Beitrag, vielleicht von drei Minuten. Die Basisstory: Europäischer Besuch zeigt sich unanständig gegenüber Tante und Onkel mit ausländischer Staatsangehörigkeit. Besuch aus der eigenen Familie ist nur Stress für Alle.

Damit wäre der Neffe, fest eingebunden in die familiäre Hierarchie und Disziplin, das perfekte Opfer für die Medien. Mit ein wenig Schreibstuhlrecherche, ein paar Telefonaten mit Menschen aus dem Umfeld des Neffen, die immer noch eine kleine Rechnung mit dem Neffen aus ganz anderen Gründen offenhaben, kann eine große Story gebaut werden, alles aus einer voyeuristischen Perspektive, ohne wirklich eingreifen zu müssen, aber den entstandenen Mini-Familienkrieg doch wirksam zu befeuern. Waffenlieferung per Behauptungen Dritter zur verbalen Hinrichtung des Neffen mit leichten bis leichtfertigen Worten in der Öffentlichkeit.

Das unglaublich Tolle daran ist: Weder die Wahrheit noch die Berechtigung noch die eigentlichen Ursprungsfakten spielen bei der öffentlichen Berichterstattung eine tragende Rolle. Man kann so prima alles - wie in einem bunten Kaleidoskop - verbal feinschleifen, bis es sich an die gewünschte Wirklichkeit angepasst hat. Haltung, Haltung, Haltung: Das ist der natürliche Feind von Fakten, Fakten, Fakten. Wenn Fakten sich dann auch noch per journalistischen Feinschliff in korrekte Haltung verwandeln lassen, dann ist ein objektiver Kriegsgrund gegen Andere da.

Im Prinzip könnte man dieses Buch schon an dieser Stelle und mit dieser tatsächlichen Episode beenden. Alles Wesentliche zu Kriegsbeginn und Kriegsehrlichkeit wurde schon gesagt. Wer jedoch Lust verspürt, noch ein wenig tiefer in einige Aspekte einzusteigen, der sei herzlich eingeladen, sich die nächsten Kapitel zu Gemüte zu führen. Wir starten in etwas detaillierte Betrachtungen mit allen dazugehörigen Facetten. Los geht´s!

I.

Der Dritte Weltkrieg als altersbedingtes Naturereignis

Gesetztes Pauschalevent für hoffnungsvolle junge Mitglieder im Staat

Der moderne Mensch zeichnet sich durch seine Präsenz in digitalen Medien aus. Facebook, Instagram, seine eigene Homepage, Teams-Meetings und sonstige Digitale Kommunikationsformen sind sein Kennzeichen, praktisch die Lebens-Leitmotive der KI-Generation. Über allem steht der Wunsch, eigenständig agieren zu können, wie es allen jungen Menschen zu jeder Epoche innewohnte. Man will über die Inhalte seines digitalen Markenbildes herrschen, insbesondere auch über sein Aussehen und komplettes Erscheinungsbild. Wenn der Partner oder Familienangehörige sowie Freunde dazwischenfunken sollten, wie in puncto Digitale Medien das eigene Erscheinungsbild optimiert werden kann, setzt es meistens wütende Proteste von dem Akteur. Er glaubt am besten zu wissen, wie er optisch gegenüber der Umwelt in Erscheinung treten soll. Fremdbestimmtheit wird komplett abgelehnt. Man ist sich selbst ultimativer Herrscher seiner optischen Erscheinung. Hier gibt es keine substanziellen Mitspracherechte Dritter.

In der Vorphase eines Krieges sieht das komplett anders aus: Krieg ist stets eine ziemlich autoritäre und geschlossene Veranstaltung, in dem eine kleine Gruppe von Menschen, die sich zumeist persönlich gut kennen, immer zu Lasten der ganz überwiegenden Allgemeinheit von anderen Menschen, die sich überhaupt nicht kennen, legal entscheidet, dass diese Menschen sich selbst erschießen und töten dürfen. Nichts anderes als obrigkeitlich angeordneter Massenmord für „Die da unten". Damit ist Krieg ein gruppendynamisches Ereignis, zumeist über einen längeren Zeitraum, ganz bestimmt aber mit einem ungewissen Ausgang.

Besonders bemerkenswert ist daran nun, dass auf der einen Seite in behüteter Sicherheit die Verursacher - im Prinzip also wie Veranstalter und Regisseure - stehen, die nach einem scheinbar unausweichlichen Gesetz innerhalb des eigenen Staates, aber auch für andere Staaten entscheiden, dass es wieder einmal mit dem Beschuss von allen Seiten losgeht (Wenn man statt des Buchsstaben „U" im Wort Beschuss den Buchstaben „I" verwendet, dann trifft man immer noch sehr genau den Kern der Dinge). Der Startschuss betrifft dann jedoch nur die Anderen, die an dem fröhlichen Abschlachten teilnehmen dürfen, wenn sie denn Pech haben, selbst daran glauben müssen.

Das ist Fakt: Aber die spannende Kernfrage ist doch, warum in einer Demokratie, wo (angeblich?) jede

Stimme zählen und gleichgewichtig sein muss, es zwei Gruppen geben darf, von denen eine Gruppe den Tod souverän befehligt, dagegen die andere, viel größere Gruppe, die Ehre erhält, dem Tod ins Auge sehen zu dürfen und ihn erleiden zu müssen. Von einer humanen Gleichwertigkeit des Lebens aller Staatsbürger kann man da ja kaum sprechen. Im Zusammenhang mit dem Superthema Klima geht die junge Generation streitbar auf die Straße und lässt sich festkleben, aber die konkrete Gefahr des eigenen Lebens inklusive optionalem Todesticket wird ohne Proteste hingenommen.

Was ist da los: Wie schafft es die kleine Gruppe der Kriegsarrangeure, einen großen Fundus an Sterbewilligen zu kreieren, wo doch der Tod eine so unergründlich ewige Institution darstellt?

Kollektive Todessehnsucht gab es schon einmal in der Romantik. Exemplarisch dokumentiert anhand der Leiden des jungen Werthers. Aber diese Leiden waren jetzt so ganz anderer Natur. Außerdem ist Werther auch ein Typ gewesen, den man nicht so einfach mit unseren von Kitatagen an aufgeklärten Jugendlichen vergleichen kann. Das lässige Abtanzen in Lasershows zu wabernder Rave-Musik war ihm genauso fremd wie Urlaub auf Mallorca und in Dubai. Mauritius war für ihn jenseits aller Begrifflichkeit, selbst als Briefmarke. Bioweine und Bioläden gab es damals ebenfalls noch nicht. Also warum in Gottes Namen wollen unsere

Jugendliche im Krieg leiden, wo ihnen heute alle kulinarischen, musikalischen und reisetechnischen Annehmlichkeiten vergönnt sind?

Das Spannende, fast schon Attraktive am Krieg für Jugendliche sind vermutlich die unverhofften Überraschungsmomente inklusive des Einsatzes der körperlichen Unversehrtheit mitsamt des eigenen Lebens. Geht es für einen selbst schief, dann aber richtig. Außerdem steht immer noch die Komponente einer wilden Spielshow im Raum. Fortsetzung der emotionalen Erlebnisse aller Räuber- und Gendarmspiele aus der Jugendzeit auf einer übergeordneten Ebene.

Wenn dann noch verstärkt das Gefühl hinzukommt und professionell von dritter Seite unterstützt wird, dass man als wackerer Kämpfer auf der richtigen Seite steht, kann Krieg durchaus in der Rekrutierungsphase die Position und damit auch Attraktivität einer sinnstiftenden Lebensaufgabe einnehmen, speziell wenn im Moment sich kein generelles Leitthema im eigenen Leben anbietet.

In den Vereinigten Staaten von Amerika des vorigen Jahrtausends glotzten wild aussehende, durchaus ältere Herren mit verwegener Haarpracht im Starsand Strips-Jackett von Plakaten, erhoben die rechte Hand und streckten gierig den Zeigefinger auf eintrittswillige Menschen aus, um ihnen eine Partnerschaft in der US-Armee vor Augen zu führen. Viele junge Menschen folgten diesem Aufruf. Ob Alle danach auch wirklich glücklich wurden, dazu finden sich keine Plakate im ganzen Land. Ein kurzer Gang über Militärfriedhöfe spricht da eine etwas nachdenkliche Sprache.

II.

Europa sucht das Super-Geldsystem

Unbedingte Grundlage für den bellizistischen Urknall unter Ausleuchtung der Medien

Geld und Krieg ist eine unauflösliche Allianz. Da muss man dann auch endlich einmal ein wenig auf Politiker hören, die sich manchmal zu großen Zaubersätzen mit philosophischem Tiefgang versteigen können, wie: Krieg ist nur mit Schulden zu gewinnen. Schulden als Allzweckwaffe, das ist die Lösung: Wir beziehen uns auf die ganz Mächtigen der Geschichte, wie zum Beispiel die Fugger oder die Preußenkönige. Ohne Moos nichts im Kriege los.

Aber warum ist das eigentlich so? In meinen Kindheitstagen hatte ich auch als Siebenjähriger Krieg mit meinem gleichaltrigen Schulkollegen Alois. Das klappte prima, so ganz ohne Geld. Auseinander-setzungen mit körperlichen Kuschelmomenten, über Minuten körperintensiv, mit Vollkontakt. Aber ich war arm. Es ging aber trotzdem wunderbar.

Um diese Wundersamkeit der Naturgesetze des Krie-ges zu verstehen, muss man kurz auf eine einsame Insel, um dort einen Schnellkurs in Geldbegreifen zu verstehen: nehmen wir einmal an, wir sind mit zehn anderen Menschen auf einer einsamen Insel. Robinson Crusoe für Anfänger. Alles mit niedlichem Baströckchen, mit Humusboden umränderten Fingernägeln und voll in Woodstockflair, vielleicht noch ein possierliches Äffchen auf den Schultern, Alles sehr hübsch.

Und wir leben einfach super-sexy-frei. Dessous gibt es dort zwar nicht, weil wir sie noch nicht kaufen können. Mit unseren Gruppenmitgliedern konnten wir einen schwungvollen Tauschhandel installieren. Alle sind glücklich und zufrieden.

Zum Glück gibt es auf dieser imaginären Insel aber genügend Strom, Smartphones, WLAN, Internet und jede Menge Laptops für den alltäglichen Gebrauch.

Und auf einmal hält in dieses Paradies ein Hauch von Ungemach seinen überfallartigen Einzug: Einer aus der Gruppe sagt, dass ab sofort nicht mehr getauscht wird. Es gibt stattdessen einige hohle Taler für ein jedes Gruppenmitglied, wobei diese Hohl-Taler noch mit einem äußeren Wert belegt werden. Fantasie ist gefragt, um diesen Weg als richtig zu erkennen. Ein innerer Wert dieses Ersatzsurrogats namens Geld statt anfassbarer und nützlicher Waren. Alle Inselbewohner erhalten zehntausend Hohl-Taler, die fortan als einziges Zahlungsmittel dienen. Der Lauselümmel der diese Erfindung auf die Insel brachte, sagte dann auch als maximale Krönung seiner Erfindung zu jedem

Anwesenden, dass er in einem Jahr zusätzlich siebenhundert Taler dafür bezahlen müsse, weil er die zehntausend Hohl-Taler erhalten habe. Dazu verdonnerte dieser Bengel die überrumpelten Insulaner noch.

Das bedeutet, dass der innovative Knabe, der sich für die Talerkreation verantwortlich zeigt, so ganz stiekum im Vorbeigehen für die zehn anderen Woodstock-Besucher ein Spontan-System etabliert hat, aus dem man nur entkommen kann, wenn alle zehn Inselmitglieder hunderttausend und zusätzlich siebentausend Taler zurückgezahlt haben.

Damit stand das ganz große Leit(d)thema mit einem Paukenschlag auf der allgemeinen Tagesordnung eines jeden friedvollen Insulaners: Wo sind die zusätzlichen siebentausend Hohl-Taler im rockig-poppigen Insulaner-Zahlungssystem? Sag mir wo, sag mir wo, sag mir wo sind sie geblieben?

Nun gibt es noch eine ganz wunderbare Überraschung innerhalb dieses Systems: Jedes Jahr fallen erneut immer wieder siebentausend Taler zur Rückzahlung an. Da bekanntlich nichts schneller kommt als der nächste Monatserste, die Zeit wie im Sauseschritt vergeht, wird das Problem für die zehn Inselfreaks mit Aversion des Tauschens immer grösser. Nur das ganz große Problem dabei ist: Die Lösung des Problems bedarf keines Aufschubs. Mit jeder Stunde, die vergeht, wird das Zentralproblem für die Inselbewohner kritischer. Andere Inselbewohner könnten von der eigenen Notlage erfahren, dass einem die Hohl-Taler ausgegangen sind. Noch sind Alle vollends beschäftigt, diese unbequeme Wahrheit zu kaschieren.

Bald ist der Punkt erreicht, den man schlechthin als Siedepunkt oder Kulminationspunkt bezeichnet. Man kann auch salopp sagen: Die Hütte brennt mit der Kraft eines Sonnensturms der Kategorie SUPER.

Diese Taler-Kernschmelze auf der lieblichen Insel fällt dann sicherlich auch dem gottgleichen Erfinder dieses Insel-Taler-Systems auf. Und er fragt schuldbewusst: Was soll ich tun, mein geliebter Vater?

Zum Glück hat Papilein den kompletten Durchblick: Er gibt seinem Filius zwei Handlungsalternativen an die Hand für die doofen zehn Insulaner: Dem Sohnemann empfiehlt er, die zehn Insulaner einfach mal ein wenig aufeinanderzuhetzen. Eine kleine Keilerei á la Asterix und die Römer, allerdings nur mit dem Zaubertrank der lustigen Taler. Da geht es dann rund wie seinerzeit mit diesem Alois und mir. Endlich Ganzkörperkontakt mit der Chance auf Eliminierung eines Doofies, im besten Fall sogar ganzer Kleinstgruppen. Ab sofort redet die gesamte Inselwelt nicht mehr über die fehlenden Taler im System, sondern nur noch über die Formationen der winzigen Zwei- und Drei-Mann-Gruppen auf der Insel.

Wenn man jetzt noch das Wort Gruppe durch das Wort

Truppe ersetzt, dann ist man mit diesem Wortkniff schon im richtigen Krieg: Aus Gruppe wird Truppe und Krieg. Fertig! So schnell geht das, wenn man sich vorher noch ein wenig zu Herzen genommen hat, dass Alle, die das Fußvolk bilden, auf der Insel wirklich kriegstüchtig werden müssen, am besten durch die unerlässlich aufmerksame Beobachtung der großen Schlagzeilen in den fünf auflagenstärksten Medien der Insel, die - wegen des winzigen Informationsflusses auf der Insel - natürlich auch nur Dasselbe schreiben können. „Dein Briefing für den heutigen Tag" oder „Was Du wissen musst".

Erst Taler-Krieg, dann Informationskrieg. Dann endlich die volle Körperberührung: Das ist der Weg ins Glück eines jeden Einzelnen, der gangbar erscheint zur Befreiung des so schmerzhaften Verlusts der Hohl-Talerqualen. So zumindest eine eindimensionale Weisheit des Übervaters.

Da Papi ja nicht vollkommen blöd ist, hat er als eines der ersten Kinder der Neuzeit noch eine grandiose Idee: Er rät dem Sohn, die bescheuerten Taler, welche die zehn Insulaner ja nur der Freiheit berauben, da sie hart am Körper ständig mitgetragen werden müssen, komplett ins Internet zu verlagern. Dort sind diese Hohl-Taler dann richtig zuhause und machen ihrem Namen wirklich zum ersten Mal alle Ehre!

Und die Sensation: Für die bekloppten Inselbewohner

so dann auch nicht mehr greifbar, da sie zu virtuellen Zahlen im Internet metamorphosiert sind. Die Taler sind weg, aber nicht so ganz richtig, weil sie nur ein anderer hat. Der alte Sponti-Spruch feiert fröhliche Urstände und gelangt zu seiner finalen Erfüllung.

Papi ist also ein ganz Toller: Erst inszeniert er die Grundvoraussetzungen durch ein System für eine lustige Prügelei. Dann schafft er parallel ein System, damit man zwar imaginär noch Taler hat, die aber dann doch nicht so ganz einem selbst gehören. Ein Jeder ist doppelt eingeschränkt: Mit der mangelnden Verfügbarkeit der Taler und der intensiven Beschäftigung mit der Klopperei.

Aber Sohnemann ist nicht weit vom Stamm gefallen. Er stellt Papi nun Fragen, die durchaus einen gewissen, ganz leichten kritischen Unterton offenbaren. Er fragt: „Papi, wenn wir die ganzen Hohl-Taler für meine zehn Mitbewohner ins Internet verlagern, dann werden die sich doch irgendwann einmal fragen, warum sie sich überhaupt kloppen sollen. Die Klopperei wird doch komplett sinnentleert, weil keine physischen Hohl-Taler mehr vorhanden sind, so ganz anders als zu Zeiten der Fugger und Preußen, als man noch Kriegsbeute mit großen Pferdekutschen abtransportieren konnte. Die Kernfrage lautet also: Was wird aus der Motivation zu dieser lustigen Keilerei?"

Da war sie also - die Frage aller Fragen war in der

Welt, aus dem Universum aufgetaucht wie seinerzeit die Schlange im Paradies. Es droht nichts Geringeres als der Wegfall des einzig tragfähigen Kriegsgrunds: Keine Beute, kein Krieg. Das ultimative Bedrohungsszenario für die gesamte Zivilisation der Menschheit. Es war für einen kurzen Moment der Vater-Sohn-Beziehung alles so wahnsinnig schrecklich und hoffnungslos.

Der Vater war ob dieser Erkenntnis in Schockstarre verfallen. Er dachte, dass er nun einmal Vater eines gottgleichen Wesens sei, aber leider noch nicht einmal ansatzweise aktiver Gestalter, geschweige denn Herrscher des Internets. Das Internet, ja das Internet, - so unfassbar, so weit in den Universen aller menschlicher Existenz. Überall, in jedem Smartphone, aber trotzdem nirgendwo greifbar unter einer konkreten Adresse. Ja, wo sind sie denn alle, die Server des geballten Wissens und der fröhlichen KI?

Damit hatte Papi nun wirklich nicht gerechnet. Sein Sohn dachte aber schon ein wenig über den von ihm als natürliche Grenze vorgegebenen Tellerrand. Was nun?

Das Anfassen des Geldes in Form von sexy Hohl-Talern ist weg. Es gehört der Vergangenheit an, nun unangreifbar in den Räumen der Geschichte für immer abgetaucht. Es ist alles so traurig. Denn wenn die Insulaner das herausbekommen, wird ihnen auch sofort klar, dass es eigentlich keinen tragfähigen und guten Grund mehr gibt, Auseinandersetzungen um Geld und Reichtum zu führen. Geld und Reichtum gibt es nicht für normalsterbliche Insulaner, deren Normalsterblichkeit allerdings nur aus der Reinheit und Ehrlichkeit ihres Charakters resultiert. Es ist kein Fall von geistiger Beschränktheit oder gar Dummkopfigkeit. Es ist allein ein Fall von Gutgläubigkeit in ein System, das längst seine eigenen Wege geht. Pointiert ausgedrückt: Virtuelles Geld muss eigentlich bei konsequenter Denkweise für die ganz überwiegende Allgemeinheit das Ende aller Kriegsgründe im pekuniären Bereich sein.

Wenn aber die ganz überwiegende Allgemeinheit durch Geld und Besitz keine Kriegsgründe mehr besitzt, wie und warum lässt sie sich dann überhaupt noch zu einem gescheiten Krieg verleiten, zu einem Krieg auf dieser Insel zwischen diesen zehn wackeren Insulanern?

Der einzige und triftige Grund, der eigentlich nun nur noch ins Feld der ehrlichen Argumentationen geführt werden kann, ist das Klima und dessen voller Schutz! Permanent wird gesagt, dass es einfach zu viel Kohlendioxid gibt. Kohlendioxid kommt von zu vielen Autos, zu vielen Kühen, zu vielen Gartengeräten, zu vielen Ölheizungen, aber unter keinen Umständen von vielen Privatjets. Das ist so beruhigend zu wissen.

Und wenn man dann nochmals einen Schritt weitergeht, dann kommt dieses böse Klimagas Kohlendioxid auf der Insel von genau diesen zehn braven Individualisten. Viel zu viele Menschen tummeln sich auf dieser Insel. Sie belasten alles. Insbesondere besteht die Gefahr, dass sie ihr Inseldasein am Ende noch zulasten anderer Menschen hinterfragen, nachdem ihr geliebtes Hohl-Taler-Geld im Internet verschwunden ist und dort ein flackerndes Dasein fristet wie eine virtuelle Trauerkerze auf einer der berühmten Kondolenz-Homepages.

Die Transformation ist zwar für die zehn Insulaner perfekt abgeschlossen: Aus den anfassbaren Hohl-Talern, die noch mit Pferdekutschen bequem abzutransportieren waren, sind virtuelle Daten geworden, einfach nur eine Fiktion für Alle, denen man die handgemachten Taler weggenommen hat. Hohlheit statt Substanz. Reality Shows lassen grüßen, mit Schwergewicht auf dem zweiten Wort „Reality". Taler-Geld der Allgemeinheit ist weg. Stattdessen sind die Daten da, um die sich die Allgemeinheit auch keine Gedanken mehr zu machen braucht, weil die KI sie schon heute perfekt verwaltet und kontrolliert.

Möchte man nun wissen, wer die konkreten Menschen sind, die dies alles veranstalten und so lautlos in die Wege geleitet haben, wird man mit Service-Centern in Hotlines verbunden, in denen zunächst einmal Stunden am Telefon gewartet werden darf. Antworten werden nicht gegeben, es sei denn, dass derjenige, der im Moment der individuellen geistigen Unachtsamkeit den Telefonhörer am anderen Ende der Leitung abnimmt, sanftmütig mit vorgegaukelter Gelassenheit erklärt, er sei nicht zuständig, sondern die Zentrale, in der leider aber niemand im Moment abhebe.

Das schöne anfassbare Geld alter Tage hat sich binnen weniger Jahre, als man mit den Corona Lockdowns beschäftigt war, in virtuellen Datenstaub verflüchtigt mit Endstation Nichtzuständigkeit in der Hotline. Ein ganz, ganz großer magischer Akt für alle. Besser als Siegried und Roy, die nur Löwen und Elefanten verschwinden lassen konnten.

Jetzt sich mit dieser Antwort, die nichts anderes als eine objektive Erkenntnis - gewonnen an den realen Erfahrungen des Alltags - ist, als einer der zehn Insulaner zufriedenzugeben, würde nicht ausreichen. Die Insulaner dürsten nach Erkenntnis und müssen in ihrem Denkprozess tiefer gehen: Wenn es keinen Sinn mehr macht, um das Geld zu kämpfen, weil es weg ist, ja was machen wir denn dann?

Es bleibt eigentlich nur noch der Ausweg, sich groß und gebildet zu zeigen: Der Klimaschutz ist die eigentliche Direktive, nicht mehr Geld, sondern der optimale Schutz der Umwelt. Und weil Menschen ja so viel Kohlendioxid erzeugen, sollte der ideale Gutmensch jetzt eigentlich ohne Probleme selbst erkennen, dass er das Klima von sich selbst befreien muss. Und was wäre da besser als eine vernünftige Maximalprügelei mit allem, was die moderne Technik so hergibt, ist ja gesellschaftsfähig, nachdem nun schon Rüstungskonzerne Bundesliga-Fußballvereine ganz offen sponsoren.

Der Geldzyklus ist final geschlossen und findet seine humane Maximalerfüllung: Bellum facio ergo sum. Descartes hat sich geirrt, Erasmus von Rotterdam sowieso, der sich zu der kläglichen Erkenntnis verstieg, dass die Wahrheit uns frei macht. Was für ein eindimensionaler Mensch ohne Feingefühl für wirklich Großes.

Nein, nein, nein: Die Wahrheit ist, dass das Klima geschützt werden muss und wir die kleine Insel endlich befreien sollen, von nichts Geringerem als von uns selbst.

Nur: Beinhalten diese Thesen eigentlich auch unsere ureigene Philosophie? Oder ist es nur die These derjenigen, die für Kriegswirtschaft zugunsten aller waffenfähigen Auseinandersetzungen auf der Insel plädieren und uns endlich in Aufruhr sehen wollen? Sind wir selbst das wirklich, die dieses Leben in einem Kriegsmodus postulieren?

Im Prinzip sollten wir direkt mit allem, was Krieg betrifft, aufhören: Denn es gibt kein Hohl-Taler-Geld mehr zu rauben. Der Kriegswille aus mehrtausendjähriger Geschichte ist seiner inneren Sinnhaftigkeit entblößt und beraubt, weil das anfassbar-massive äußere Taler-Geld fehlt.

Man muss es aber ein wenig anders sehen, wenn man so altruistisch ist, dass es einem als faire Lösung erscheint, die Insel von sich selbst zu befreien, zugunsten der weiteren Lebensfähigkeit eines guten Weltklimas und einer Welt, in der weiter mit Privatjets auch zugunsten von Visagisten für Politiker und anderer Geisteskapazitäten mit 360 Grad-Verständnis herumgeflogen wird. Wir alle müssen endlich zu ganz großer Philosophie imstande sein, die sich innerste Sinnwelten erschließt. Diese Erkenntnis haben die wackeren zehn Inselbewohner erst dann erreicht, wenn sie endlich so viel Angst vor dem Klimatod und einer leeren Hohl-Talerwelt haben, dass sie sich ganz freiwillig entschließen, sich selbst umzubringen. Für die zehn Insulaner ist vollkommen klar: Der von dritter Seite aufoktroyierte Freitod ist der perfekte Ersatz und die ultimative Rettung: Vor Geld und Krieg! Das war's mit dem Thema Geld. Sic transit pecunia mundi!

Verlassen wir nun am besten die Insel und ihre liebenswerten Insulaner und wenden uns einem noch spannenderen Thema zu.

III.

Die mühsame Zeit des Wartens bis zum ersten Schuss

Wie uns das Wissen aus der Grundschule über die Nazis die Zeit verkürzen kann

Man spürt die Zeitenwende allerorten: In den Mainstreammedien wird im Stundentakt über Gewaltverbrechen berichtet, von denen ein jedes einzelne noch vor fünf Jahren zu TV-Sondersendungen am Abend über vier Stunden inklusive Spontan-Programmänderungen Anlass gegeben hätte. Die schöne neue Welt hat Einzug gehalten. Vieles wurde bunter, auch hier und da sehen wir jetzt schon einmal gepflegt Knallrot. Abenteuerspielplätze gibt es im Lande nun an jeder Ecke, wohin das Auge auch schaut, beim Rangeln um eine Parklücke oder ganz schlicht beim Bezahlen an der Supermarkt-Kasse. Die Stimmung im Volk ist dynamisch und gigantisch. Genug Energie baut sich auf und ist bald zum angestrebten Höhepunkt da.

Es geht einfach darum, wieder alte Märchen neu zu beleben: Sieben auf einen Streich. Das ist das ultimative Ziel, wobei mit der Zahl Sieben natürlich Staaten und Provinzen rund um das Reich des Bösen gemeint sind. Die Frage besteht nur darin, was oder wer mit

"Reich des Bösen" gemeint ist. Vordergründig kann man da schnell ein paar plakative Antworten finden, welche die letzten Fangruppen in Ekstase versetzen. Aber der gesamte Aufladungsprozess will ja auch ein wenig von den Experten (das sind unter anderem auch diejenigen, die Stuttgart 21 und den Berliner Flughafen geplant und gebaut haben) und wahrhaftigen Eliten gesteuert sein, damit der Schuss nicht nach hinten losgeht.

Und an dieser Stelle erweist sich dann, dass das deutsche Volk dennoch heute das glücklichste Volk in der Geschichte sein kann, weil das deutsche Katastrophen-Jahrhundert sich bei historisch-einvernehmlicher Betrachtungsweise als ein besonderes Momentum für die gesamte Welt herauskristallisiert: Nur das deutsche Volk besitzt den Benimm-Kompass eines aktiv anwendbaren Nazikriteriums. Grölen ein paar geschichtslose Vollpfosten in irgendeiner Kneipe für ein paar Sekunden historisch vorbelastete Sätze, sind sofort sämtliche Zutaten für einen flächendeckenden Skandal in ganz Europa im medialen Einheitstopf. Alles ist voll Nazi in Deutschland, insbesondere in der deutschen Provinz. Mit einer nationalen Einordnung der Vorgänge ist jeder Redakteur in den Schreiberstuben bestens vertraut. Die Medienmaschinerie läuft in diesem Punkt auf professionellen Hochtouren. Es passiert so schnell.

Die medial-geschliffene Feindarstellung in den vergangenen drei Jahren mit der intensiven Beschäftigung mit dem neuen Nazitum fordert kritische und unkritische Geister gleichermaßen stark, da jedermann in der Gesellschaft sich dazu eine Meinung bildet. Damit entstehen Gruppen und Parteien, alles wirklich vollkommen wertneutral gemeint und formuliert.

Dieser Prozess mündet in einer gewissen Denkbequemlichkeit, weil wir uns darauf einstellen können, in Gut und Schlecht zu denken, eben in Schwarz und Weiß. Das Urteilen wird so einfach. Nur einen bestimmten Satz gesagt? Schon wird man in eine Kategorie eingelocht. Das Denken und damit auch die Bewertung der Qualität des Denkens durchläuft ab sofort nur noch den Reinigungsprozess einer medial sorgfältig kontrollierten und vorgestanzten Schablonisierung. Damit sind wir im Prinzip wieder bei den Law and Order-Strukturen des 19. Jahrhunderts in der Armee. Wie lautete das Wort? Armee! Und wofür braucht man Armeen? Richtig: Für den lupenreinen Krieg!

Ab sofort sind klar definierbare und damit abgrenzbare Gruppen innerhalb der Gesellschaft ein wichtiger Bestandteil, weil sie ein Eigenleben besitzen und bisweilen nur schwer kompatibel sind. Mit politischen Minimal-Schlagworten werden Gruppenbildungen kultiviert, danach medial visualisiert und einer breiten

Öffentlichkeit zum häppchenweisen Konsum vorgestellt. Walt Disney wusste noch, dass die Wüste lebt, freute sich daran und schrieb ein Buch. Heute wissen nur noch wenige überhaupt, dass die Wüste lebt, geschweige denn, wer Walt Disney war.

Wissen stört enorm, differenzierte Betrachtungsweisen erst recht. Ein Vergessen von simplifizierten Griffigkeitsparolen darf unter keinen Umständen stattfinden. Die ausgeklüngelte Kultivierung in immerwährenden Wiederholungsprozessen ist das virtuose Narrativ in den sauberen Krieg hinein. Rituale der journalistischen Maximalwiederholung verkürzen die Zeit bis zum „Jetzt geht´s los".

Aus den Faktenzusammenstellungen mancher heutigen Regierungserklärungen an den verschiedensten Stellen der Welt wissen wir, dass auch Francis Bacon ein ausgemachter Dummkopf war, weil er seinerzeit schon in der Barockzeit sagte, dass Wissen Macht wäre. Wenn aber Macht wirklich der reine Ausfluss von Wissen wäre, dann müssten doch die Politiker, die in der Schule über die Schrecken des Dreissigjährigen Krieges und anderer epochaler Kriege höchstwahrscheinlich unterrichtet wurden, wissen, dass Krieg keine Lösung ist, ja niemals eine Lösung sein darf, um einen Konflikt zu befrieden. Wer Krieg will, wer permanent, obwohl schon in Ehren ergraut und mit weißem Deckhaar auf dem faltigen Haupt versehen, mit säuselnd lieblicher Sopranstimme im Diskant nach dem richtigen Krieg auf den öffentlichen Plätzen schreit und ihn fördert, der hat dann wohl in der Schule nicht so genau aufgepasst, als die großen Kriege der Menschheit detailgetreu durchgenommen wurden.

Na ja, vielleicht muss man an dieser Stelle etwas differenzierter die Dinge betrachten: Tote Soldaten des Feindes sind gute Tote. Opfer in den eigenen Reihen müssen stets laut beklagt und unter einer eigenen Logik betrachtet werden. Mit den Grundsätzen eines gelebten Humanismus, den die Universalgebildeten der Aufklärung lehrten, hat die heute praktizierte, rein auf Staatsangehörigkeit bezogene Kategorisierung in gute und schlechte Tote der bedauernswerten Kriegs-opfer herzlich wenig zu tun.

Angesichts der Verfassungen aller europäischen Staaten und des Grundgesetzes ist selbstverständlich, dass sich alle wackeren Qualitäts-Demokraten für alle Zeiten einig sind, dass es niemals mehr zu einem Krieg mit deutscher Beteiligung kommen darf. Niemals! Eine Art Goldener Friede der ganz anderen Sorte. Das ist das Wissen und die Lehre, die ich aus den Inhalten des schulischen Geschichtsunterrichts für mein Leben mitnahm. Genauso, wie niemand mehr ungestraft mit Naziparolen in der Öffentlichkeit in Erscheinung treten darf. Aber warum wird dann Putin von deutschem Boden aus permanent in unzähligen Facetten der Krieg direkt und indirekt erklärt? Warum ist das erlaubt? Was habe ich denn da schon wieder missverstanden als älterer Mann im Rahmen der feministischen Außenpolitik?

Vermutlich liegt es daran, dass vernünftige Kriege immer mit einem politisch korrekten Feindbild starten müssen. Das Feindbild muss griffig, leicht vermittelbar, am besten schnell simplifiziert in der medialen Darstellung und in seiner Erscheinung sein und darf auf keinen Fall so aussehen, wie ein Supermodel. Die Politiker, die auf diesen feingeistig-argumentativen Ebenen unterwegs sind, müssen nur höllisch aufpassen, dass sie plötzlich nicht selbst vielleicht die besten Feindbilder darstellen.

Die Kriegswirtschaft ist wie ein Leitfanden als großes Ziel vorgegeben, was neuerdings wieder als hehres Ziel von vielen selbsternannten Polit-Superstars gerne in den Mund genommen wird. Schritt für Schritt führt man den gemeinen Bürger an das große Ziel eines edlen Dritten Weltkriegs heran. Die Aufmunitionierung des einfachen Volkes zum enthusiastischen Dienst an den Waffen. Kann man alles machen, selbst im 21. Jahrhundert nach allerschrecklichsten Erfahrungen in zwei furchtbaren Weltkriegen im Wissen aus dem Anschauungsmaterial im Internet. Aber vielleicht wundern sich die engagierten Kriegsbefürworter von Staats wegen dann noch am Ende, wohin und auf wen das Volk seine Waffen im Ernstfall richtet. Das Sterben ist immer das Sterben der Anderen, die eben eine Sonderstellung innehaben innerhalb der

Staatssysteme. Das kennen wir auch aus der Schulzeit, wenn die Lehrer fragten, ob sich jemand freiwillig für eine Examinierung vor der ganzen Klasse im Physikunterricht melde.

Für die kleinen Racker wird es relativ schnell ernst: Schon auf Spielkonsolen im Vorschulalter ist eine Thematisierung des Kampfes und der Auseinandersetzung mit bösen Kräften zu finden. Die Kleinen sollen sich nicht allzu große Sorgen machen. Unverkrampft geht es an die großen Auseinandersetzungen im Weltgeschehen heran. Spielerisch behalten sie als zukünftige Demokraten die starke Oberhand. Allerdings, das alles ist ja nur ein Spiel. Es sind Gedankenwelten der qualitativ hochwertigen Illusion, eingebunden in verbale Meisterleistungen der Demokratieerklärer, pädagogisch perfekt angepasst für jede Altersgruppe. Wenn dann eines Tages die Realität zuschlägt, die es ja leider auch in der Demokratie gibt, sieht es womöglich etwas anders aus. Das ist wie mit den Elektroautos der schönen CO_2-freien Welt. Die Elektroautos halten das böse Kohlendioxid unter Verschluss, genauso wie in der vorigen Generation der Kasper das Krokodil mit der Peitsche, aber wenn es dann auf Urlaubsreisen gehen soll, findet sich so schnell keine leere Ladestation gegen 23:00 vor dem Brennerpass. Alles wäre so einfach, wenn es nur die gefilterten Worte und Wünsche gäbe, völlig frei und losgelöst von allen Gesetzmäßigkeiten jeglicher

stupenden Naturgesetze. Die Realität stört immer
wieder, selbst wenn man die Kleinsten für das Kriegsgeschehen da draußen begeistern möchte.

Aber zum Glück gibt es ja für die unter Siebenjährigen
noch die Sinneswelt der Kitas. Selbst das hartgesottene Corona-Virus konnte diesen Kultstätten der
qualitativ neutralen und hochwertigen Kindeser-
ziehung nichts anhaben. Durch Quanten-Bewusst-
seinssprünge flotter Erziehungsberechtigter und Kita-
Pfleger gibt es dort Kuschelecken für die Aller-
kleinsten. Da können sie sich nach Lust und Laune
austoben und die raue Wirklichkeit en miniature über
sich erfahren lassen. Übergriffe von Geistlichen in der
Kirche waren gestern. Vergangenheit. Fast wie eine
kleine Vorerfahrung für den ehrlichen Krieg zur
weltweiten Demokratie. Einem Kleinkind kann ja so
viel schon mit auf seinen Lebensweg gegeben werden,
und wenn es nur ein paar Tage der Selbstfindung in
pädagogisch wertvollen Kitas sind.

Nervender, da langweilig in der Kuschelecke, kann
dann schon einmal kurz durch multikulturelle Erleb-
nisrangeleien im Vorschulalter kompensiert werden.
Wenn die Kuschelei zu eintönig zu werden droht,
können aufgeweckte Kita-Mitarbeiter schnell ein paar
Austauscherlebnisse zwischen den Kleinkindern ver-
schiedener Kulturkreise organisieren. Bestenfalls
bringt man den Kleinen bei, wie man in anderen
Kulturkreisen liebevoll mit Haustieren wie Hunden

umgeht. Man muss ja nicht immer ans Essen denken. Die richtige Einstellung im Umgang mit den Tierchen reicht vollkommen aus. Aber auf keinen Fall darf so etwas wie Empathie entstehen. Denn das stört die neue Zielsetzung demokratisch per Mehrheitsbeschluss inszenierter Kriege gewaltig.

IV.

Spielerisches Erfassen von Spaßwelten des Krieges

Geschichtsunterricht an weiterführenden Schulen - Frei bis 18 Jahre

Ab Eintritt in weiterführende Schulen beginnt für den jungen Menschen der Ernst einer weiteren Phase der Demokratie. Die Jugendlichen dürfen lernen, dass Demokratie immer auch Kampf um Deutungshoheit in einem bestimmten Bereich beinhaltet: Demokratie ist eine Identifikation mit einem System und einem Land. Demokratie ist auch inhärenter Krieg, weil sie die Lizenz zum Wehrhaften mit sämtlichen militärischen Abwehrsystemen, die es so auf dem Weltmarkt gibt, besitzt. Frei nach dem beliebten Motto: „Willst du nicht mein Bruder sein, so schlage ich dir den Schädel ein". Wer sich der richtigen Demokratie widersetzt, bekommt es mit ihr doch etwas heftiger zu tun. Da geht dann überhaupt nichts mehr in puncto freier Selbstentfaltung für die Jugendlichen. Niemand kann erwarten, dass er nach eigenem Gusto durch die Schulwelt sich bewegen darf. Schule heißt das Vermitteln demokratischer Lebensinhalte, aber nur der ganz richtigen, die von der Allgemeinheit als woke angesehen werden. Und Demokratie heißt in diesem

Kontext am Ende des Tages ganz einfach Gehorsam und fraglose Gefolgschaft. Das ist zugleich das Schöne an Demokratie, dass es Jugendlichen so einfach vermittelbar ist. Demokratie auf den Punkt gebracht. Anwendbar auf Jedermann.

Durch den Aufbau einer feinen sowie feinsinnigen Demokratie im Schulalltag entstehen erste Gehorsamsstrukturen, die jederzeit auch in einem größeren Kontext höchst sinnvoll und effizient genutzt werden können. Das, was man ab dem zehnten Lebensjahr in der Schule an Strukturen und Verhaltensregeln lernt, kann auch zu einem späteren Zeitpunkt gut in einer Armee eingesetzt werden. Freiheit von eigenen Gedankenwelten tut so gut, es inspiriert und entspannt gleichermaßen, allein der Mehrheit zu folgen. Wie sagte doch Elvis Presley, einer der wohl ersten Rockstars der Musikgeschichte so treffend: „Millionen meiner Fans können sich einfach nicht irren!". Das ist ein Paradebeispiel echt angewandter Demokratie. Inhalte der Demokratie sind zweitrangig. Die Menschenmenge und die Haltung bringen es, in der Sache, aber natürlich auch auf den Punkt.

Damit geht schon in jungen Jahren für den Jugendlichen einher, dass er nichts umständlich und eher lästig-anstrengend hinterfragen soll. Die Schule hat immer Recht, insbesondere wenn es gegen Rechte, Nazis und den Osten geht. Was sollen die Lehrkörper auch kompliziert aus den Medien tradierte, vor allem durch die öffentlich rechtliche Haltung optimal abgesicherte Positionen der Politik und Weltanschauung hinterfragen, wenn alle Journalisten das gleiche schreiben. Allein aus der Gleichschaltung der Mainstream-Berichterstattung ist abzulesen, dass die Positionen wahrhaftig sind, ja sein müssen. In Abwandlung der Fundamentalerkenntnis des Rockstars kann man formulieren, dass Millionen Leser und Journalisten sich nicht irren können, alles voll demokratisch. So einfach liegen die Dinge. Basta. Punkt. Ein Schrödersches Machtwort erstickt an dieser Stelle jedwede eigenständige Überlegung der Jugendlichen. Wahrheit ist immer dasjenige, auf das sich die Mehrheit als Wahrheit verständigt. Anders als bei Rosa Luxemburg, die immer noch wusste, dass Freiheit immer die Freiheit des Andersdenkenden ist.

Und so haben in den heutigen Bildungssystemen aufgeweckte Jugendliche schon so ihre Schwierigkeiten, die beim Märchen von Rotkäppchen und dem bösen Wolf an der Stelle zu schreien anfangen, wo dem Wolf von dem couragierten Jäger der Bauch aufgeschlitzt wird, um Rotkäppchen zu befreien: Das Groß der Jugendlichen fiebert mit Rotkäppchen, aber niemand fragt, was beim Aufschlitzen mit dem armen Wolf passiert. Veränderte Sichtweisen, welche vom allgemeinen Verständnis abweichen, sind politisch hochproblematisch, selbst wenn es für Mensch und Tier in diesen Momenten um existenzielle Fragen rund zu Leben und Tod geht. Dabei müsste diese Passage aus diesem Grimm-Märchen gerade die Natur- und Klimaschützer dringend auf den Plan rufen. Wo bleibt der Tierschutz? Wo die Unversehrtheit des Wolfs? Und am Ende auch: Wo bleibt die Freiheit der Andersdenkenden? Demokratie will aktiv gelebt und bewusst erfahren sein.

Dem jungen Menschen werden in dieser Phase der schulischen Ausbildung Begrifflichkeiten und Denkmodelle in Stichworten angeboten, die quasi erscheinen, wie die Fortsetzung von Märchen der Gebrüder Grimm auf der nächsthöheren Stufe gesellschaftlicher Grausamkeiten.

Im Geschichtsunterricht können wertvolle Bausteine zu eigenen Erlebniswelten vermittelt werden. Man spricht einfach über den heutzutage aktuellen Ukraine-Russland-Krieg und öffnet damit Tür und Tor, in einem großen Bogen direkt Vergleiche aus der Geschichte zu bemühen. Realität ist eben höchst wandelbar, je nachdem, mit welchen Ereignissen und Meinungen objektive Fakten in Bezug gesetzt werden. König Ludwig II aus Bayern kann man auch einen hart am Wahnsinn jonglierenden Schlossprinzen nennen, aber mit gleicher Berechtigung auch eine extrem gebildete Persönlichkeit, die sich um die zeitgemäße Architektur tiefgehende Gedanken gemacht und diverse Schlösser in einer unvergleichlichen Vielfalt hinterlassen hat, die bis heute einen geradezu magnetischen

Reiz auf eine Vielzahl von Menschen aus aller Welt ausüben. Dies ist eine immense Leistung, die man auch objektiv würdigen muss, bei aller verständlichen Zwiespalt über die Person König Ludwigs II. Das, was König Ludwig II war und ist, liegt manchmal eben allein im Auge des Betrachters.

So ist das auch mit dem Kriegsgeschehen und deren Darstellungen im Geschichtsunterricht der Jugendlichen. Alle Kriege können im Prisma einer bestimmten Bedeutung und bestimmter Ziele gesehen werden. Ein elementarer Fehler im Rahmen des schulischen Unterrichts ist aber, dass Kriege häufig wie unvermeidbare Naturereignisse dargestellt werden, als ob Kriege wie Sonnenschein und Regen die Menschheit als Naturgewalten begleiten müssten. DAS ist ein Wahrnehmungsdefizit wie es dramatischer nicht mehr sein könnte. Warum nehmen wackere Demokraten nicht ganz schlicht die Position ein, dass Krieg als Mittel für Demokraten weltweit tabu sein MUSS? Selbst Aggressionen eines Drittstaats sollten echte Demokraten nicht ermächtigen und verleiten, Krieg gegen andere Nationen zu führen, alles unter dem Vorwand, dass man nur Demokratie verbreiten möchte.

Die Grenze zwischen der an Festtagen so gern zitierten wehrhaften Demokratie und der doch eher problematischen militanten Demokratie: Sie muss gezogen werden, aber was sind die objektiven Kriterien? Wo verläuft sie und wer hilft, diese Grenzen logisch und nachvollziehbar zu definieren?

Aus diesem Massiv-Dilemma hilft dann zum großen Glück aller aufgeweckten oder auch noch halb verschlafenen Demokraten im Teenageralter eine mächtige Institution, die uns die dringend notwendigen Leitlinien für die wahre Demokratie - oder sollte man besser sagen „die Ware Demokratie" - vollkommen trittsicher vorgibt: Alle Produktionen und Filme aus der seit Jahrzehnten bewährten Traumfabrik Hollywood.

Liebevoll adaptiert und implementiert in die internationalen Unterhaltungssysteme aller Staaten zeigt Hollywood, wo für den heranwachsenden Demokraten der Hammer hängt. Hollywood hilft, einen geschärften Blick auf historische Ereignisse zu erhalten, insbesondere in vielfältigen Versionen das Heldentum des Soldatendaseins endlich mal in der wahren Größe zu erkennen. Soldat zu sein und gerechte Kriege zu führen, heißt stets, sich für die richtige Sache in der ersten Reihe einzusetzen, wo man bekanntlich am besten sitzt und alles sieht. Richtige Abenteuer-Lebensdynamik mit Kameraden hautnah und wundervoll naturbezogen in freier Wildbahn zu erfahren, allerdings für den Einen oder Anderen nur die kurze Zeit, bis man stirbt. Aber im Krieg ist das Sterben oftmals wundervoll und wird zum puren Lebensglück kurzerhand umgedeutet, wenn man denn das Talent hat, es richtig zu verstehen (siehe die historischen Kriegsführer der Geschichte).

Wichtig erscheint auch, dass die Jugendlichen spielend erfahren, dass man nur mit Pistolen und Waffen in komplizierten Situationen final Ordnung schaffen kann. Vertraten die Stoiker als philosophische Grundrichtung in der Antike noch, dass extreme Gelassenheit und Zentrierfähigkeit auf einen selbst der Kern der Lösung ist, wird in vielen Filmen monumental eine andere Einstellung zelebriert. Erst der finale Todesschuss bringt die erlösendultimative Befreiung von allem Bösen. Der Held hat uns Alle erlöst. Ein wenig zu kurz kommt in dieser in letzter Konsequenz eindimensionalen Betrachtung, dass der frisch gebackene Held am Ende des Tages auch allein dafür einsteht und verantwortlich ist, dass ein Menschenleben ausgelöscht wurde. Aber was zählt in der Unendlichkeit der Gerechtigkeit und manchmal auch übersteigerten Selbstgerechtigkeit ein einziges Menschenleben? Kleinere Kollateralschäden sind bisweilen nach Lage der Umstände völlig in Ordnung, auch verengende Betrachtungsweisen sind erlaubt, wenn sie der Demokratie nicht an den Kragen gehen. Durch diese bildenden Lernprozesse müssen die Teenager im Schulalltag eben durch.

Diese kineastische Überhöhung des Heldentums muss sein, damit die Heranwachsenden lernen, dass es vollkommen in Ordnung ist, wenn der Bösewicht flucks ein

40

paar auf den Deckel bekommt. Nur ist es ab sofort nicht mehr die Kasperle-Pritsche, die als Allround-waffe gegen das böse Krokodil eingesetzt werden kann, sondern die Segnungen der Rüstungsindustrie, die ein für alle Mal die langersehnte Hoffnung auf Ordnung erfüllen.

Durch sinnerfüllte Filme und Medienstories lernen die Teenager in der Schule auch spielend, dass nur dort so richtig was los ist, wo die körperlichen Auseinander-setzungen erfahren werden. Wem es einfach zu lange dauert, bis der erste heiße Angriff in einer kriege-rischen Auseinandersetzung mit allem Brimborium erfolgt, dem bleibt es in Eigenverantwortung über-lassen, ein etwas harmloseres Ersatzkriegsfeld zu suchen: Sport und Sportplätze. Dort geht jede Woche ein Miniaturkrieg ab, im Kleinen auf dem Sportplatz und im Großen außerhalb des eigentlichen Sport-events, was auf der Tagesordnung steht.

Der Teenager muss nur regelmäßig Fußballspiele ver-schiedener Spielklassen besuchen. Sie sind zwischen-zeitlich zu modernen, allerdings kultivierten Gladia-torenkämpfen behutsam weiterentwickelt worden. Verletzte auf dem Feld gibt es ständig, nur der Tod bleibt zum Glück noch aus.

Viel spannender sind seit kurzem aber die Aktionen in der gesamten Spielfeldperipherie: Da geht es neuer-dings komplett ab, um in der Sprache der Jugendlichen zu bleiben. Schlägereien und kleinere körperliche Scharmützel bis hin zu winzigen Messereinsätzen sind an der Tagesordnung. Mit Pyrotechnik im größeren Stil auf den Zuschauerrängen werden harmlosere Gefechtslagen für die pubertierenden Jugendlichen spielerisch nachgestellt. Die Hütte brennt. Wir wollen Spaß in allen Lebenslagen, insbesondere Intensiverlebnisse anstelle langweiliger Schulalltage. Neue aufregende Teenagerwelten mit völliger Rundumbespaßung, inklusive Spannungsmomenten in Realtime.

Die neue Qualität indirekter Kriegsatmosphäre fordert natürlich auch den eigenen Körper, ja sie fordert einen starkvolumigen Körper. Darum wächst schon in der Schule der Wunsch nach regelmäßigen Fitnessaktivitäten, am besten in der freien Natur oder - wiederum alles sehr geordnet - in hippen Fitnessstudios. Das gestählte Kraftmuskelpaket wie dasjenige eines gewissen Film-Gladiators, von Hollywood in die Welt getragen, erscheint als das ultimative Körperideal. Schade, dass man die Muskeln der Intelligenz von außen anhand körperlicher Symptome nicht wahrnehmen kann. Wäre es anders, würde womöglich der eine oder andere Teenager aufmerksamer dem Unterricht folgen.

Bei aller neu aufgeflammten Körperkultur in der heutigen Zeit tritt in bestimmten Facetten das Geschichtsbewusstsein in den Hintergrund. Der Körper, durchtrainiert und hochaktiv, macht die

Menschen glücklich. Es ist daher nach neuestem Trend vollkommen sinnlos und überflüssig, sich mit den geschichtlichen Ereignissen der letzten fünfhundert Jahre, zu denen auch zahlreiche Kriege gehören, in der Jugendzeit reflektiert und eingehend zu beschäftigen. Das Phänomen Krieg ist geschrumpft zu einer netten Marginalie, zwar vorhanden, aber im Endeffekt absolut vernachlässigbar. Kommt sowieso in Europa nie wieder vor. Bleibt verschwunden. Das ist etwas, was die Urgroßeltern beschäftigte, die es zugleich auch zu verantworten hatten. Die heutige Jugend ist da viel, viel schlauer, ja um Lichtjahre schlauer.

Wirklich? Ist das tatsächlich so?

Werfen wir einen raschen Blick auf die Auseinandersetzung zwischen Russland und der Ukraine, die uns seit Februar 2022 massiv beschäftigt. Lässt man die internationale Medienberichterstattung gefühlt (!) gedanklich Revue passieren, so stellt man aus der Erinnerung fest, dass man sich an zahllose Protestaktionen der jungen Generation in Europa für Klimaschutz und gegen individuelle Mobilität mittels fossiler Brennstoffe erinnern kann, aber nicht an von Jugendlichen organisierten großen Gedenkveranstaltungen für die Gefallenen auf beiden Seiten im Zusammenhang mit dieser brutalen Auseinandersetzung. Krieg auf dem europäischen Festland als Randerscheinung, mit der jeder für sich im Alltag zurechtkommen muss. Kein wirklicher Grund, auf die

Straßen zu gehen und konzertierten Missmut gegen die wahren Initiatoren zum Ausdruck zu bringen.

Die Lösung wäre die Anwendung eines Zauberworts namens Deep Diving: Jugendliche müssten sich genauestens für ihren weiteren Lebensweg damit befassen, worin die eigentlichen Ursachen für Kriege liegen. Der Blick auf solche, den Kriegen vorgelagerten Entwicklungstendenzen könnte Wunder auslösen für ein erstes Verständnis der Konfliktentstehung und in einer frühen Entwicklungsphase eines Krieges noch die Leidens- und Todesspirale für die betroffenen Menschen stoppen. Erste und zugleich allerwichtigste Voraussetzung wäre eine wahrheitsgemäß objektive Faktenbetrachtung der Vorkriegszeit bei Konfliktlagen. Als Jugendlicher würde man davon profitieren, dass hinter die Kulissen und Potemkinsche Dörfer der einen oder anderen Berichterstattung geschaut und ein eingehendes Verständnis für beide Konfliktseiten geschaffen wird. Die eigentlichen Kriegsursachen sind oftmals subjektiven Wertungen, die in einer Konfliktlage von den Entscheidungsträgern und selbsternannten Eliten vorgenommen werden.

Die Erkenntnisse aus geschichtlichen Ereignissen, zu denen auch Kriege gehören, und darauf basierende tragfähige Analysen gibt es eben nicht zum Nulltarif. Differenziertes Eingehen auf die kleinsten Fakten sind unerlässlich.

Nur ein schlichtes Beispiel: Seit jeher ist das Sicherheitsbedürfnis von Russland gegenüber den Staaten Europas und den USA allseits bekannt. Basiswissen aller Jugendlichen. Aber wissen denn alle Europäer auf Anhieb und ohne Nachzuschauen auch, wie weit die geographische Distanz zwischen Kiew und Moskau tatsächlich ist? Der Eine oder Andere wird vermutlich verwundert sein, wenn er einmal die Landkarte hinsichtlich dieser Frage bemüht.

Spannend ist für die Jugend in einer Art Dauererregung auch, was in Bezug auf das Thema Krieg die modernen Computerspiele hergeben. Wem die Ersatzschlachten auf dem Spielfeld und in den Fußballstadien zu mühsam sind, wird von der Computerspiel-Industrie eingeladen, sich es auf seinem Sofa vor dem Laptop gemütlich zu machen und virtuell extrem wertvolle Spiele - am besten im dreidimensionalen Format - aktiv zu spielen. Eine virtuell orgiastische Schlacht, die wunderbar auf eine tatsächliche Kriegswirklichkeit vorbereitet, und das im wahrlich mindestens doppelten Sinne: Zum einen wird der Krieg dem jungen Eleven als harmloses Spiel beigebracht. Ein paar Sticks, ein paar Schusssimulationen per Tasten- oder Knopfdruck: Die Kriegsvirtualität lebt und kann mit fiebriger Anspannung als Suchtpotential dritten Grades voll ausgelebt werden. Und wenn dann auch zur virtuellen Belustigung und Erfolgsmeldung ordentlich Köpfe fliegen oder zumindest sattsam optisches

Blut fließt, ist alles für die Eventwelt der Jugendlichen zum allerbesten. Zeitvertreib vom Feinsten durch vollkommen harmloses Spaß-Töten. Das ist es also, auf das ein junger Mensch durch die Errungenschaften des Computer-Zeitalters voll abfahren kann. Alles ganz harmlos, nur ein wenig Freude und Abwechslung!

Wirklich? Kurzer Szenenwechsel: USA jagt den Terroristen Osama bin Laden nach den Anschlägen auf das World Trade Center. Endlich konnten US-Spezialtruppen ihn in einem Haus identifizieren. Der Friedensnobelpreisträger Präsident Obama sitzt im Warroom des Weißen Hauses, mit den engsten Vertrauten seines Teams. Per Video ist er der bevorstehenden Exekution von Osama bin Laden zugeschaltet. Der gesamte Computer flackert handlungsschwanger, wie bei einem Computerspiel der absoluten Luxusklasse. Exklusivität der Sonderklasse. Special effects. Man gibt schließlich aus dem Warroom den knappen Befehl, Osama bin Laden in seinem Schlafzimmer mit ein paar Schüssen in den immerwährenden Dauer-Schlaf zu schicken. Computerspiele schaffen den Sprung in die Realität der Weltpolitik. Der Computer-Feldzug des Guten gegen alles Böse lebt, wie seinerzeit die bereits erwähnte Wüste von Walt Disney. Osama bin Laden tot, auch mithilfe von Präzisionscomputern. Die nächste Stufe der Computerspiele ist erfolgreich erklommen. Feuertaufe der unendlichen Elektronikspielerei mit Bravour bestanden. Applaus ohne Ende. Ganz großartig. Großes Kino einmal mehr innerhalb des Welttheaters.

Und es geht weiter: Gerade die Boulevardnachrichten werden nicht satt in den letzten zwei Jahren aus der Vogelperspektive durch Drohnen aufgenommen zu zeigen, wie russische Soldaten in dem Ukrainekrieg ihr Leben verlieren, ahnungslos der eigenen Auslöschung entgegenlaufen. Irgendwelche Kommentare, dass es sich bei den gezeigten Ereignissen um keine Spielshow handelt: Komplette Fehlanzeige.

Das Sterben von jungen Menschen auf Schlachtfeldern in der tiefsten Ukraine ist der neue Normalfall von High-Tech-Videospielen auf höchster Qualitätsstufe. Wollen wir das wirklich in unseren demokratischen Gesellschaften für die Jugend zulassen? Ist es einer unserer vordringlichen gesellschaftlichen Träume, dem sinnlosen Sterben aus der Luft mit Präzisions-aufnahmen just in time erlebnissicher beizuwohnen? Jeder möge gerne für sich entscheiden, ob da jetzt nicht doch Grenzen überschritten werden: Spaßgesellschaft? Na klar! Aber Livetötungen wie im Kolosseum zu Zeiten der römischen Kaiser in Rom: Ein absolutes Nein! Die Mainstreammedien sollten keinen virtuellen Circus Maximus mit Drohnen statt Löwen organi-sieren. Der erlebte und durchlebte Schwedentrunk ist für das leidgeprüfte Opfer kein Alkopop. Lebertran war gestern und sollte für immer Geschichte sein, zumin-dest aber der Live-Tod von Soldaten in den wertebasierten Super-Demokratien.

„Schlimmer geht nimmer?“: Aber sicher doch! Die Teenies können jetzt noch einmal so richtig aufdrehen und in die vollen gehen, indem sie kurze Live-Szenen aus Kriegen im Netz hochschalten. Krieg als Phänomen des Voyeurismus in seiner demokratischsten Form: Alle, wirklich Alle - auch die Dreijährigen - sollen für ihr späteres Leben jetzt schon einmal wissen, was so im Krieg Spontanes abgehen kann. Spiele ohne Grenzen. Überraschung ist Trumpf. Der Goldene Schuss: Die Titel der großen Fernsehshows des vorigen Jahrtausends feiern auf einmal fröhliche Urstände der ganz besonderen Art und passen als Beschreibung auf das, was sich da im Netz so ereignet und pur sowie ungefiltert zu bestaunen ist.

Dennoch sollten wir Alle auf die Informiertheit und Klugheit der heranwachsenden Generation bauen und vertrauen, weil sie ausgebildet wurden, um die Aufgabe zu übernehmen, diesen Irrsinn zu stoppen. Was sagen eigentlich Greta und ihre flotten Freundinnen und Freunde dazu? Ist sie in heutigen Zeiten als selbsternannte Sprecherin der Teenies noch aktiv, wo es wirklich für die Letzte Generation so vieles zu sagen gibt? Bitte reden! Sofort! Auch vor der UNO, selbst wenn Trump schon lange nicht mehr Präsident ist.

V.

Kriegerische Orchestrierung durch schrille Stimmen

Das dicke Kind Diederich Heßling als Vorturner der Moderne

Manchmal hilft es ungemein, einen Blick in Standardwerke der Weltliteratur zu werfen. Thomas Mann hatte einen älteren Bruder namens Heinrich Mann, der ebenfalls Romane schrieb. Einer seiner Romane trägt den auf den ersten Blick scheinbar eher unverfänglichen Titel „Der Untertan". Der Titel klingt vollkommen harmlos. Wirft man aber einmal einen Blick auf den Inhalt dieses Romans, wird es haarig, wie typischerweise oftmals in Romanen und Publikationen, die in den Vorzeiten großer Kriege publiziert werden. Die nachfolgende Zusammenfassung beschreibt perfekt, worum es in diesem Buch der Weltliteratur geht:

„Diederich Heßling ist der Vorzeigebürger des deutschen Kaiserreichs unter Wilhelm II. Gegenüber autoritärer Macht wie dem Kaiser ordnet er sich unter. Schwächere Menschen hingegen unterdrückt und tyrannisiert er. Manns Roman folgt Diederich von der Kindheit bis zu seiner gesicherten Stellung in der Gesellschaft des deutschen Kaiserreichs. Als Opportunist versucht er aus jeglichen Umständen seinen persönlichen Vorteil zu ziehen. Dabei geht er ohne Prinzipien und ohne Rücksicht auf andere vor. Sein Leben ist bestimmt von Gegensätzen: Er ist ein Tyrann und gleichzeitig unsicher. Denn er unterdrückt andere und ordnet sich höherer politischer Macht unter. Am Schluss des Romans hält er eine Rede zur Einweihung des Kaiserdenkmals. Diese wird von einem schweren Gewitter unterbrochen. Auf dem Rückweg sieht Diederich den alten Buck, einen Demokraten der 1848er Revolution, der bei seinem Anblick stirbt. Der Tod des alten Buck symbolisiert also den Untergang der demokratischen Werte. Die nationalistischen Gedanken erhalten in Form von Diederich mehr Macht. Damit hat das Werk den kurz bevorstehenden Ersten Weltkrieg bereits vorhergesagt." (Wortzitat studyflix.de)

Heinrich Mann weilt schon lange nicht mehr unter den Lebenden. Er würde aber heute ein sehr waches Auge auf die Politiker in den verschiedenen Staaten dieser Welt werfen, um zu beobachten, wie Kriegstrommeln sanfte Melodien in die Welt hineinsenden, als sei Krieg etwas wunderbar Melodiöses, wie die Leichtigkeit einer Sinfonie von Wolfgang-Amadeus Mozart, schwebende Klangwelten, sanft wiegend über der Direktheit von körperlichen Konfrontationen mit Todesgefahren. Je mehr Kriege verharmlost dargestellt und damit der Öffentlichkeit vorgestellt werden, desto eher die

Chance, genügend Wackere zu finden, die bereit sind, für seine Initiatoren und Drehbuchschreiber sich willenlos in den Tod schicken zu lassen. Krieg muss zu einem kuscheligen Maximalevent mit aufkommendem Wir-Gefühl eskaliert und hochgeschrieben werden, damit aus einer gesunden Gruppendynamik heraus die Schwelle zum „Jetzt geht es los" endlich, ja endlich überschritten wird.

Was danach für die langsamer denkenden Demokratie-Untertanen folgt, ist vollkommen egal. Die alles entscheidende Hauptsache ist, dass der aus dem Krieg resultierende Profit und das Klima stimmen.

Krieg bedarf immer einer gekonnten Orchestrierung. Himmelschöre und wohlfeile Geigenklänge im orchestralen Verbund sind zwingend notwendig, um die hässlichen Bilder und objektiven Kriegsdokumente in Vorkriegszeiten virtuos zu übertünchen, ja vollkommen beiseite zu schieben. Wer einmal zu viel nachdenkt, hat schon verloren, weil die Gefahr besteht, dass das allseits im Staatenverbund beliebte Massenmorden in den letzten Minuten vorher abgesagt wird.

In diesem Zusammenhang steht einem sofort die besonnene Reaktion von John F. Kennedy in der Kuba-Krise vor Augen. Der bereits medial durchgetaktete Krieg wurde im allerletzten Moment storniert. Ob zur Freude oder womöglich aber zum Schrecken Aller, konnte danach niemals mehr so wirklich festgestellt werden. Das gleiche Meisterwerk gelang einem Offizier der Russischen Regierung, der sich standhaft weigerte, das auslösende Signal zum Abschuss einer russischen Atomrakete zu betätigen, nachdem es zuvor einen Fehlalarm gegeben hatte, der einen - vermeintlichen - Atomangriff der USA auf Russland anzeigte. Dieser Offizier verhinderte mit Sicherheit eine weitere Katastrophe in der Menschheitsgeschichte. In Momenten eskalierender Geokonflikte ist Besonnenheit die wichtigste Trumpfkarte.

Während eine große Anzahl der Untertanen dazu wohl in der Lage sind, solche Konfliktsituationen emotional und empathisch völlig richtig einzuordnen, schaffen es die Mächtigen, sich als Elite bezeichnenden Staatsdemokraten mit einem rein intellektuell-strategischen Zugriff nicht immer so ganz perfekt. Da donnert man wie ein tapsiger Autotuner bei illegalen Wettrennen in einer Großstadt in die erstbeste diplomatische Kurve, wähnt sich explizit mit der Großmacht Russland in einem schon begonnenen Weltkrieg, und statt den Mund zu halten, lässt man es dann auch noch in alle Richtungen verlautbaren. Was für eine schöne neue Welt nach dem Great Reset. Man kracht verbal mit Maximalgeschwindigkeit in eine vorsichtig denkende Menschenmenge und versteht die Welt nicht mehr, weil niemand dem Kriegsaufruf mit ganzer Inbrunst folgt.

Zum Glück kann und darf - vollkommen demokratisch

- bei so einer Konstellation das Schicksal der ausführenden Soldaten per Verfassung völlig mental ausgeklammert werden. Die Soldaten sind Erfüllungsgehilfen der Befehle der Mächtigen. Tradition ist Tradition. So läuft es schon immer ab, und es hat schon immer funktioniert, notfalls eben mit ein paar Motivationsschüssen in den Rücken einiger bedauernswerter Soldaten. Solche Kollateralschäden müssen eben manchmal in Kauf genommen werden, zum Wohl und Ruhm eines funktionierenden Staates.

Das ganze Vorhaben des Anzettelns eines Superkriegs klappt nur deshalb so hervorragend, weil sich zum richtigen Zeitpunkt immer wieder die richtigen öffentlich positionierten Zeitgenossen finden, die mit den Wölfen tonal heulen und sphärische Gesänge vom edlen, fairen und gerechten Krieg zum Besten geben. Sie singen alles vom Blatt, was man ihnen von übergeordneter Stelle so hinhält. Inhalte spielen in solchen Augenblicken eher eine untergeordnete Rolle. Man will in diesen Momenten eben nur „Alle mitnehmen und Keine zurücklassen". Das sieht spannend aus und erinnert immer irgendwie an Jugendliche, die ältere Herrschaften mit aller Gewalt über die Straße helfen, obwohl diese älteren Mitmenschen überhaupt nicht über die Straße gehen wollen. Alles vollkommen egal: Die Hauptsache, es geht über die Straße. Mein Wille ist auch dein Wille. Und was dein Wille ist, das interessiert mich doch überhaupt nicht. Eine direkt von den Göttern gegebene Maxime.

Man braucht also vernünftige und charakterstarke Cheerleader mit politischem Augenmaß und großen Ohren für die Wegweisung zur Autobahn in die Hölle. Am besten gestandene Frauen und Männer im allerbesten Vollreifalter, in Fragen der Kindererziehung ausgewiesene Experten, dadurch mit fast übermenschlich-familiärem Touch, die mit liebtreuen Blicken suggerieren können, dass ein paar Bomben auf die gegnerische Hauptstadt überhaupt nicht so schlimm sind. Die Untertanen wissen nun wirklich nicht, wovon die Rede ist. Bereits Präsidenten gaben schon vor laufenden Fernsehkameras zum Besten, dass in den letzten Jahren nicht die Eliten, sondern die Untertanen im eigenen Volk das zentrale Problem darstellen. Ja diese einfältigen Diederich Hesslings dieser Welt, die einfach nicht begreifen wollen, wie gut ein schlichter Krieg einem anderen Volk tun kann. Alles neu macht der Krieg, nach dem Zweiten Weltkrieg wendete sich dann auch alles zum Allerbesten. Nun ist es da: Das beste Deutschland aller Zeiten.

Und weil Europa in einer so guten Verfassung ist, lernen wir über die Statements unserer Qualitätspolitiker, welche Waffensysteme es für welchen Zweck gibt. Mit Waffen sind nicht die 500 Stahlhelme gemeint, die Deutschland zu Anfang des Ukrainekriegs der Regierung in Kiew als Soforthilfe zur Verfügung stellte. Vielmehr geht es um die bellizistischen Fähigkeiten der Taurus-Raketen. Die Sicherheit schenkende Kampfkraft eines Leopard-Panzers, von dem ein Exemplar Putin auch in Moskau anlässlich einer Ausstellung kürzlich präsentierte. Damit keine falschen Informationen erfolgen, ist hier einmal exemplarisch aufgelistet, welche Unterstützung der Ukraine aus Deutschland seit dem 24. Februar 2022 gewährt wurde. Die Informationen stammen aus den an die Bürger und Allgemeinheit gerichteten Mitteilungen auf der offiziellen Homepage der Bundesregierung:

-   40 Kampfpanzer LEOPARD 1 A5* (gemeinsamem Projekt mit Dänemark) (zuvor: 30)
-   158 MG3 für LEOPARD 2, MARDER und DACHS (zuvor: 138)
-   100 Schützenpanzer MARDER mit Munition und Ersatzteilen (aus Bundeswehr- und Industriebeständen*)
-   Munition für LEOPARD 2 (aus Bundeswehr- und Industriebeständen*)
-   10 All Terrain Tracked Carrier Warthog (Führungsfahrzeug)*
-   5 All Terrain Tracked Carrier Warthog (Reparatur- und Bergefahrzeug)*
-   66 Armoured Personnel Carriers (APC)*
-   73 Mehrzweckfahrzeuge mit Kette Bandvagn 206 (BV206)*
-   Munition für Kampfpanzer LEOPARD 1*
-   18 Kampfpanzer LEOPARD 2 A6 mit Munition und Ersatzteilen (deutscher Anteil am

gemeinsamen Projekt mit weiteren LEOPARD 2
Nutzerstaaten)
- 50 Allschutz-Transport-Fahrzeuge DINGO
- 54 M113 gepanzerte Truppentransporter mit je 2
  MG und Ersatzteilen* (Systeme aus Dänemark,
  Umrüstung durch Deutschland finanziert)
- 2 Luftverteidigungssysteme SKYNEX mit
  Munition*
- 146.000 Schuss Flakpanzermunition GEPARD
  (aus Bundeswehr- und Industriebeständen*)
- Flugkörper IRIS-T SLM*
- 9 Luftraumüberwachungsradare TRML-4D*
- Flugkörper IRIS-T SLS
- 52 Flakpanzer GEPARD mit Ersatzteilen*
- 2 Luftverteidigungssysteme PATRIOT mit
  Ersatzteilen
- PATRIOT Flugkörper
- 3 Luftverteidigungssysteme IRIS-T SLM*
- 1 Luftverteidigungssystem IRIS-T SLS*
- 2 PATRIOT Startgeräte
- 4.000 Schuss Flakpanzerübungsmunition
- 500 Fliegerabwehrraketen STINGER
- 2.700 Fliegerfäuste STRELA
- 90.000 Schuss 155 mm Artilleriemunition (aus
  Bundeswehr- und Industriebeständen*) (zuvor:
  81.500)
- Munition für Mehrfachraketenwerfer MARS II
- 20.872 Schuss 155mm Nebel-/Leuchtmunition
- 2 Radhaubitzen Zuzana 2* (Projekt gemeinsam
  finanziert mit Dänemark und Norwegen)
- 155mm Präzisionsmunition* (SMArt,
  VULCANO)
- 5 Mehrfachraketenwerfer MARS II mit Munition
  (deutscher Anteil am gemeinsamem Projekt mit
  den USA und Großbritannien)

- 14 Panzerhaubitzen 2000 mit Ersatzteilen (deutscher Anteil am gemeinsamen Projekt mit den Niederlanden)
- 20 Raketenwerfer 70mm auf Pick-up trucks mit Raketen*
- Artillerieortungsradar COBRA*
- 10 Laserzielbeleuchter und tragbare Feuerleitmodule für VULCANO Artilleriemunition*
- 232 Aufklärungsdrohnen VECTOR mit Ersatzteilen* (zuvor: 212)
- 249 Aufklärungsdrohnen RQ-35 HEIDRUN* (zuvor: 215)
- 70 Bandbreitenerweiterungen für elektronische Drohnenabwehrgeräte*
- 84 Drohnenabwehrsensoren und -jammer*
- 180 RF 360 Fieldkits - Drohnendetektionssysteme*
- 19 Drohnendetektionssysteme*
- 93 Drohnensensoren*
- 18 Aufklärungsdrohnen Primoco ONE*
- 7 Aufklärungsdrohnen SONGBIRD*
- 1 LUNA NG Aufklärungssystem*
- 20 Überwasserdrohnen*
- 10 Antidrohnenkanonen*
- 12 elektronische Drohnenabwehrgeräte*
- 19 Brückenlegepanzer BIBER mit Ersatzteilen* (zuvor: 18)
- 9 Pionierpanzer DACHS* (zuvor: 8)
- 17 Bergepanzer 2 mit Ersatzteilen* (zuvor: 16)
- 38 Minenräumpanzer WISENT 1 mit Ersatzteilen* (zuvor: 34)
- 57 Minenräumpflüge* (zuvor: 55)
- 20 mobile, ferngesteuerte und geschützte Minenräumgeräte*

- Material für Kampfmittelbeseitigung (aus Bundeswehr- und Industriebeständen*)
- 500 Werkzeugtaschen mit Sprengmaterial*
- 19 schwere und mittlere Brückensysteme und 12 Spezialanhänger
- 5 Brücken für Brückenlegepanzer BIBER
- 2 Bergepanzer 3
- 12 mobile und geschützte Minenräumgeräte Ahlmann*
- 2.000 LED Leuchten* (zuvor: 1.600)
- 5 AMPS Selbstschutzsysteme für Hubschrauber*
- 84 Außenbordmotoren
- 400 Wärmebildgeräte*
- 3 Satcom Überwachungssysteme*
- 263 Grenzschutzfahrzeuge*
- 292 Satcom Terminals*
- IT-Ausstattung*
- 1 Anti-Seeminensystem*
- 33.190 Gefechtshelme
- 56 Bodenüberwachungsradare GO12*
- 50 mobile Antennenträgersysteme*
- 63 Laserentfernungsmesser*
- 2.667 Kryptotelefone*
- 90.600 Schießbrillen (aus Bundeswehr- und Industriebeständen*)
- 1 Platinendrucker*
- 1 Antennenhubstation*
- 1.288 Doppelfernrohre
- 5 mobile Aufklärungssysteme SurveilSPIRE*
- 10 Störsender*
- 40 Laserzielbeleuchter*
- 1 Radiofrequenzsystem
- 3.000 Feldfernsprecher mit 5.000 Rollen Feldkabel und Trageausstattung
- 500 Nachtsichtbrillen*
- 165 Ferngläser*

- 1 Frequenzscanner/Frequenzjammer*
- 6 Lkw Fahrzeugdekontaminationspunkt HEP 70 inklusive Material zur
- Dekontaminierung
- 10 Fahrzeuge HMMWV (8x Bodenradarträger, 2x Jammer/Drohnenträger)*
- 1 Hochfrequenzgerät inkl. Ausstattung*
- 46 Tankfahrzeuge Zetros* (zuvor: 30)
- 18 Schwerlastsattelzüge M1070 Oshkosh*
- 361 Kraftfahrzeuge (Lkw, Kleinbusse, Geländewagen) (aus Bundeswehr- und Industriebeständen*)
- 250 LKW Zetros*
- 90 Schwerlastsattelzüge 8x8 HX81 und 90 Auflieger*
- 25 LKW MAN TGS*
- 40 LKW 8x8 mit Wechselladesystem
- 34 Wechselladesysteme 15t*
- 6 LKW 8x6 mit Wechselladesystem mit 21 Abrollplattformen*
- 14 ferngesteuerte Kettenfahrzeuge THeMIS*
- 179 Pick-up*
- 30 sondergeschützte Fahrzeuge*
- 1.525 Sturmgewehre MK 556* (zuvor: 985)
- 145 Präzisionsgewehre HLR 338 mit 60.000 Schuss Munition* (zuvor: 65)
- 231 Gewehre CR 308* (zuvor: 120)
- 50,6 Millionen Schuss Handwaffenmunition (aus Bundeswehr- und Industriebeständen*) (zuvor: 48,8 Millionen)
- 282.000 Schuss Munition 40mm*
- 13.000 Panzerabwehrhandwaffen RGW 90*
- 120mm Mörsermunition*
- 6.132 Tarnnetze (aus Bundeswehr- und Industriebeständen*)
- 6.000 Ponchos*

- 600.000 Erste-Hilfe Kits*
- 5.000 Sprengkapseln/Detonatoren*
- 100 Granatmaschinenwaffe GMW*
- 2 Notstromaggregate
- 450 Schneeketten
- 205.000 Einzelmodule Gruppenverpflegung
- Sanitätsmaterial
- 10 All Terrain Tracked Carrier Warthog (Sanitätsfahrzeug)
- 49 Krankenkraftwagen*
- 30.000 Sätze Winterbekleidung
- 27.477 Rucksäcke
- 1.202 Infusionspumpen
- Ersatzteilpaket WISENT*
- Feldhospital*
- 100 Maschinengewehre MG5*
- 8 Sterilisatoren Zahnmedizin
- 103.000 Tourniquet
- 500 Pistolen SFP9*
- 2 Hangar-Zelte*
- 8 Gabelstapler*
- 295 Stromerzeuger
- 168 Feldheizgeräte*
- 36.400 Wolldecken
- 14.000 Schlafsäcke
- Mi-24 Ersatzteile*
- Ersatzteile schweres Maschinengewehr M2
- 200 Zelte
- 116.000 Kälteschutzjacken
- 80.000 Kälteschutzhosen
- 240.000 Wintermützen
- 320.000 Rationen Einpersonenpackungen (EPa)
- 67 Kühlschränke für Sanitätsmaterial*
- 3.000 Patronen „Panzerfaust 3" zuzüglich 900 Griffstücke

- 14.900 Panzerabwehrminen (davon 9300* aus Ertüchtigungsinitiative)
- 50 Bunkerfäuste zuzüglich 15 Griffstücke
- 100 Maschinengewehre MG3 mit 500 Ersatzrohren und Verschlüssen
- 100.000 Handgranaten
- 5.300 Sprengladungen
- 100.000 Meter Sprengschnur und 100.000 Sprengkapseln
- 350.000 Zünder
- 100 Auto-Injektoren
- 15 Paletten Bekleidung
- 1.200 Krankenhausbetten
- 18 Paletten Sanitätsmaterial, 60 OP-Leuchten
- Schutzbekleidung, OP-Masken
- 1 Feldlazarett (Projekt gemeinsam finanziert mit Estland)*
- Kraftstoff Diesel und Benzin*
- 10 Tonnen AdBlue*
- 500 Stück Wundauflagen zur Blutstillung*

Das ist wahrlich eine ganz schön gewaltige Menge Ausrüstung, ein großer Haufen Waffen und Hilfsgüter, die allesamt dem umfassenden Frieden dienen und zum Glück keinen Schaden anrichten können, weil sie ja nur zu friedensstiftenden Zwecken eingesetzt werden. Alles dient einer neuen Friedensordnung in Europa, immer wieder in allen relevanten Talkshows von maßgebenden Experten aller Parteien zur Einübung des Friedensprozesses in den verschiedenen Bildungsschichten der Bevölkerung, wie eine gute Tibetanische Gebetsmühle ohne Quietschgeräusche wiederholt. Wenn man nur schnell genug daran dreht, breiten die guten Geister die Friedensflügel aus. Wie gesagt: Niemand ist von allen guten Geistern verlassen. Denn sie wissen, was sie tun, insbesondere die vernünftig bezahlten Entscheidungsträger über Wohl und Wehe der europäischen Völker.

Die vollständige Beruhigung überspannter Nervenkostüme überforderter Untertanen besteht darin, dass die durchblickenden Entscheidungsträger ihre aufgeweckten Bürger und Untertanen auch gar nicht in einen großen Krieg führen können. Wie soll das denn am Ende des Tages überhaupt passieren? Niemand spricht mit Putin, man weist die Diplomaten gegenseitig aus einzelnen Ländern aus und jedem gut informierten Politiker ist seit Jahren persönlich aus diversen Informationsquellen versichert, dass Putin niemals die europäischen Staaten angreift. Alles andere sind Fake News vom Schlimmsten. Stopp hier! Gehen Sie bitte wieder zu ihren normalen Alltagsgeschäften zurück. Schon das ZDF wusste: „Alles wird gut", nicht nur bei der RTL-Konkurrenz „Bauer sucht Frau".

VI.

Im Krieg lernen die Atheisten beten

Der richtige Glaube hilft ungemein

Der Tod kann warten, der Himmel auch, aber der gerecht-faire Krieg duldet keine Sekunde Aufschub. Er muss geführt werden. wenn er vor der Tür steht, geht es zu wie bei einer seriösen Prunksitzung im Karneval: Der Prinz sitzt, wohlgenährt mit Wamslein und Puderperücke, hoch auf der Bühne an vorderster Front, aber dennoch seltsam weitab vom eigentlichen Geschehen, und fragt mit sonor markiger Stimme: „Wolle mer se reinlasse?" Das Volk schreit unisono im sich überschlagenden Jubeltaumel: „Ja", Und schon geht es los.

Genau hier ist ein neuralgischer Punkt: Das Fußvolk biederer Untertanen auf den preiswerteren Plätzen stimmt Prinzilein lautstark zu, aber im Endeffekt weiß es nicht so genau, wie ihm jetzt geschieht und was in Zukunft mit ihm passiert. Wie das ausgeht, wenn jetzt einer oder eine kleine Truppe reinkommt. Wird es lustig? Wird es traurig? Wird es dramatisch? Wird es gefährlich, vielleicht sogar lebensbedrohlich? Das staunende Saalpublikum weiß nichts, absolut nichts, aber ein jeder von ihnen ist vorbehaltlos dafür, dass es losgeht.

Und es geht dann zumeist auch los: Die Türe des

Prunksaals öffnet sich und die Besatzung des Narrenschiffs torkelt handlungslustvoll auf die vorbereitete Bühne, gut gerüstet, mit allem, was die moderne Technik so hergibt. Zwischen Prinzilein, dessen Elferrat und der breiten Front des willigen, aber schlichten Fußvolkes stehen die Vertreter als Exponenten der ausgewählten Schiffscrew. Es ist ein spannungsgeladenes Dreieck, da oben auf der Bühne: Im Zentrum das Prinzilein, im Volk die Wucht der reinen Meinung in einer Demokratie und auf der Bühne - als dritte Kraft, die alles überstrahlt - die versammelten Laufburschen des Narrenschiffs.

Mit Entern der Bühne durch die schräge Schiffscrew kippt das zuvor sorgfältig austarierte Gleichgewicht des Dreigestirns: Es findet eine geballte Machtverschiebung hin zur Schiffscrew statt. Team Schiffscrew hat das Kommando, für jedermann verständlich, selbst für das immer scheuer dreinblickende Prinzilein. Denn die Schiffscrew ist als einzige von den drei mitwirkenden Gruppen richtig gerüstet. Selbst Prinzilein, Elferrat und Saalpublikum sowieso sind nur nette Begleitgruppen im Vergleich zu der handelnden Schiffscrew.

Alle wollen nur das Beste. Prinzilein war so schick gekleidet, aber jetzt plötzlich weiten sich seine Pupillen zu bambiförmigen Rehaugen. Er blickt ungläubig auf das anhebende Getöse der immer aktiver agierenden Narrencrew in der Mitte des Saals, plötzlich mit dem innigen Wunsch, den Abstand zu den robusten

64

Gesellen mit Eigenleben und Eigendynamik möglichst weit werden zu lassen. Prinzilein ist nicht so ganz geheuer, was diese Truppe dort veranstaltet. Das Fußvolk der Untertanen johlt, die innere Stimmung der breiten Massen ist indifferent und amorph. Niemand weiß so recht, was man von dem Geschehen auf der Bühne zu halten hat. Jeder will ein dichtes Konvolut an Positivereignissen, vorgetragen von der Crew aus dem Bauch des Narrenschiffs. Aber die gesamte Stimmungslage ist nicht klar ersichtlich, für Niemand, selbst für die Mitwirkenden an vorderster Front. Das zentrale Problem zeigt sich mit aller Deutlichkeit: Alles ist schon in ungebremster, nicht mehr zu stoppender Bewegung, nur die Richtung steht noch nicht fest. Prinzilein verliert komplett die Oberhand, obwohl er so viel Erfahrung im Durch-regieren mit starker Hand besitzt. Alles läuft komplett aus dem Ruder. So kann Kriegsbeginn auch aussehen.

Aber in diese Wirrnis hinein kommt zuverlässig das alles rettende Licht und ordnet mit allmächtiger Kraft aus den Tiefen: Der Glaube, und wie man zwischen-zeitlich weiß: Nur der richtige Glaube bringt die Wende zur Erkenntnis und zum Sieg des Guten. Er allein eröffnet Handlungsperspektiven und schenkt die Gnade der wahren Moralität, zumeist dann auch in göttlicher Größe. Alles scheint rettbar zu sein, Nichts muss verlorengehen im dumpfen Klang des Kriegsge-töses der ersten Phase des Geschehens.

Wenn auf der Bühne der kriegerischen Narretei die Ordnung, Orientierungsfähigkeiten und die Balance zwischen Elferrat, Publikum und Schiffscrew verlorengeht, dann steht der Glaube mit aller Macht im Raum, unterstützt das allseitige Treiben auf seine Weise, immer auf Seiten der Guten.

Seine Kompassfunktion hin zum Sieg erfüllt der Glaube, weil er seinen Anhängern mit Sicherheit - man kann sogar mit einem gewissen Recht aus Erfahrung sagen: tödlicher Sicherheit - befehlsmäßig eingibt, wohin die Reise in der Auseinandersetzung geht. Es ist das allesentscheidende Momentum im Glauben, dass derjenige, der ihn predigt und für alle freiwillig und vor allem unfreiwillig Involvierten in den Veranstaltungssaal bringt, die unverbrüchliche Sicherheit verbreitet, dass er genau weiß, wie es weitergeht und wie der Feind so tickt. Wissen wird hergeleitet allein aus formalen, blanken Machtpositionen, aber nur am Rande faktenbasiert. Sobald dieses Stadium erreicht ist, kann nichts mehr schiefgehen auf dem mühsamen Weg zur sich abzeichnenden ersten Gefechtslage.

Früher galten Besonnenheit und Vorsicht, das ausgewogene Wort und große Diplomatie unter den Lenkern des Schauspiels auf der Bühne als unverzichtbare Voraussetzungen, um überhaupt eine Bühne betreten zu können. Kommt allerdings unvermittelt der Glaube als das einzige Grundelement schlechthin mit ins Spiel, zählt ab sofort nur noch die Vision der Zukunft.

Sie zu beschreiben obliegt allein und ausschließlich demjenigen, der am lautesten seine Stimme zu erheben vermag und dann auch den entsprechenden Resonanzraum auf der Bühne und in den Medien erhält, die überall außerhalb der beengten Saalbühne in der weiten Welt zu finden sind.

Es gibt diesen Spruch, der da lautet: „Wenn man den wahren Charakter eines Menschen erfahren möchte, dann muss man ihm nur ein Amt geben oder die Fernseh- bzw. Smartphonekamera auf ihn halten". Er ist so etwas von wahr. Elferrat, Schiffscrew und die zur Gesichtslosigkeit verdonnerte Mehrheit im Publikum kennen diesen Spruch unbewusst, handeln aber ganz bewusst für jedermann erkennbar nach diesen Maximen. Keiner traut sich so recht, einmal aus dem Publikum heraus die Bühne zu betreten, weil Schiffscrew und Prinzilein samt Elferrat es genau wissen, wie die Inhalte des Glaubens sein müssen, um die gesamte Mannschaft in den sicheren Hafen des von allen Seiten erstrebten Lebensglücks zu steuern.

Aber genau das ist das Problem, so groß wie ein rosa Elefant, den die Starmagier beim Wegzaubern von der Bühne dummerweise vergaßen: Der sichere Hafen des friedvoll-individuellen Lebens liegt in der Zukunft und den Kompass dorthin gibt allein nach dem Willen der Tonangebenden der richtige Glaube! Wir wissen nicht, was die Zukunft bringt, aber der richtige Glaube ersetzt die eigentliche Notwendigkeit des Wissens.

Bekanntermaßen kann der richtige Glaube ganze Berge versetzen, aber hilft er auch dabei, dass böse Gegner vernünftig - und das ist allein in den Kategorien des von den Guten vorgegebenen Glaubens möglich - denken und am Ende des Tages auch nach diesen Erkenntnissen handeln? Was ist, wenn der Aggressor dann doch einen Haken à la Bux Bunny schlägt und mitten auf dem Feld eine Waffe ins Feld führt, von der die Guten glaubten, dass der Gegner sie niemals ins Feld führe?

Die aktiven Bekenner des Glaubens haben da die passende Antwort von ganz oben à la Alf: Null problemo. Wir glaubten zu wissen, dass dies nicht passiert. Jetzt ist es nun mal passiert. Jetzt ist die Situation eben da. Wir müssen mit dem, was passiert im besten Glauben umgehen. Die nächste Eskalationsstufe ist erreicht, aber die kleine Spielschar auf der Bühne und im Saal gaukelt emsig vor, alles in den Griff zu bekommen: Mit ganz viel Glauben, mit ganz viel Interviews und Talkshow-Seriendarstellern, die wertvolle Glaubensinhalte ins ängstliche Saalpublikum hinein vermitteln.

Als erstes posaunen diese Glaubensspezialisten den Satz in die verunsicherte Gruppe und Truppe, dass man als Glaubenslaie - so ganz ohne Expertenstatus - der Rhetorik des Gegners vollfett auf den Leim gegangen sei, weil man Angst habe, das Richtige zu tun. Und was DAS Richtige ist, das gibt ganz sicher einzig und allein der Glaube vor, bestenfalls noch weitere Experten: Der Glaube, der Glaube, der Glaube hat immer Recht: Wie beruhigend, dies zu wissen.

Der Glaube beginnt immer da, wo das auf objektiven Fakten gebaute Wissen aufhört. Das ist eine banale Feststellung. Das Thema von existenzieller Tragweite im Krieg ist nur, mit letzter Sicherheit zu erkennen, wo das Wissen aufhört und wer das echte Wissen überhaupt besitzt, um absolut zuverlässig mit einer Hundertprozent-Sicherheit beurteilen zu können, wo aktuell die Grenze zum sicheren Tod aller Glaubensbrüder durch aggressive Maßnahmen des Gegners verläuft. Erschwert wird die Beantwortung dieser Frage dann auch ganz unwesentlich, dass sich die Glaubenskongregation bereits vor langer Zeit – wiederum im guten Glauben mit einstimmiger Zustimmung Aller - entschlossen hat, mit gewissen Exponenten der anderen Seite gar nicht mehr zu sprechen. Diese Kontrahenten werden zu stummen Pappkameraden degradiert. Man verstummte, ist still und glaubt sich einfach seinen ureigensten Teil. Amen.

Nur der ganze dummdreiste Kreis aller vereinigten Ketzer im frevelhaften Glauben fängt an dieser Stelle an, zu fragen und eine Spur genauer zu hinterfragen: Ist es wirklich so klug, der beliebten Volksweisheit ausgerechnet in einem derart brisanten Szenario zu folgen, dass Reden Silber und Schweigen Gold sei? Wenn es dem allgemeinen Landfrieden dient, dann sollte der Weg wohl schon richtig sein. Und ansonsten kann man ja noch immer glauben, dass alles wieder besser wird, eben mit einem Blick auf die geflissentlich flott daher blubbernden Talkshow-Protagonisten unter Schutz und Anleitung der dortigen Glaubensbrüder.

Der felsenfeste Glaube an die Richtigkeit des Glaubens und des Geglaubten hilft auch ungemein, wenn es zu den ersten Opfern in einer heißblütigen Auseinandersetzung kommt: Sofort erklärt sich dann der Elferrat mit Prinzilein für diese Opfer als vollkommen unzuständig. Es wird auf die Experten verwiesen, meist gut eingebunkert hinter einer Mauer des wissenden Schweigens, ähnlich wie bei medizinischen Fehlbehandlungen im großen Stil. Es ist jetzt einmal halt passiert. Kleinlichkeit hat dem guten Glauben noch nie weitergeholfen. Allein zählt, dass es um eine gute, ja DIE alleinige gute Sache geht, die wir im Mittelpunkt unserer Sorgen und Bemühungen zu glauben wissen. Das Leben und die Lebensträume des Einzelnen sind eher vernachlässigbar, wenn die Glaubensbrüder die richtige Richtung vorgeben.

Die Macht des Glaubens der Anderen beruht oftmals auf der seelenruhigen Gelassenheit der Anderen, im schlimmsten Fall auch einer gewissen Bequemlichkeit und Gleichgültigkeit. Worte können Realitäten bis zur Unkenntlichkeit verzerren und verstümmeln, sie als Traumszenarien widerspiegeln, Traumwelten neu erschaffen mit grenzenloser Verheißung auf eine bessere Zukunft. Der Glaube und die Worte können ganz schnell verschwinden. Dann bleibt die Realität übrig, die auch aus dem Vorherrschen einer Hoffnungslosigkeit und Trümmern mit düsteren Wolken bestehen kann, allgemein als Fallout bezeichnet. Die Protagonisten der ersten Stunde im Prunksaal sind dann schon lange verschwunden.

Prinzilein und der Elferrat sind Geschichte. Die Qualitätscrew des Narrenschiffs tobt sich in preiswerteren Etablissements mit vehementer Lust aus. Zurück, einsam und etwas verstört, bleiben viele zahlende Saalmitglieder, die so gar nichts mit dem Geschehen der letzten Zeit aus ihren vermeintlich sicheren Positionen zu tun hatten. Sie sind verurteilt, das Los ohne Murren und Klagen in ihrer Lebenswirklichkeit einzulösen und auf eigene Kosten zu integrieren, was andere Zeitgenossen ihnen selbstgefällig und gerecht im eigenen, eben dem richtigen Glauben zuwiesen.

Der Vorhang senkt sich, einmal mehr verschwinden die wort- und darstellungsgewaltigen Protagonisten - vermutlich mit Visagisten und anderen Charakterdarstellern - im Dunkel der Geschichte. Erneut und einmal mehr Schicht im Schacht. Der Glaube hat mit voller Wucht und auf ganzer Linie gesiegt. Nur von Anfang an groß angelegter Glaube ist wahrer Glaube mit echten Macherqualitäten:

Diesmal wurden nur keine nennenswerten Berge in glorreichen Heldentaten versetzt, sondern zur Abwechslung einmal große Erdlöcher geschaffen. Was für ein großartiges Spektakel. Alles ganz im Glauben und mit dem Glauben an das Gute. Was will man noch mehr? Ina Deter singt zum Abschluss noch schnell „Neue Männer braucht das Land". Das stimmt, nicht nur zum jetzigen Zeitpunkt. Vorhang runter. Licht aus. Leider geht für lange Zeit kein Spot mehr an.

VII.

Kunstschüsse in Kopf und Herz

Neue Körperwelten (Gunther von Hagens)

Blickt man in die aktuelle Medienwelt, dann zählt an vorderster Front primär eine Eigenschaft: Schönheit und Körperkultur. Wir erfreuen uns des Anblicks wunderschöner Körper wie desjenigen von den Top-Modells aller Zeiten. Im Bikini, im Abendkleid, in den Alltagsjeans. Die göttliche Hülle glänzt und leuchtet, manchmal auch kräftig von innen (wenn unter Umständen zu viel gesüppelt wurde), aber sie erstrahlt in funkelndem Glanz, mit der brachialen Wucht eines über die Querlatte verfeuerten Elfmeters.

Diese Kultur-Körperschönheiten besitzen zumeist das ganz große Glück, dass sie perfekt die Zellteilung realisieren können. Während bei den Normalsterblichen der Zahn der Zeit eine knackige Alte oder einen properen Greis aus der von Geburt angestammten Gensammlung herausnagt, werden Laufsteg-Beauties beschenkt mit Töchtern und Söhnen, die sich perfekt eignen zum leibhaftigen Weiterklonen und Fortspinnen alter Modelegenden. Wenn beim Durchschnittsbürger mit dem Ausscheiden aus dem aktiven Berufsleben in Normalbereichen Feierabend mit den Karrieren ist, beginnt die Modelkarriere altangestammter Super-Ladies und Power-Men erst so ganz richtig, wenn die kleinen Stöpsel das Heft des Handelns in die Hand nehmen. Schönheit ist eben voll vererbbar. Da muss man nur einmal sich ganz flink durch den bunten Blätterwald der Regenbogenpresse durcharbeiten.

Da Schönheit leider auch etwas Geld kostet, müssen die kleinen Racker schon sehr früh gegen harte Bezahlung ihr Qualitätsgesicht in die Kamera halten. Glotzen alleine als Kleinkind in frühen Tagen reicht nicht, wundervoll ausdrucksstarke Selfies mit Alkopop-ausdrucksstarken Gesichtern auch nicht. Es müssen Hände von Visagisten, Friseuren und Kameraleuten angelegt werden. Und als ob diese Hände für den Nachwuchs dann immer noch nicht ausreichen, um das perfekte Bild in die Kamera zu bannen, helfen auch noch PR- und Imageberater. Alles für die Ewigkeit der Schönheit, zum Anblick folgender Generationen. Niemand kann das Leben berühren und fühlen, aber die Allgemeinheit kann es auf Multimedia-Kanälen sehen.

Die einzige Basis der Schönen, die zudem in aller Regel auch noch dadurch reich geworden sind, ist allein die pure Schönheit. Ob mit etwas künstlicher Hilfe daher gezaubert, ist vollkommen egal: Hauptsache schön. Und so vertreibt man sein Schönheitsleben von einer Schönheitsfarm zur anderen, von einer Party zur anderen, von einem Event zum anderen. Wenn es dann zu dem ganz großen Schönheitsdurchbruch kommt, wird man zu den ganz großen Schönheits-Klassentreffen in New York oder Mailand oder London eingeladen. Berlin kümmert und quält sich seit Jahren in eine adäquate Position, schafft es aber nicht, weil die Atmosphäre in dieser Multi-Schönheits-Metropole immer konfuser wird. Es fehlt eben der starke Anstrich und das freundliche Make-up in dieser Stadt. Darum auch keine Kurz- und Spontanvisiten über einen längeren Zeitraum von den Schönen.

Während sich die Schönen um ihr stressvolles Schönheitsleben quälen, auf Starterlaubnisse für ihre Privatjets warten und in den Autostaus der Millionenstädte ihren vorbestimmten Örtlichkeiten entgegenfiebern, zieht auf anderer Seite, aus anderen Welten schweres Ungemach auf: Die Gruppe der Maximal-Banal-Banausen kapiert einfach nicht, dass man diese wunderschöne Atmosphäre sanftmütiger Naturschönheit auf keinen Fall stören darf. Aufgespritzte Lippen, künstliche Busen, geglättete Gesichtszüge: Diese Gesamtkunstwerke natürlicher Schönheit dürfen einfach nicht berührt und damit ihrem Nimbus auf ewigen Wunderzauber inkludiert der Karriere des eigenen Nachwuchses berührt werden.

Aber unsere Normal-Schönheitseliten in den anderen Riegen der Öffentlichkeit verfolgen andere Pläne als die lupenreinen Schönheiten. Es geht ihnen um Demokratie in allen Bereichen der Welt. Ja, Demokratie über die ganze Welt. Da ist es wieder, dieses Zauberwort. Und schon ist der Konflikt auf anderer Ebene da. Lupenreine Demokraten gegen lupenreine Schönheiten. In beiden Begrifflichkeiten ist das Wort „rein" zu finden. Also erhebt man dieses Wort in den schon lange verdienten Kultstatus, betont es und sagt, dass einzig und allein die Reinheit zählt. Damit ist er da. Ein originärer Kampf von zwei verschiedenen Welten, ausgefochten in den unendlichen Weiten der Medien, wundervoll dargestellt durch individuelle Homestories. Im Mittelpunkt „Mein Haus, meine Welt, meine Schönheit". Die Bipolarität zwischen Schönheit und politischem Aktivleben bricht sich ihre unverschlüsselten Bahnen.

So viele geflissentliche Hände mit mehr oder minder oder bestenfalls überhaupt nicht luxusgeneigten Autoren bauten die mediale Luxusvisionen mit wöchentlicher Emsigkeit per Reisen zu den must-see bzw. must be destinations auf diesem Globus auf. Und jetzt scheint das Unfassbare zu passieren: Dort, wo früher nur Haute Couture unangefochten rund um Lagerfelds Haarzopf herum lustvollkraftvolle Pirouetten drehte, ist plötzlich nur noch Kleidung in Oliv-grün zu finden, vor deren Schlabberlock selbst hartgesottene Charakter-Minister nicht mehr zurückweichen. Nur das Rouge für die Fernsehkameras ist erlaubt, um die eine oder andere Schweißperle gekonnt zu übertünchen. Niemand will allzu blass wie die Frau in Weiß im Schloss vor den internationalen Kameras erscheinen. Vom Leben auf der Jet-Set-Überholspur rein ins Leben einer dezenten Anmoderation vor den ausgehobenen Schützengräben.

Wem dieser optische Spagat jetzt ein wenig zu stressvoll ist, der kann auf willfährige Hilfe hoffen. Man kann eben von Heute auf Morgen beim besten Willen nicht ansatzlos von Schönheit auf spezielle Schönheit in Gefechtslagen umsteigen. Eine Hilfestellung ist, dass die Medien das Olivgrün und düstere Farben in ihren Bildern immer stärker in den Mittelpunkt rücken. Damit verschwindet die Angst vor düsteren Farben praktisch automatisch. Das albernleuchtende Rot und Grün sowie Gelb gehört in andere Druckerzeugnisse.

Die Zeit der Düsternis ist nun einmal auf allen Ebenen da und muss bis zum bitteren Erbrechen ganz aktiv gelebt werden, zumal diese Aspekte selbst in elitären oder einfachen Festreden immer wieder zur Sprache kommen. Wir gehen düsteren Zeiten entgegen, so heißt der simple Satz in politisch schlichter Schönheit wie die Beine von Marlene. Und weil wir selbst nie Schuld an dem haben, was in Zeiten passiert, ist das eben einmal so. ein Gottesgesetz ganz von oben. Nicht verhandel- oder aktiv anders gestaltbar. Krieg wie Regenwolken und Gewitter. Er setzt ein und man hat sich gefälligst zu arrangieren. Da sind die verschwundenen Leuchtfarben aus der Kleidung der meisten

Offiziellen und in den Regenbogen-Berichterstattungen nun wirklich noch das kleinste Problem.

Die junge Generation muss auf eine neue Pflichtigkeit eingestellt werden. Schluss mit Rumlungern an der Seite der Erziehungsberechtigten in den bisweilen doch etwas stressigen Patchwork-Familienkonstruktionen der alten Welt. Jetzt wird Karriere gemacht, da draußen in der wunderschönen neuen Welt, aufgebaut von Architekten der Meisterklasse Psychologie. Der Boden ist bereitet durch die richtigen Farbdarstellungen der Kleidung der Allgemeinheit in den Medien.

Zusätzlich gibt es jetzt für die neuen Schönen eine begleitende Berufsberatung durch absolute Profis: Man wirbt wieder für den Eintritt in die Armee. Mit knackigen Parolen in den unterschiedlichsten Medien zeigt die wieder erstarkte Armee, dass dort etwas bewegt werden kann: Zum Guten, zum wahren Demokratieglauben. Zum wahren Frieden. Schon der verstorbene Politiker Hans Peter Struck wusste mit einem mittlerweile legendären Satz zu berichten, dass die Demokratie auch am Hindukusch verteidigt werden muss.

Bevor jedoch dieser Satz in alle Ewigkeiten nachgeplappert wird, müsste man eigentlich einmal klären, ob die Menschen dort, da hinten weit weg von Mittelerde am Hindukusch, überhaupt durch die wehrhafte Demokratie beglückt werden möchten.

Eventuell ist ihnen diese Demokratie etwas zu wehrhaft in der jetzigen Form der feministischen Außenpolitik. Vielleicht möchten sie ja nur ihre ganz einfache Ruhe, alles nach ihren eigenen Gesetzen. Diese Spontanfrage aber an dieser Stelle nur so ganz am Rande. Was verschwiegen wird, ist, dass im ungünstigsten Fall der ewige Frieden für einen selbst bei den Armeeeinsätzen eintritt. Womöglich sogar nach Planung einiger Initiatoren der Armeespektakel der maximale Glücksfall für junge, noch karriere-orientierte Menschen. Die Mühen des Rentenalters bleiben einem erspart.

Damit dann in diesen neuen Zeiten jedermann sich einmal mit dem Gedanken befassen kann, der Armee beizutreten, gab es weitsichtige Regierungen, die schon vor einiger Zeit veranlassten, dass in Panzer passende Sitze für schwangere Frauen eingebaut werden. Ein Meisterstück moderner Kriegs-Ingenieurskunst. Eine Win-Win Situation für alle beteiligten Parteien, selbst der gegnerischen Partei: Die Frau fühlt sich optimal wohl in den extra für sie angepassten Sitzen und von der Institution Armee vollends angenommen. Zudem kann der Gegner sich in dem vollkommen unwahr-scheinlichen Fall eines Volltreffes auf den Panzer später nach dem Einsatz an der Theke bei den nicht minder wackeren Kameraden mit seinem überragen-den Mut hervortun und rühmen, heute Zwei mit einem Schlag eliminiert zu haben. Das sind die Perspektiven, welche die Armee dringend benötigt, um den dortigen Fachkräftemangel klammheimlich zu beheben.

Man kann es drehen und wenden wie man will: Die Zeiten des alleinigen Ideals der makellosen Schönheiten treten in eine kritische Phase. Schwere Zeiten für Nacktschnecken und selbstgekrönte Anti-Aging-Queens im vorgerückten Alter. Bei den Shopping-Queens sieht es zum Glück noch etwas anders aus. Da besteht die Chance, dass sie flott ihr Verkaufssortiment auf dunklere Grüntöne ausrichten. Wahre Schönheit ist unvergänglich. Selbst die WARE Schönheit bleibt für immer bestehen.

Auch die gesamte Ästhetik der Beauty-Fotografen wird einem knallharten Veränderungskurs unterworfen. War es früher überhaupt keine Frage, die Schönheit der Menschen und des menschlichen Körpers in sämtlichen Schattierungen der Lebenswirklichkeiten abzubilden, auch im hohen Alter wie bei Johannes Heesters, steht jetzt so ganz unvermittelt die doch äußerst unangenehme Frage im Raum, wie das denn mit der Schönheit der Verblichenen auf offener Straße in Drittländern ist. Die Praxis wird uns schon die passenden Antworten liefern.

Über Jahrzehnte war es in der zivilisierten Medienlandschaft absolut verpönt, Leichen oder Bilder von Toten zu zeigen. Diese starren Regeln, deren Nutzen und Inhalte sowieso kein tugendhafter Mensch verstand, sind zum Glück in neuerer Zeit ein wenig aufgeweicht, auch durch einen einnehmend-engagierten Haltungsjournalismus. Gegen so eine fesche Leiche, die vielleicht noch blaulackierte Fingernägel ein letztes Mal der Weltöffentlichkeit gezwungen, ungefragt und unfreiwillig repräsentieren muss, ist ja nichts einzuwenden. Richtig in Szene gesetzt, verbreitet eine Tote auch dann noch wortgewaltige Botschaften, wenn sie selbst schon lange nicht mehr reden und für sich selbst autonom Stellung beziehen kann zu dem, was mit ihr passiert.

Wer kritisch denkt, müsste sich eigentlich die Frage stellen, inwieweit solche Bilder auch eine Verletzung der postmortalen Persönlichkeit darstellen. Geschenkt. In der schönen neuen Welt wollen wir es uns nicht allzu kompliziert machen beim Nachdenken über den Tod, dessen Qualität in der öffentlichen Wahrnehmung einen neuen Stellenwert besitzt. Es gibt sie eben jetzt: Die ästhetischen Sonderwelten durch den Einsatz der korrekt gehandhabten und erfolgreich abgeschossenen Kriegswaffen. Alles aber auch einer feinsinnigen Haltung der beobachteten und schreibenden Zunft zu verdanken.

Wir müssen wieder verstehen, dass trotz gegenläufigen Meinungen und aktivem Anwerben für Armeen ein Mangel an Gedanken in manchen Köpfen bleibt, mit dem wir leben müssen. Das ist nicht behebbar. Diese Lücken klaffen offen in den Geistern. Wenn in einer

Gesellschaft ganz offiziell in Mainstreammedien Videos wieder tragfähig und akzeptabel werden, die zeigen, wie Panzer in Gefechtslagen von oben durch Killerdrohnen sauber mit kleineren Feuerbällen eliminiert werden, dann stellt sich zwingend die Frage, wer sich letztendlich als wirklicher Gegner des Friedens positioniert.

Der plumpe Panzer, der listige Angreifer per Drohne oder sogar der denkend-wertende Medienvertreter, der ganz ungeniert diese Bilder zum Konsum einer breitlechzenden Öffentlichkeit mit präzisen Feindbildern anheimgibt. Die Schönheit der mit einem latenten Anflug von Besitzer-Stolz gezeigten Aufnahmen liegt immer auch -wie schon an anderer Stelle erwähnt - im Auge des aufgeweckten oder vielleicht noch schlafenden Betrachters. Und alles ist ja schon in Ordnung, solange es die Gegner der Demokratie trifft. Rote Ohren dürfen aus Eigenscham schon einmal sein. Trotzdem bleibt die Sache an sich gut. Haltung gut, alles gut, Ende gut.

Auf die neue Gefechtslage in der internationalen Berichterstattung konnten sich unsere optional auf Zuruf gesteuerten Redaktionen und Medien zum Glück ganz schnell und einstimmig einstellen. Ganz versteckt und schamhaft erscheinen in anderen Medienressorts, die Gegenstand der Regenbogen- und Mainstreampresse sind, kleine Artikel, die zeigen, welche Wunder heute schon Arm- und Beinprothesen, hart am Mann oder der Frau geführt, bewirken können. Das fehlende Bein ist bewegungstechnisch gar kein Problem mehr, da es perfekt sitzende Prothesen gibt. Ein Narrativ mit einer gewissen Qualität eines sich verbreitenden Allgemeinwissens, das zu einem weiteren Element des abendländlichen Kulturguts zu avancieren scheint. Mit dem Zweiten läuft man zwar besser. Jedoch hätte man aber - noch besser - vorher bloß beim Ersten den klaren Durchblick gehabt.

Was überhaupt noch nicht empirisch betrachtet wurde, ist die sinnvolle Weiterentwicklung der Botox-Industrie in heißen Gefechtslagen. Was wird nun bloß aus den Falten? Die aufkeimenden Auseinandersetzungen lassen vermutlich keinen anderen Schluss zu, dass alle BotoxianerInnen sich auf den kalten und damit harten Entzug einstellen müssen: Botox fällt weg wegen Ist nicht mehr! Endstation Falte. Das ist die grausame Wahrheit. Wie heutige und zukünftige Stars damit leben, ja leben können, muss man bitte sorgfältig von den Medien beobachten lassen. Die Lippen werden folglich auch rapide kleiner, weil kein Spritzen im alten Stil mehr möglich ist. Schönheit weicht der Haltung und dem gelebten Charakter in solchen Krisenzeiten. Damit müssen jetzt Alle bis hin zu den echten Superstars klarkommen. Der Normalsterbliche wird es überleben. Für den Rest der Welt im Funkelspirit des Jetsets kommt es vermutlich ein klein wenig dicker.

VIII.

Krieg und Charities

Spaßveranstaltungen als soziales Engagement für gute Toten

Kriegsstimmungen und Charity-Veranstaltungen gehen friedvoll einher, Hand in Hand in den großen Sonnenaufgang. Man muss sie nur lassen, damit der richtige Pepp im Drehmoment in Schwung kommt. Krieg an der Front und in den Medien ist auf die Dauer etwas langweilig. Immer die gleichen Abläufe, immer die gleichen Bilder in unzähligen Varianten. Im Kern der Aussagen aber immer das gleiche: Wir wollen unsere Feinde töten. Und wenn wir unsere Feinde getötet haben, dann war es ein wunderschöner Tag. Nur so können die Erfolgsmeldungen hoher Todeszahlen am Tag von gefallenen Gegnern in den TV-Nachrichten mit gnadenloser Berichtskälte verstanden werden. Eine andere Deutung ist nicht möglich.

Wären die eigenen Verlustzahlen der toten Soldaten das Thema der Nachrichtensender, würden die Soldaten nur einmal mehr harmlos als „Gefallene" bezeichnet werden. Der damit hervorgerufene Eindruck ist, als sei dieser Soldat wie unsere Oma, die leider mit ihrem Rollator etwas zu tapsig und ungeschickt unterwegs war, über die eigenen Füße gefallen, danach aber ebenso schnell wieder aufgestanden. Leider steht da aber kein Soldat mehr auf. Auch die eigenen Soldaten nicht.

So bleiben es verkappte Jubelmeldungen über legal von Staats wegen erschossener Menschen, egal von welcher euphemistischen Seite man es auch betrachten möchte.

Grundsätzlich passt das alles in die althergebrachte Kriegsphilosophie, die sich seit Jahrtausenden in der Sache nicht geändert hat. Der Herold früherer Zeiten mit der Blechtrompete ist jetzt eben Nachrichtensprecher. Nur ein technischer, aber kein qualitativer Unterschied. Aber da gibt es doch ein schwerwiegendes Momentum, das doch eine etwas andere Dimension in die Sache bringt. Man führt heute Hightech-Kriege. Die Waffensysteme sind überdimensionierte Computerspiele, im Prinzip auch schon von den Kleinsten steuerbar, mit der schönen Konsequenz direkter Todesfolgen für die spontan Getroffenen.

Die Produktion solcher bequemer, da auch moralisch optimierter Waffensysteme kosten eine ganze Stange Geld. Und das Geld ist in diesem Umfang oftmals nicht in Verteidigungshaushalten der finanzgebeutelten Staaten vorhanden. Die bösen Rentner, die einfach zu lange leben. Andere Kosten fehlen ja und sind zum Glück untergetaucht in den prallen Sozialkassen aller europäischen Staaten. Alle Fachkräfte sind in Lohn und Brot. Diejenigen, die es noch nicht geschafft haben, werden händeringend gesucht. Da jagt eine Erfolgsmeldung die andere. Man muss sich nur einmal die Mühe machen, richtig hinzuschauen.

Da innige Einvernehmlichkeit bei den voll kultivierten Hoheitsträgern und der glühenden Kriegsbefürworter besteht, dass gegnerische Soldaten eigentlich nicht mit dem Leben davonkommen dürfen, taucht das weitere etwas unangenehme Thema auf, wo das Geld herkommt, um die gegnerischen Truppen in Schach zu halten oder – viel besser noch – direkt schachmatt setzen zu können. Ein direktes Einwerben der nötigen Finanzmittel ist erforderlich. Es müssen Aktionen gestartet werden wie von Bernie Cornfeld in seinen besten Zeiten. Drückerkolonnen der gebildeten Art, auch fähig, als Sponsoren in renommierten Fußballclubs benimmkompatibel auftreten zu können. Wir lieben das Leben, wir lieben die Waffen, aber am meisten lieben wir den martialischen Erfolg für uns. Dummerweise fühlt zwar jeder, dass dieser eingeschlagene Weg vollkommen falsch ist, aber nur wenige Mutige sind willens und in der Lage, die Falschheit und moralische Verkommenheit dieses neuen Pfades glasklar und deutlich zu artikulieren.

Aber möglicherweise werden den Personen, welche diese delikate Kunst der Kritikfähigkeit beherrschen, nur nicht die mediale Bühne ausgerollt. In den Talkshows erscheinen ja mit schöner Regelmäßigkeit immer wieder die gleichen linientreuen Gestalten von der kriegsschaurigen Art. Es gibt keine neuen Gesichter. Da hat sich ein regelrechtes Talkshow-Pilgertum in Form eines neuen Medienkartells als Fünfte Gewalt zwischenzeitlich herauskristallisiert. Abwechslung und Meinungsvielfalt? Fehlanzeige. Die Kreuzritter sind on Tour zur Bereitung der zukünftigen Schlachtfelder.

So kommt man aber in eigentlichen Finanzierungsfragen nicht weiter. Am Ende des Tages muss jemand vom Stuhl mit Jubelgesängen und Hosanna-Rufen aus tiefstem Herzen aufstehen, die Hosen runterlassen und freudestrahlend einen Haufen Geld auf den Gemeinschaftstisch legen, damit die neuen Waffensysteme das Licht der Welt erblicken können.

Mut und Durchsetzungswillen sind gefragt. Woher das Geld kommt, ob aus neu kreierten Supernatural-Fonds per Superfood, irgendwelche herumschwirrenden Sondervermögen, Steuererhöhungen oder direkt aus bescheuert besteuerten Cum-Ex-Geschäften von Steuerberatern, ist vollkommen egal. Die Hauptsache ist: Das Geld ist DA! Und an dieser Stelle kommen dann die Charity-Veranstaltungen ins Spiel.

Es geht los an irgendwelchen Tagen mit irgendwelchen offenen Türen, manchmal sogar zu ziemlich düsteren Hintertüren. Die offene Tür als verdeckter Spendenappell kann Wunder leisten. Man muss all die zahlreichen offenen Türen nur sehen. Sieht man sie, ist es höchste Zeit, dort einzutreten, um aktiv seinen Obolus zu leisten. Alle gespendeten Taler wandern im besten Falle in Waffen, schnurstracks an die befreundeten Fronten, wo sie zum fröhlichen Todschießen ihre bestimmungsmäßige Verwendung finden.

Die Spendenaktion endet normalerweise im Klassiker: „Wanderer, kommst du nach Sparta, verkündige dorten, du habest uns hier liegen sehn, wie das Gesetz es befahl". Wieder die eingängigen Worte: Gesetz, Tod, Front, Gefallene, aufgeweckter Wanderer als zufällig dahergelaufener Zeitzeuge und Beobachter. Irgendwie scheint dieser Circulus vitiosus einer inneren Gesetzmäßigkeit seit Jahrtausenden im ewigen Rhythmus der Zeit zu unterliegen. Vielleicht nur noch ein ganz kleiner Krieg und dieses Ritual avanciert automatisch zum Naturgesetz. Wiederholungen produzieren Meister. Permanent sich wiederholendes Glück mündet zwangsläufig in alles beherrschendes Können. Krieg ist auch eine Kunstform, zumindest, wenn es die Richtigen trifft. Oder als Sujet für fernöstliche Weisheiten im Minibuchformat dienen muss.

Eine flockige Charity-Veranstaltung kann aber auch so ganz anders daherkommen. Man geht neuerdings in eine Bäckerei. Man kauft etwas Brot, erhält Wechselgeld. Plötzlich lacht da einen diese gläserne Sparbüchse für Kleingeld insgeheim bettelnd an. Sie strahlt wie ein winziger Uran-Brennstab, schreit nach

Aufmerksamkeit und Geld-Futter. Die Frage, für was denn da so gespart wird, erhält eine herablassende Antwort der Fachangestellten auf der anderen Seite der Theke: „Natürlich für die Ukraine". Die Politisierung des Brotkaufs hat Einzug gehalten. Die Demokratisierung der Backwaren. Das Leben in Frieden durch minimalinvasive Zahlungen für den engagierten Super-Krieg. Das ist das Prinzip, was die noch etwas in sich selbst schlafenden Leute so dringend brauchen und vor allem auch vorbehaltlos verstehen müssen.

Es bleibt starr und unbeugsam die Frage im Raum, warum Charity überall und an jeder Stelle so gleichgeschaltet laut sein muss. Denn es ist für sensiblere Geister unschwer feststellbar, dass der Appell einer kleinen Plexiglas-Spardose auch so schrill sein kann wie der Pfiff des Champions-League-Schiedsrichters vor dem spielentscheidenden Elfmeter in der 89. Spielminute. Wenn es um das große Ziel einer beherzten Rudelbildung zur Jagd auf irgendwen gibt, darf es keine schädliche Neutralität geben. Alle, wirklich alle müssen betroffen sein. Das Aufstehen für die richtige Sache ist so wichtig in einem Staat, dass selbst die Bäckerei und der Kauf eines Brots einen heftigen Schuss Politisierung erfahren. Du musst dich engagieren, mit allem, was du hast. Nach dem „Warum denn das?" fragen, kommt einer der schwerwiegendsten Todsünden gleich und löst Massenächtung aus. Ein

Demokrat darf im Kriegsfall innerhalb Europas nicht abtrünnig von der guten Linie sein, auch wenn es wieder einmal um das Töten der Anderen im suprastaatlichen Legitimationsmodus geht.

Charity kann aber auch in den Medien stattfinden, wenn man als willig geneigter Hofberichterstatter sich der Grenzziehung zum Hofnarren nicht mehr so ganz sicher ist und Rote Teppiche in anderen europäischen Städten ausrollen lässt, wenn leidgeprüfte Politiker der Kriegsparteien zum Besuch erscheinen. Charity kann in schlimmeren Fällen auch durch besonders devotes Verhalten des einen oder anderen heißgelaufenen Journalisten aus der Relotius-Fraktion stattfinden, die sich sogar in besonderen Höhepunkten dazu versteigen, gemeinsame Frontbesuche mit Landespolitikern abzuhalten. Von dort aus können wundervolle Bilder für die Entwicklung des Gesamteindrucks der mörderischen Schlachten geschossen werden, freilich auch verbal hochgejazzte Just-in-time-Berichte zum friedlichen Sterben junger Menschen. Nicht nur die Wüste, sondern auch der heiße Krieg lebt, was die derzeit für das Martialische noch etwas sinnleeren Herzen der daheimgebliebenen Sofa-Soldaten so richtig zum Schmelzen bringt.

Das In-Szene-setzen des geballten Elends der Anderen als Live-Freischaltung zur Spendenzahlung auf das eingeblendete Konto, dessen Kontonummer sich unten am Rand des Bildschirms in dem roten Informationsband befindet. Wir machen den Weg frei in die Ukraine. Ein kürzerer Weg zwischen Geldbörsenaktivierung und Kampfesfront ist kaum vorstellbar.

Stumm bleibt der laut schnarrende Fernsehsender allerdings bei Informationsabfragen, was mit dem gespendeten Geld denn so genau, also so wirklich ganz genau passiert. Das Beruhigende ist, dass dies eigentlich Niemand weiß, also wirklich so ganz genau: Denn an der Front tobt ja der Krieg mit all seinen Unabwägbarkeiten. Eine Frage nach dem exakten Verbleib dieser Gelder verbietet sich schon aus Anstand. Man fragt ja auch nicht in der Kirche so exakt nach, was mit den gottgefälligen mildtätig-barmherzigen Spenden so alles passiert.

Das ist bei genauer Betrachtungsweise vollkommen in Ordnung, weil auch bei der allergrößten Charity-Veranstaltung aller Zeiten für ein einziges Land die Spender-Staaten gar nicht so genau wissen, was mit ihren Geld- und Sachspenden so angerichtet wird, insbesondere hinter den Frontlinien. Detailwissen würde da nur stören und den allgemein harmonischen Ablauf der hochprofessionell eingefädelten Spendenprozesse womöglich am Ende noch ernsthaft irritieren. Auch hier muss ganz schnell ein demokratisches Basta-Wort für die neugierigen Untertanen her. Und das perfekte Basta-Wort aller Zeiten ist zweifellos immer noch eine lückenlose Schwarzblende für die vor sich herstarrend staunende Allgemeinheit.

Deutschland und andere Geberstaaten spendeten Unsummen von Milliarden mit Stolz angeschwollener Brust in die Ukraine. Eine exemplarische Auflistung von nur einem geringen Bruchteil der Waffenlieferungen an die Ukraine befindet sich in Kapitel 4 dieses Buches, alles ordentlich einer offiziellen Homepage der Bundesregierung am 29. Mai 2024 entnommen. Es geht um zwei-, vermutlich eher dreistellige Milliardenbeträge, deren Freigabe eine politische Entscheidung war, die kaum in der Öffentlichkeit in ihrer damals schon absehbaren Außenwirkung diskutiert wurde. Eine Animationsgabe für allerheissesten Neu-Ärger.

Jetzt gilt es aber einen Moment zu sehen, dass die Ukraine weder EU-Mitglied noch Nato-Mitglied ist. Beide Mitgliedschaften werden von der Ukraine leidenschaftlich angestrebt, aber deren Voraussetzungen sind aktuell von der Ukraine (noch) nicht erfüllbar. Die damit auf dem Tisch liegende Kernfrage lautet damit: Warum wird Waffenvermögen in diesen Größenordnungen locker an einen europäischen Staat vergeben, der formalrechtlich vollkommen frei nach seinem eigenen Gutdünken mit den Charity-Waffen herumfuhrwerken kann? Warum? Was ist da los?

Die Antwort erschließt sich nur schwer bei nüchterner Betrachtungsweise. Vermutlich möchte man die Ukraine für einen ebenso ergiebigen wie erfolgreichen Kampf gegen Rechts und Parteien im Rechtsspektrum gewinnen, um den Rechtsradikalismus adäquat zu stoppen. Bei so viel Rechts können die immensen Waffenlieferungen auch nur Recht sein.

IX.

Martialische Strukturen des humanen Kämpfens

Mann gegen Frau und anderer Geschlechter

Der Kalender schreibt in großen Buchstaben den 31.05.2024. Eine gigantische Regenwelle umklammert Europa wie eine Anakonda ihr erstickendes Opfer. Eintrag im Logbuch des Handbuchs des Humanen Krieges, auf seinen unendlichen Reisen durch die Weiten der Erkenntnisse. Die Zeitungen sind voll von der Meldung, dass vor wenigen Stunden das junge Leben einer bildhübschen Sanitäterin in der Ukraine kurz und knapp mit ein paar Waffen ausgelöscht wurde. Es gibt einen Abschiedsbrief von ihr. An ihren Bruder. Alles herzzerreißend geschrieben. Selbst Dritte, die persönlich nicht betroffen sind, müssen erwartungsgemäß mit feuchten Augen kämpfen.

Es ist zu grausam, dass hinter einem so jungen Leben der finale Schlussstrich gezogen wurde. Die junge Frau musste sterben. Gleichberechtigung in der feinen Welt der Emanzipation, neuerdings auch beim eigenen unverhofften Abtreten von dieser Weltenbühne im Kampf gegen einen übermächtigen Feind, im Prinzip schon von vornherein in einem aussichtslosen Kampf aufgrund einfacher arithmetischer Gesetzmäßigkeiten.

Fehleinschätzungen der echten und wahren militärischen Gefechtslage allein durch die für einen Krieg Verantwortlichen unterlaufen eben, sie passieren als eine Art Bildungskollateralschaden in der Hitze des Gefechts einem Heißsporn, wenn man mit den Grundkenntnissen der Mathematik selbst ein wenig auf Kriegsfuß steht, also insbesondere in puncto Mengenleere hinsichtlich der Anzahl der sich gegenüberstehenden Truppen. Das ist nun beileibe nicht die Schuld aller Gefallenen. Sie können absolut nichts für diese Feldzug-Fehleinschätzungen. Nur: War ein solcher Tod seinerzeit ein erklärtes Ziel aller Frauen, die für die umfassende Emanzipation friedlich kämpften? Ab sofort gibt es auch den Tod für Frauen auf den Schlachtfeldern dieser Welt. Sterben als eine Spezialfrucht der Emanzipation in der ersten Kampfreihe, quasi Erster Klasse und ganz vorne mit dabei.

Frauen und Krieg ist kein vollkommen unbeschriebenes Blatt: Die in der Antike so gefürchteten Amazonen standen ihren Mann. Dieses Team Frau machte wohl den Anfang und setzte erste Performance-Maßstäbe, bis in heutige Tage legendär. Auch Krimhild wusste mit dem Schwert eindrucksvoll umzugehen. Selbst Kaiserin Sisi war eine knallharte Kämpferin in vielerlei Hinsicht, wurde jedoch von den angeheuerten Hofmalern wegen ihrer nicht zu übersehenden, liebreizenden Optik in ein vollkommen falsches Licht getaucht. Prinzessinnen ziehen das Krönchen wieder auf und rücken es auf ihrem Kopf zurecht, wenn sie stürzen. Kaiserinnen dagegen ziehen sofort ihr Schwert und kämpfen. Sisi war von Geburt an eine Kaiserin durch und durch. Auch auf umkämpften Schlachtfeldern dieser Welt kann das schwache Geschlecht erstaunlich stark sein.

Das wirft für die Männerwelt natürlich das eine oder andere strukturelle Problem in Gefechtslagen auf, von denen die Verteidigungsminister dieser Welt vermutlich noch nicht einmal träumen. Unsere US-Freunde würden das Thema in einen Satz kleiden und sagen: How do you fight a girl properly? Was darf man als Mann im harten Kampf Mann gegen Frau denn eigentlich noch, oder vielleicht schon nicht mehr. Pointiert stellt sich aus Sicht der schlachtführenden, mitunter leicht taumelnden Männer die zwingende Frage aller Fragen, wie man im Krieg einer Frau so richtig im Kopf die Lichter ausschießen darf, um nicht Gefahr zu laufen, am Ende des Krieges zu guter Letzt noch Angriffsziel für Anhänger der Me too-Bewegung zu werden.

Denn heute weiß MANN nur zu gut, dass Heckenschützen jedweden Geschlechts liebend gern den Gerichtssaal als legale Waffe zu einem speziellen Schlachtfeld umfunktionieren. In vergangenen Friedenszeiten zeigten das Angelina Jolie und Brad Pitt eindrücklich. Das Ex-Ehepaar sei an dieser Stelle einmal rein symbolisch für die Legionen von Ehepaaren in den letzten hundert Jahren erwähnt, die sich vor Gericht dann so richtig fetzten. Überraschungsangriff im Schutze von zwei Waagschalen in den Händen einer Frau namens Justitia. Gefährlich, gefährlich, wenn es um die völkerrechtliche Abwägung korrekter Nahkämpfe ohne sexistische Berührungen und unflätiger Bemerkungen gegen das vermeintlich schwache Geschlecht geht.

Ganz besonders brisant-diffizile Fragen tauchen natürlich im Nahkampf von Mann und Frau auf dem Schlachtfeld sofort auf. Noch Jahrzehnte nach dem eigentlichen Krieg werden sich sicherlich alle potenziellen Gerichte bis hin zum UN-Gerichtshof mit elementaren Grundsatzfragen beschäftigen. In exponierter Stellung die Frage, ob ein Mann bei klarer Gefechtslage einer Frau, sei sie hübsch oder weniger attraktiv, die Hosen langsam oder schnell runterziehen darf, wenn der Nahkampf einen solchen militärisch korrekten Zugriff schon einmal situationsbedingt hergibt.

Umgekehrt beschäftigt natürlich das zarte Geschlecht aus seiner Sicht der Dinge, wie man einem Mann kriegstechnisch ganz korrekt das Fell über die Ohren zieht, vor allem, bis wohin man sein Fell denn so ziehen darf. Hiermit gekoppelt ist freilich auch die Frage, ob man gegen einen im Feld rumwühlenden Herrn der

Schöpfung als legitime Waffe auch irgendwelche Klagen zu internationalen Gerichten tragen darf. Eine gekonnte Erweiterung und Expansion klassischer Nahkampfkonstellationen durch lockeres Einbeziehen von juristischen Institutionen auf internationaler Ebene macht den öden Brutalitätskampf im offenen Feld doch gleich viel lustiger. Da gibt es noch eine Menge weiterer Dimensionen, die man geradezu spielerisch erschließen kann.

Ebenfalls komplizierte Sonderfragen wirft der aktuelle Beziehungsstatus der sich bekämpfenden Geschlechtsvertreter im heißen Kampf auf: Es kann einfach nicht sein, dass eine vorhandene Ehe nichts an der Qualität einer streng militärischen Auseinandersetzung ändert. Die Ehe steht immerhin in Deutschland unter dem besonderen Schutz des Grundgesetzes. Damit sind gewisse Folgen für die verheirateten Soldaten und Soldatinnen unvermeidbar, die es verwaltungstechnisch genau zu erfassen gilt. In Unterkünften vor Beginn der eigentlichen Kampfhandlungen muss der Tatsache der Eheschließung durch sorgfältige Trennung der Nachtruhestätten nach Geschlechtern tugendhaft Rechnung getragen werden.

Das Risiko eines aushäusig anstößigen Lebenswandels des verheirateten Soldaten mit der Kulmination eines etwaigen Fremdgehens muss durch die organisatorischen Strukturen in den einzelnen Kampfverbänden strikt auf Null reduziert sein. Falls noch nicht vorhanden, müssen entsprechende Interne Dienstvorschriften von der Bundeswehrverwaltung unverzüglich erstellt werden. Es geht um die Erhaltung einer ungebremsten und vor allem ungestörten Kampfeskraft. Zwischenmenschliche Problemfelder dürfen nicht schon im Vorfeld zu hochexplosiven Minenfeldern mutieren: Zumindest der Kopf muss völlig frei und unbelastet sein, selbst wenn die Rübe dann später abkommt.

Auch völlig ungeklärt unter emanzipatorischen Gesichtspunkten erscheint im Moment die Frage, ob der Gegner im Falle der Gefangennahme von Soldatinnen diese später zum Dienst in der Feldküche einsetzen darf. Diese Frage sollte man auf keinen Fall auf die leichte Schulter nehmen. Die Verhaftung im Gefecht führt natürlich in ein besonderes Machtverhältnis zwischen einem resoluten Soldaten und einer femininen Kämpferin. Es birgt die Gefahr, dass alte patriarchalische Strukturen und mühsam überwundene Konventionen sich wieder ihren Weg bahnen, Rollenklischees hemmungslos bedient werden, alles zulasten der emanzipierten Soldatin. Das darf einfach nicht passieren. Der Krieg mit der emanzipatorischen Kernerrungenschaft, dass nun auch die Frauen zum Massensterben eingeladen sind, darf nicht dazu missbraucht werden, die Küche als angestammtes Ex-Territorium wieder den Frauen zuzuweisen. Das geht selbst bei Niederlagen von Soldatinnen nicht. Für den sieghaften Gegner muss die gefangene Frau in den

Küchen seiner Kompanie ein absolutes Tabu sein.

Wenn man nur lang genug nachschaut, finden sich bestimmt korrekt gegenderte Vorschriften in den einschlägigen Gesetzen für das Militär und einschlägigen Rechtsverordnungen. Korrekte Verwaltung lässt einfach nichts aus. Wenn man in Genf - wider Erwarten - nicht fündig werden sollte, hilft bestimmt ein intensiv-suchender Blick nach Brüssel, Straßburg oder notfalls auch Berlin. Irgendeine Koryphäe wurde mit Sicherheit mit dem Thema „Gefangene in Feldküchen nach Verlust ihres primären Gefecht-Einsatzstatus" sorgfältig befasst. Den Verwaltungen entgeht nichts, schon auf gar keinen Fall eine so extrem bedeutsame Frage, deren Beantwortung zugleich elementare Auswirkungen auf Krieg und Frieden hat. Undenkbar. Niemals!

Problematisch ist auch die Einführung einer ausgewogenen und fairen Machtbalance in den militärischen Entscheidungsstrukturen zwischen Mann und Frau sowie den über dreißig anderen Geschlechtern der vom Gesetz erfassten Diversifikationen. Vereinfacht ausgedrückt kann man sagen, dass jeder Einzelne den Atomkoffer mit dem Zugangscode für die atomaren Gefechtswaffen möchte und kleinere Rangeleien dadurch in den eigenen Reihen schon vorprogrammiert sind. Es gibt allein dadurch in den eigenen vier Wänden jede Menge triftiger Gründe für wahrhaftigen Unfrieden. Die konstruktive Überwindung massiver

Streitigkeiten in den angestammten Entscheidungs-hierarchien bis hin zu locker-flockigen Anschrei-Exzessen, kombiniert mit verbalen Beleidigungs-attacken der härteren Art, lässt sich praktisch nur durch behutsam systemimmanente und planspie-lerische Einbeziehung divers-diversifizierter Arbeits-kreise und NGOs überwinden. Die gemixte Truppe als partnerschaftlich-tiefenpsychologisch erfahrbares Spiel- und Experimentierfeld. So sieht heute moderne Armeeführung aus.

Hauptsache, der normale Menschenverstand hat das letzte Wort und setzt die inneren Ordnungsmaßstäbe. So sind all die vielen sicherheitskritischen Atomwaffen in verlässlichen Händen, mit souveräner Hand von den Verantwortlichen geführt. Ruhe ist die erste Bürger-pflicht.

X.

Befreites Denken außerhalb der klassischen Kriegsführung

Mit modernen Technologien wird das Sterben so lustig

Endlich international auf Anforderung mit individuellen Profilen verfügbar: Der universelle Multi-Tasking-Krieg als perfektes Computerspiel-Erlebnis. Der Rausch der seit Babybeinen eingeübten elektronischen Spielsucht zieht nun die vorprogrammiert weiteren Kreise im Erwachsenenleben. Über mehrere Jahre intensiv und geflissentlich brav eingeübt, wie man mit Sticks, Mouse und Programmierung von Weltraumspielen am Computer umgeht, gelingt im Kriegsfall unvermittelt der Sprung in die Realität. Ein Erlebnis der ganz anderen Art, das aber im Prinzip keine wirklich neuen Erfahrungsdimensionen bereithält. Denn Töten am und per Computer mit harmlosen Clicks der Mouse (nebenbei gesagt: Was für ein niedlicher Name für eine Zündschnur, die tausendfach gleichzeitig Tod an einem anderen Ende der Welt bringen kann) suggerieren eine locker-unverkrampfte Spielatmosphäre, wie sie gemütlicher nicht sein kann. In gewohnter Umgebung, sicher durch Kontinente getrennt vom realen Geschehen da draußen auf dem

Schlachtfeld, startet die Jagd auf die armen, noch in der Ahnungslosigkeit sanft in ihrem eindimensionalen Leben ruhenden Gegner. Es ist, als würde man endlich wie Zeus sein dürfen, der mit seinen Blitzen Jeden aufspießen kann, nach dem ihm gerade so ist. Lustbefriedigung durch Erfüllung einmal anders.

Dabei hatte Zeuss viel größere Umsetzungsprobleme. Ihm standen und stehen bei der kräftezehrenden Variante des himmlischen Blitzschleuderns keine satellitengesteuerten GPS-Systeme mit ausgeklügelter Orientierungselektronik effizient zur Seite. Schnell die weltweit für jeden Standort, der groß wie eine Hütte ist, die richtigen Raumkoordinaten eingeben. Knopf drücken. Fertig sind die Leichen. So bequem war das geräuschlose Töten eigentlich noch nie. Sowohl für den Tastentäter als auch für die übergeordneten Kriegsherren in vornehmen Uniformen, mit denen sie jeden Tag eine Lage- und Situationsbeschreibung für das staunende Nicht-Elektronik-Volk abgeben.

Halten wir mit unseren Gedanken vielleicht einen kurzen Augenblick inne: Was passiert hier im Jetzt und Sofort? Es sterben über zwischengeschaltete Waffensysteme, elektronisch und vollautomatisiert gesteuert, im durchgetakteten Dauerrhythmus Menschen in der realen Welt. Auch sie liebten, lachten, weinten, hatten Frauen, Männer, Kinder und Verwandte, die jetzt auf den dunklen Wegen des Schmerztrauern ohne Chance auf ein seelisches

Entkommen geschickt werden. Vorher noch selbstbestimmende Individuen, werden sie von einer auf die andere Sekunde zu nackten Objekten des Tötens, ebenfalls ohne eine Chance des Entrinnens aus dieser lethargischen Situation.

Sieht so das Feuerwerk der vielgepriesenen Werte des Westens inklusive der schützenswerten Aspekte unserer demokratischen Gesellschaften aus? Todesengel aus feiger Entfernung werfen sicher aus ihrem Versteck in einer anderen, ihnen geographisch und kulturell zumeist vollkommen fremden Welt die Bomben. Das kann beim besten Willen von Niemandem ernsthaft bewundert werden. Diesen Super-Nerd-Heckenschützen sollte allgemeine Maximalverachtung gewiss und der verdiente Lohn sein.

In unseren westlichen Gesellschaften sind seit einigen Jahren alle Weichen auf das systematische Erlernen einer spielerischen Überlegenheit, durchaus auch mit symbolischen Tötungsakten des virtuellen Feinds ausgerichtet. Computerspiele der martialischen Art sind beste psychologische Einstiegs- und Enthemmungsprogramme für coole Computerfreaks. Sind die Spielregelabläufe über Jahre sorgfältig einstudiert, dann steht dem Erklimmen der nächsthöheren Eskalationsstufe eigentlich nichts mehr im Wege.

Allerdings auch die verschwiegenste Tötungsmaschinerie über ausgeklüngelte Computersysteme muss innerhalb der realen Welt zunächst einmal in Gang gebracht werden. Es reicht einfach nicht aus, das PC-Programm ein wenig vollkommen alleine vor sich hin werkeln zu lassen. Es ist gut zu wissen, dass auf viele Jahre der einzelne in der Kommandozentrale des virtuell geprägten Kriegs nach wie vor unentbehrlich bleibt. Der Mensch bleibt die ultimative Steuerungsinstanz. Der Mensch muss zur finalen Kontrolle proaktiv steuern. Mit dieser Erkenntnis einher geht dann auch die in letzter Konsequenz beruhigende Feststellung, dass nach wie vor es die Menschen sind, die sich - ALLEIN - für einen Krieg verantwortlich zeigen.

Insofern sollte wegen dieser etablierten Verantwortungsmechanismen alle heutigen Kriegsbefürwortern und Kriegstreibern eindringlich bewusst sein, dass jede Minute zu ihrem ganz persönlichen Tribunal werden kann. Wenn man auf des Volkes Stimme in diesen aktuellen Zeiten lauscht, so hört man, dass fast Niemand mit dem Luftabschneiden der russischen Industrie und der konzertierten Jagd auf weitere Gegner innerhalb des osteuropäischen Umlandes einverstanden ist: Ein unmittelbar bevorstehender Krieg wird als moderne Errungenschaft medial und insbesondere mainstreammäßig abgefeiert, für die scheinbar Ängstlichen als Chimäre oder Wolpertinger hingestellt, mit Hinweis auf die modernsten Hightech-Waffen der dösenden Öffentlichkeit als sicherstes

Unterfangen aller Zeiten mit Sieggarantie für „die Guten" zelebriert, aber die Institution Krieg ist ein erbärmliches Phänomen aus ewig-gestrigen Zeiten, in Nazizeiten von ebenso psychisch schwerkranken wie bösartigen Menschen zur Hochblüte getrieben und für ehrliche Demokraten wohl kaum noch zeitgemäß, da vollkommen und für alle Zeiten aus der Zeit gefallen.

Von Staats wegen organisierte Kriege sind auch immer eine Veranstaltung für eher schüchterne Menschen auf den höchsten Machtstufen. Während sie, ohne mit der Wimper zu zucken oder unter massiven Gewissensbissen zu leiden, Millionen und Abermillionen junge Menschen mit hoffnungsvoller Zukunft in einen mehr oder minder sicheren Tod schicken, verstecken sie selbst und ihre Familien samt Kindern sich in irgendwelchen angeblich sicheren Bunkern, Kommandozentralen, Farmen im Ausland oder hinter Computersticks mit dampfenden Hosen.

Gestorben wird immer nur von den Anderen, seit mehr als dreitausend Jahren DAS Standardprinzip der Konfliktlösungen auf diesem Planeten, praktiziert, weil die Entscheidungsträger allesamt viel zu wichtig und wertvoll sind, da sie selbst dazu auserwählt sind, den sinnlosen Tod der Anderen im Detail planen und finalisieren zu müssen. Und diese überkommenen Machtstrukturen sollen die echten Grundwerte der Werte-Demokratie in Quantensprüngen vorantreiben, notfalls auch gegen Russland und China, für die der einfache Bürger ins Feuer und zahlreiche Feuertaufen bestehen muss? Wirklich? Echt jetzt?

Verstehen wohl die Allermeisten einfach beim besten Willen und ihnen möglichen intellektuellen Maximalbemühungen nicht. Müsste man bitte vor Beginn der eigentlichen Kampfhandlungen und mit nachvollziehbaren Fakten und tiefgehendem Sinn sowie echtem Verstand dem staunenden Europa-Bürger erklären! Welche auszeichnungsbehafteten Staatspolitiker und Parlamente fühlen sich denn dazu endlich einmal zuständig? Vielleicht eine lohnenswerte Aufgabe für alle Präsidenten in einem jeden einzelnen Land Europas, perfekt zur besten Sendezeit, parallel geschaltet in sämtlichen Fernsehsendern und Multimedia-Kanälen wie jeden Abend üblich in den synchronisierten Meldungen aller Nachrichten.

Erklärt bitte die Gründe und Sachverhalte für die strategischen Deckungsversuche zur Erhaltung der eigenen körperlichen Unversehrtheit, bitte! Dann sind einige Untertanen womöglich bereit, ihre aktuellen Ansichten zu ändern. Aber das Erklären müsst ihr im Sauseschritt übernehmen, im Hier und Jetzt. Zum politisch-taktischen Wegducken ist es bei weitem schon viel zu spät, da von allen Staatsverantwortlichen und Medien die Agenda viel zu weit vorangetrieben wurde. Die Untertanen wollen leider die dringend nötigen Antworten auf ihre berechtigten Fragen: Aus eueren Mündern da ganz oben, wo die Luft für den optimalen geistigen Durchblick offenbar viel klarer zu sein scheint.

Vielleicht liegt die Lösung aber auch in etwas vollkommen Neuem, nämlich der allseits groß gefeierten KI. Eine Lösung zur flotten Reduzierung der wahren oder scheinbaren Kriegsgefahren könnten doch erstmals in der Menschheitsgeschichte von der KI gegebene Antworten sein. Füttern wir dieses neue Orakel von Delphi 2.0 mit allen verfügbaren Fakten und fragen einfach die Künstliche Intelligenz, ob nicht die Drohnen und Flugabwehrspiele auf elektronischem Niveau entbehrlich sind. Irgendein Algorithmus muss doch in dem Mr. Perfekt-Brain der Supercomputer vorhanden sein, um die einzig echte, unverfälschte Wahrheit herauszufinden, wie nah oder fern wir einer heißen Kriegssituation tatsächlich sind. Gleichzeitig wäre es ein guter Lackmustest, wie vernünftig das Ding schon ist. Vielleicht könnte es einen wertvollen Beitrag, in besten Fall sogar Lösung zum wieder-entflammten Ost-West-Konflikt in fulminanter Weise leisten.

Andererseits lauern in einem derartigen Versuch aber auch ernsthafte Gefahren, weil sich möglicherweise herausstellt, dass die KI schon heute die kriegsfeind-licheren Lösungen auf den Tisch legt, Lösungen, an welche in der aktuellen Phase des politischen Diskur-ses bis dato mit keinem Wort gedacht wurde. Die Maschinen hätten schon in einem sehr frühen Stadium die Macht und Kontrolle übernommen. Man müsste einfach ausprobieren, ob es dadurch noch kritischer wird mit dem derzeit doch etwas gestörten Friedenswillen des ungestörten multistaatlichen Zusammenlebens. Einen Versuch wäre es allemal wert.

Was selbst ein von der KI allerdings ungelöstes Problem bleibt, ist das Aufräumen des massiven Kriegsabfalls, Kampfschrotts und der dahinverwesenden Leichen. Es steht zu befürchten, dass in diesem Punkt die KI auch nur klugverbale Ratschläge aus dem schlichten Diesseits parat hält, ganz Bodenständiges, frei nach dem Motto: „Bitte fassen sie selbst an und starten sie direkt damit. Ohne Ausrede. Ohne zeitlichen Aufschub Es gibt in den Planquadraten A5 und B6 alle Hände voll zu tun. Begeben sie sich unverzüglich dorthin. Sprechen sie nicht mit anderen Bürgern. Nehmen sie ihr schon aufgeladenes Elektroauto, um keine CO2-Spuren zu hinterlassen.".

Ihre Generalprobe würde die KI dann in diesem Geschäftssegment mit donnerndem Applaus bestehen, wenn ihre schnörkellospragmatische Empfehlung hieße, dass alle Verantwortungsträger, die diese erneut eingetretene Welt-Katastrophe zu verantworten haben, sich zu einem genau festgelegten Zeitpunkt vor Ort einfinden. Wie früher - allgemein bekannt - bei den Schulparties: Wer eingeladen und intensiv abgerockt und getanzt hat, ist auch für die Beseitigung sämtlicher sichtbarer Abfallspuren zuständig. Und da

landen wir am Ende des Tages vermutlich wieder bei .
. . Ja, bei Wem eigentlich?

110

XI.

Engagement - Wir brauchen engagierte Logistiker

Der letzte Schuss muss auch in der Antarktis noch zu hören sein

Weltkrieg ist – wie der Name, gegeben wohl von einem Cleverle, schon so richtig sagt – ein WELTkrieg. Das heißt, er findet überall auf der Welt und an jedem Ort gleichzeitig statt. Gewissermaßen ist es die Umkehrung in der Version eines brüllenden Kontrapunkts der von klugen Köpfen sehnlichst angestrebten Weltherrschaft, nur im ganz Negativen.

Wenn dann die Austragungsorte eines solchen Monumentalereignisses schon einmal wie ein internationaler Sportevent mit Niveau in allen Ländern liegen sollen, sieht sich der Promotor vor einer gigantisch-logistischen Herausforderung, aber dazu später in diesem Buch noch etwas mehr. Denn am Anfang eines gescheiten Weltkriegs für einen Spitzenplatz in den Geschichtsbüchern steht ein Beauty-Contest aller Länder, insbesondere der zwanzig Industrienationen, in welchem Land als erstes der erste Schuss gesetzt werden darf. Man muss sich das vermutlich irgendwie so vorstellen, wie die Länderbewerbungen für die Olympischen Spiele, oder - vielleicht noch etwas maskulin-feminin eingefärbter - wie das intelligente Auslosungsverfahren zu einer völlig fair-korrekten Vergabe des Austragungslandes der Fußballweltmeisterschaft.

Der Startschuss avanciert dann leicht zu einem epochalen Ereignis, schon allein wegen des Texts in den Geschichtsbüchern für die Ewigkeit, was die Bewerbungskandidaten sich gerne für spätere Stadtführungen touristikwirksam auf die Fahne schreiben: Fenstersturz von Prag. Attentat in Sarajewo. Überfall auf Polen (Darf man das überhaupt noch so andeutungsweise schreiben, ohne Gefahr zu laufen, als rechtsradikal eingeordnet zu werden?). Das alles sind ziemlich intelligent gewählte Ereignispunkte, von nachfolgenden Generationen simpel zu merken und nur mit einem Stichwort auf den Punkt zu bringen ist. Die Reduzierung auf ein einziges Stichwort passt sich ausgesprochen gut dem geplanten Bildungsniveau der zukünftigen Generationen an. „Keep it simple": Dann kommt später auch ganz von selbst noch „Keep smiling" dazu, trotz der vorgelagerten Berge und Wasserströme von Tränen fast aller Untertanen.

Konnte man nach einigen Kompetenzrangeleien dann das Land für den ersten Schuss als Austragungsort intern festlegen, dann muss eine Choreografie für die Kriegseintritte der diversen Länder in unendlichen, im Prinzip nur um sich selbst wunderschön kreiselnden Beratungszirkeln geschrieben werden. Man muss sich sehr sorgfältig überlegen, wer als nächstes Land in das spannende Geschehen mit einer Vielzahl von Pyro- und Überraschungseffekten eingreifen darf.

Denn von den Ergebnissen dieser hochdiffizilen Überlegungen hängt ab, wie eine intelligente Logistik aufgebaut werden muss. Die sperrigen Waffensysteme, nicht selten im Format kleinerer Einfamilienhäuser, schreien lauthals danach, über die gesamte Welt gerecht verteilt zu werden, um die geplante Sicherheit und den heiligen Frieden zu spenden. Auf vielen Ebenen wahrlich ein würdevolles Bombengeschäft für die internationale Logistikbranche. Das alles gilt es im Prinzip sehr früh auf den Weg zu bringen. Oberstes Gebot dabei: Absolute Geheimhaltung und Verschwiegenheit, um potenzielle Gegner im Dunkeln zu halten. Überraschung ist alles. Doofe Fragen stören nur.

Und die Geheimhaltung geht sogar so weit, dass auf den Transportern, Sprintern und Lastkraftwagen mit Planen die Namen der involvierten Logistikunternehmen und Industriekonzerne zum späteren Lob und Ruhme aller Beteiligten im geschichtlichen Kontext abgedeckt werden, damit nichts zu früh durch Überlandfahrten ans unangenehm bohrende Licht der begriffsstutzigen Öffentlichkeit dringt. Mit öffentlichen Steuergeldern arbeitet man in der Regel grundsätzlich schon gern. Was damit dann passiert, muss die tendenziell leicht verträumte Untertanentruppe dann ja nicht unbedingt wissen. Es reicht vollkommen, wenn sie die ersten paar Knaller saftig-fetzig wie ein Urknall auf die Öhrchen bekommen. Auch hier wie allerorten: Wissen verwirrt nur. Francis Bacon lag - wie schon erwähnt - mit seinem unsagbar kläglichen Dumm-spruch-Klassiker, dass Wissen Macht sei, mal wieder völlig in den Binsen und voll krass daneben. Präzision im Denken muss man eben am besten den Anderen überlassen. Sie wissen es zum Wohl und Schutz Aller dann zumindest auch einzusetzen. So gestalten und erschaffen sich unvergessliche, intensive Lebens-momente.

Ist alles innerhalb der ersten, noch etwas wackeligen Start-up-Phase sicher und vernünftig in eine vorläu-fige Position gebracht, taktet man alles gut durch, ähnlich wie in einer Fuge von Johann Sebastian Bach: Spontan-Drehbuchkonzepte erhalten relevante Staatsrepräsentanten dann von den Autoren vorab, die nah am geplanten Geschehen als Spin-Doktoren des Untergangs eine bedeutende Regiefunktion freiwillig übernommen haben, in großen Glücksfällen auch schon einmal ungefiltert von hohen Würdenträgern des Geschäfts mit dem Kampfe aus dem Headquarter.

Seit März 2022 kreuzten eine unzählige Schar von hochrangigen Staatsfunktionären bei bis ins letzte Detail für Medien und Untertanen durchgeplante Spontanbesuchen in Kiew auf. Man erhielt den Eindruck, dass die dortige Regierung den hoch-karätigen Ansturm nur mit Mühe kanalisieren konnte.

Ein Andrang, so wuchtig wie die Wassermassen bei den Jahrtausend-Regenfällen in Zentraleuropa im Mai 2024. Politiker aus aller Welt und jeglicher Couleur liefen drehbuchtreu in das kämpfende Land Ukraine mit dem Tempo dahinschießender, außer Rand und Band geratenen Wassermassen mit übergriffigem Zerstörpotential.

Dem zum langweiligen Zuschauen des aufmunitionierenden Spektakels verdammten mündigen Bürgers blieb nur die Rolle des staunenden Beobachters und die Frage: Warum gehen denn alle, wirklich alle Politiker von Rang und Namen persönlich in die Ukraine, speziell nach Kiew? Es ging dort irgendwie eine Zeitlang zu wie bei Meet & Greet Veranstaltungen von Rock-Superstars mit ihren zu anhänglichen Hardcore-Fangemeinden.

Echte Bewunderung kennt in ganz großen Momenten von beiden Seiten keine nüchterne, Klarheit schaffende Distanz. Herzige Spontan-Verbrüderung statt ernster, zunächst vorsichtiger Blicke auf das internationale Problempotential der plakativen Bild-Aktionen.

Eine Antwort kann hier nicht gegeben werden. Die in sicheren Drittländern lebenden Bürger bleiben die wahren Fakten manchmal verborgen, auch die Mainstreammedien lassen uns nur vorsichtig aus Sicherheitsgründen hinter den eisernen Vorhang von

Informationssperren schauen, alles vollkommen verständlich: Die körperliche Unversehrtheit und Sicherheit der termingetriebenen Polittouristen hat höchste Priorität, zumal in einem Land wie Deutschland neuerdings Politiker beinahe unsicherer als im Kriegsland Ukraine aufgehoben sind. Es zeichnet sich so langsam eine kriegerische Stimmung ab.

Denn irgendwelche körperlichen Attacken auf deutsche Politiker in der gesamten Ukraine sind bisher zum großen Glück nicht bekannt, aber im Heimatland Deutschland häufen sich solche körperlichen Direktkontakte bis hin zu tatsächlichen Attentatsversuchen mit übergriffigen Untertanen doch erschreckend. Gefühlt im Wochentakt sind Politiker auf offenen Orten und Plätzen unter verbalem Beschuss und in körperlicher Bedrängnis. Wenn das so weitergeht, besteht bei fortlaufender Kriegsentwicklung noch die Gefahr, dass sich vermutlich der eine oder andere angepöbelte Kantonist durch den Kopf gehen lässt, in die Ukraine zu ziehen, um dort um politisches Asyl zu bitten. Dort sind zwischenzeitlich vermutlich jetzt schon mehr Waffen zur Gewährleistung der Sicherheit vorhanden als in Deutschland. Ukraine bietet die allseits auch in Deutschland angestrebte Willkommenskultur für qualifizierte Politiker, Manager und sonstiges Service-Personal im großen Welttheater.

Hinzu kommt ja auch, dass seit rund einem Jahr in unzähligen Artikeln mit unzähligen Erfolgsmeldungen zugunsten der Ukraine in den Mainstreammedien ständig verbreitet wird, dass Russland doch endlich einsehen muss, dass es den Krieg schon verloren habe und die Ukraine der uneinholbare und einzige Sieger sei. Darum zeigen die Mainstreammedien auch in schöner Regelmäßigkeit explodierende Panzer oder um das Leben kämpfende russische Soldaten. Weil dem so ist, ja offenbar definitiv so sein muss (sonst stünde es nicht in den Medien), ist ja alles gut.

Allerdings gilt es von der Logistikbranche, noch ein wenig an der Optimierung der Lieferketten in den schon oder bald kriegsführenden Ländern zu arbeiten: Was ist mit der Zulieferung von Internet-Bestellungen? Gibt es flinke Pizzadienste auch in Krisengebieten, wo man schon unter zwei Stunden sein heißbegehrtes Supernatural-Fingerfood erhält? Wann entstehen die allseits beliebten McDonalds-Gesundheit-Genusstempel für Alle? Und eine weitere Kernfrage von allergrößter Bedeutung für Gesamteuropa und potenzielle EU-Beitrittskandidaten: Wie ist das mit der CO_2-Freiheit von Lieferketten. Darf logistische Unterstützung auch mit Fahrzeugen, die fossile Verbrennungsmotoren besitzen, geleistet werden? Damit einher geht dann auch die Anschlussfrage, wie eine Zielerkennung durch den Feind todsicher vermieden werden kann, wenn demnächst ein Elektro-Panzer geschätzt zehn Tage an den in der EU verstreuten E-Ladesäule stehen muss.

Trotz aller bahnbrechenden Euphorie über die bevorstehenden Waffenspiele ohne Grenzen: Die zentralen Errungenschaften der CO2-Gesetzgebung inklusive des Schutzes von industriellen Lieferketten dürfen einfach nicht vernachlässigt werden. Wer hier ein wenig hudelt und sich nicht die Details mit aller Verliebtheit anschaut oder gar ignoriert, macht sich bußgeldpflichtig und schafft internationale Kakophonie in den Ordnungsbehörden auf vielfältigen Ebenen. Das muss und darf einfach nicht sein!

XII.

Kultivierung der Emotionen

Die Spaßgesellschaft braucht mehr Spaß in Realtime: Wenn Alle mitmachen, kann in Europa Großes gelingen

Endlich einmal ist der Weg zum Dritten Weltkrieg nicht mit lästigen Tempo Dreißig-Schildern zugepflastert. Auf diesem Highway to Hell mit viel Dust on the water darf zur ungebremsten Freude Aller direkt volle Pulle mit dem guten Superbenzin oder Diesel losgerast werden. Der dort anzutreffende Speed knallt auf alle Gemüter wie ein unlimitiertes Rennen in der Profi-Autotuner-Branche. Adrenalin aus der Mitte vereinzelter, minimalistischer Gehirne statt saurem Regen auf den Kopf von oben. „Feel free" oder „Free Willy", nur dass dieses Mal mit Willy ein echter Mann gemeint ist.

Das sind scheinbar Eckpfeiler von Staatseroberungsentwürfen, aus dem heutzutage neue Weltreiche entstehen können. Andere Erfolgskonzepte müssen in friedlichen Ländern außerhalb von Kriegs- und Krisengebieten gesucht werden. Beispiele gibt es genug da draußen auf diesem Planeten.

Der Krieg - stets nur hin zum Guten und ausschließlich für das Gute - hat immer auch etwas mit Bewegungsfähigkeit und Geistesflexibilität aller direkt involvierten Parteien zu tun. Die körperliche Bewegungsfähigkeit sollte vorhanden sein, insbesondere in der Zielgruppe der Wehrfähigen im tapferen Alter von 18 bis 49 Jahren (zufälligerweise auch genau die Zielgruppe der TV-Macher, die Ninja Warriors erschaffen und über die Bildschirme flackern lassen). Zufälle gibt es, die plangemäß zentral in die Karten spielen. Bei der Geistesflexibilität ist die Beweglichkeit in den diversen Ansichten eigentlich nicht so ganz wichtig. Es reicht, wenn man weiß, dass sie nur rudimentär in elementaren Grundzügen vorhanden ist, also in etwa noch eine volle Stufe unterhalb der regulären Grundzüge.

Wie lautet doch der tradierte Spruch sinngemäß: „Noch immer war die Gutgläubigkeit der Massen die mit weitem Abstand schärfste Waffe der Mächtigen". Diese Atmosphäre in der Gruppe der Vertreter sedierter Lebensexistenzen mit Horizontbeschränkung auf den oberen Tellerrand inklusive betreuter Nachrichtenverdauung kann manchmal Wunder wirken zur maximal effizienten Zielerreichung vorgestanzter Kriegsziele.

Wichtig ist, dass nichts brennt oder anbrennt in den schlauen Köpfen. Allgemein bekannt ist, dass nur Derjenige, der innerlich brennt, auch die vielen anderen mitreißen und bei derartigen Gelegenheiten geistig anzünden kann. Schon im Altertum wusste jeder, dass man sein Licht nicht unter den Scheffel

stellen darf. Bei zuvor oder danach erfolgten großflächigen Löschungen brennt dann auch niemand mehr
für etwas anderes.

Der verdiente Lohn einer flotten Geistesdimmung auf
Dauer besteht zumeist in einem vordergründig flocki-
gen Leben an allen Plätzen, es sei denn, irgendein oder
mehrere Bösewichte spielen unentwegt systematisch
mit bewaffneten Drohnensystemen in die falsche
Richtung. Nur dann ein aus der Luft auftauchendes
Problem ist allerdings mitnichten eine leere Luft-
nummer, sondern eine unbarmherzige Existenzfrage
des eigenen Ichs, schon auf das Spiel gesetzt bei
Ankunft der allerersten Drohnen über den dann noch
relativ kühlen Köpfen.

Die gesamte Dimension der Tragik besteht darin, dass
es viel zu spät ist, die damit verbundene Dynamik
irgendwie elegant in den Griff zu bekommen: Die
Drohnen fliegen bereits in vorprogrammierte Ziele,
sind längst mit ihren aufgeladenen Lasten auf dem
Weg und genauso abgehoben wie ihre Ingenieur-Väter
und noch verrückteren Piloten. Game over, mit allem
was dazugehört, was nebenbei gesagt auch für die cool
gebliebenen Köpfe der Angegriffenen gilt. Irgendwelche Orden werden an diese kühlen Köpfe nicht
mehr verteilt. Die sind dann allen tugendhaften Heiß-
blütern einmal mehr vorbehalten. Friedensnobelpreise
wollen schließlich durch präzise Punktlandungen
sauber erkämpft sein.

Bei einer Drohnenparty kommt richtige Stimmung auf. Man erkennt, dass durch Akzeptanz einer permanenten Verharmlosung der Bedrohungslage durch diese verflixten Drohnen alle Nächte auf einmal ihre ursprüngliche Erholungsqualität verlieren: Die Textzeile aus dem Superhit „All night long" erwacht zu ganz anderen Dimensionen. Das Leben kann so aufregend sein, wenn man es wirklich von anderen entwickeln lässt. Es verschwindet auch ab sofort durch diese unbequemen Drohnen das Lebensmotto „Sex in the City". Stattdessen und um die Uhr gepflegte Drohnenkultur. Nächtliche Ausgangserlebnisse entfallen ersatzlos, also fast ersatzlos: Einziger Ersatz zum neu geborenen Lebensglück … Ein Feind, ein guter Feind, der alles ist, was man ab sofort hat auf dieser Welt. Die Nachkriegszeit der alten Bundesrepublik lässt grüßen und wird wieder zum leisen Motto eines Starts in eine neue Epoche. Da Capo. Das perpetuum mobile läuft auf Hochtouren.

Dieser neu erkorene Gegner sitzt in den Palästen einer Hauptstadt eines Landes, in der man bis dato selbst zumeist noch nie war. Man sprach noch niemals mit Feind-Repräsentanten, aber man kennt ihn ganz genau. Es verhält sich wie mit einer bestimmten Gruppe von Schülern in einer Schulklasse, der die Klassenbesten das Etikett anhefteten, dass sie zwar nichts wissen, aber alles ganz genau erklären können. Wissen at it's best für die Galerie.

Auf einmal, ansatzlos, plötzlich, heftig ist das alte, gewohnte, angestammte Leben in die Untiefen der Geschichte entschwunden. Es ist weg, aber anders als das eigene Geld zuvor: Wechselte das Geld nur den Eigentümer, ist das eigene Lebensgefühl furios mit einer Frontalattacke ausgelöscht, irreparabel zerschmettert, im Getöse der völlig überraschend erscheinenden Drohnen zu Schall, Rauch und Asche verwandelt. Ein kleines Opfer für eine herrliche Zeitenwende.

Für die einen, die mit den Drohnensticks so spannend spielen wollen, kam doch die ganze Zeitenwende nicht überraschend. Sie hatten ja auch allen Menschen mehrfach extra in der Sprache der Zehnjährigen erklärt, dass es zu einer Zeitenwende kommt, wohl insgeheim schon damals wissend, dass zur Zeitenwende auch ein paar richtig gute Drohnenflüge gehören, deren Resultate allein schon Änderungen in historischen Dimensionen bewirken können. Das gelang schließlich zuvor nur einem einsamen Cessna-Piloten aus Deutschland, als er unmittelbar in der Zeit der Wende unvermittelt auf dem Roten Platz in Moskau mit seinem putzigen Fliegerchen, entgegen aller Realitäten und Gesetzmäßigkeiten, landete und damit ganze Heerscharen von Sicherheitsexperten und ausgewiesene Abwehrtechniker ziemlich nackt aussehen ließ.

Aber für das Gros der Anderen bleibt es eine explosionsartige Zeitenwende, ein unerwarteter, ja bisweilen überfordernder Neuanfang. Der Charme einer derartigen Variante eines Neuanfangs liegt manchmal aber nicht in der Herausforderung des Neuanfangs an sich, sondern in der Rapidität seines Eintretens: Gestern noch vor Fashion-Leben pulsierende Innenstädte mit eleganten Kaufhäusern, heute schon mietvertraglich pulverisierte Leerstände mit Werbeplakaten inklusive leicht verschämt verzweifelt erster Hilferufe über eilig aufgestellte Vermietungsangebote mit aufdringlichen Maklerplakaten. Die Zeiten-Wende ist stets auch ein Zeiten-Ende, deshalb nicht Jedermanns Ding und fordert ungeahnte Flexibilität im vollen Spektrum aller Gemüts- und Lebenslagen. Nur wer sich bewegt, der nimmt noch aktiv am Leben teil. Und wer über fünfzig Jahre alt ist, morgens ohne Zipperlein aufwacht und von sich behauptet, noch zu leben, der ist in Wahrheit schon mausetot und von der Grinsekatze geholt.

Abrupte Brüche einer Zeitenwende setzen eben ungebremste Emotionen frei. Quer durch alle Gesellschaftsschichten sind wir kollektiv aufgerufen, diese Herausforderungen klaglos anzunehmen und zu meistern. Hier treten die echten Charaktere konturenscharf zutage. Bereits im eigenen Familienkreis lernt man, zu erkennen, wer diese geistig-seelischen Spagat-Situationen aushalten kann. Wer diesem spezifisch-psychischen Druck nur mit Mühe standhält, ist emotional bereits in einem Mikrokrieg in den kleinen Normal-momenten eines jeden Alltags gefangen.

Da kann der andere Autofahrer mit zu schnellem Rechtsdrall auf die eigene Fahrspur schon einmal als emotionaler Blitzableiter herhalten müssen. Es kann auch passieren, dass eine unnötige Diskussion startet mit einem Service-Mitarbeiter in einer Bäckerei oder Tankstelle. Egal: Im Endeffekt geht es im Kern darum, innere Grenzen für sich selbst tangiert zu wissen und daher - zumeist unbewusst und per Reflex - eine Grenz-ziehung zwecks eigenem Persönlichkeitsschutz zum Ausdruck bringen zu wollen, unfairerweise an vollkom-men unbeteiligten Dritten, weil man insgeheim fühlt, dass man die wahren, übergeordneten Kausalketten, deren Kulminationspunkt in der maximal eigenen Angst gipfelt, durch offen mit den eigentlichen Urhe-bern ausgetragener Kontroversen nicht beseitigen kann. Psychologen sprechen zur Umschreibung dieser Szenarien von Übersprungsituationen.

Die Crux für manchen Betroffenen: Signifikant über-fordert durch den emotionalen Stress, erzeugt durch unbedachte Handlungen Dritter, zumeist auf über-geordneten Ebenen, schlägt die Gereiztheit leicht in zunächst latente, dann aber offen ausgetragene Aggression um.

Viele Mikro-Kriegsherde auf zahlreichen Ebenen des alltäglichen Lebens sind die sichtbaren Folgen für die

Gesellschaft. Keiner will diese Miniatur-Spannungen im Bonsai-Format, aber sie sind einfach da, gehören in ihrer Verschiedenheit mittlerweile zum öffentlichen Alltag. Und weil in den wirtschaftlich fast durchweg prosperierenden Lagen der letzten Jahrzehnte viele Bürger - auch in der gutsituierten Mittelschicht - konsequentes Risiko- und Problemmanagement im professionellen Stil verlernt haben, entstehen innerhalb der Gesellschaft eine Vielzahl von Spannungsherden: Keiner wollte sie. Keiner suchte sie. Keiner sehnte sie herbei. Aber jetzt sind sie nun einmal da!

Alles wäre kaum einer schlicht unaufgeregten Betrachtung wert, wenn da nicht der unangenehme Nebeneffekt eines latent entstehenden Hasses wäre, der dann auch schnell einmal in Faustschlägen auf Körper und ungeschützte Gesichtsflächen eines anderen Zeitgenossen mündet, der - für ihn selbst - unglücklicherweise den Weg des Energiebündels kreuzt. Mit menschlichen Aggressionen ist das eine ziemlich komplizierte Angelegenheit. Manchmal bleiben sie verschlossen und alles in allem ruhig im Inneren des Untertanen, ein anderes Mal suchen sie sich ihren Weg direkt in die Öffentlichkeit, die aus Sicht des Aggressors bereits perfekt symbolisiert wird durch das Gesicht des Zufall-Kontrahenten. Zuschlag sicher. Manchmal auch ein Zufallsergebnis diverser Erziehungsmethoden in Kindertagen, die sich als Spuren durch ein gesamtes Leben schleifen.

Das weitere Opfer eines solchen Verhaltens liegt in einem selbst: Menschlichkeit und aktiv gelebte Empathie. Krisenzeiten werden in den eigenen Lebensentwürfen nur gemeistert werden können, wenn man sich auf seine Mitmenschen offen und ehrlich einlässt, in dem Sinne, das auch bewusst angehört werden und zählen muss, was andere Zeitgenossen bewegt. Das simple Abkanzeln von Meinungen außerhalb der eigenen vier Wände führt zu Frustrationsmomenten. Diese Frustrationsmomente lassen eine gewisse Eigendynamik entstehen, die zu konkreten Handlungen führen. Im Rahmen von Kriegsvorbereitungen wird durchaus der Versuch unternommen, Menschlichkeit und darauf basierende Regungen in kontinuierlichen Prozessen zu unterdrücken oder gleich zu eliminieren. Wie soll man selbst sonst auch in der Lage sein, das (angeblich?) Böse im Feind in der befohlenen Betrachtung als die alles dominierende Handlungsmaxime werden zu lassen?

Nein, es gibt nun wirklich keine guten oder gar geliebten Feinde, sicherlich zumindest nicht in den offiziellen Kriegsstatements. Liebe und Empathie sind aus einer vollkommen anderen Klasse, aus anderen Lebensuniversen, die Störkraft entfalten und von den eigentlichen Zielen ablenken. Praktizierte Menschlichkeit, speziell in größten Notsituationen für die eigene Existenz auf dieser Erde, verwirren einen Soldaten zutiefst, wenn sich diese natürlichen Emotionen in die

gegnerische und damit restlos falsche Richtung entwickeln.

Andererseits zeigt diese menschliche Ur-Gefühls-
regung der Nächstenliebe im wahrsten Sinne des
Wortes aber auch auf, wie man sich aus der
aufoktroyierten Denkschablone innerlich entziehen
kann. Selbst wenn man aufgrund äußerer Zwangs-
anwendungen an Kriegsspielen mit Feindkontakt
teilnehmen muss, bleibt immer noch die Freiheit der
autonomen Wahl der inneren Einstellung. Die innere
Einstellung, in der die Humanität die alles bestimmen-
de Maxime bleibt, avanciert dann zu dem einzig
verbleibenden Paradies auf Erden, aus dem man nicht
vertrieben werden kann: Rückzug in die Menschlichkeit muss damit das neue Lebensprogramm am Ende
aller inhumanen Kriegsvorbereitungen lauten.

XIII

Moral

Wo die Moral in Kriegszeiten fröhliche Urstände feiert: War-Dschungel, War-Island und War-Bachelor

Moral ist auf den ersten Blick ein vager Begriff, der aus dem Gestern kommt, zudem schwerpunktmäßig allein von den Ewiggestrigen benutzt wird. Eine Allerweltsbezeichnung, irgendwie mit einem Riesenhängebart, völlig aus der Mode gekommen. Mit Konturen in vergangenen Jahrtausenden aufgeladen, die aber heute eher hinderlich erscheinen

Ja, für Vorkriegszeiten stimmt das in der Tat: Moral ist hinderlich, weil sie hemmt und bestimmte Verhaltensweisen auf Basis selbst gegebener Leitlinien unter ein absolutes No Go stellt. In Kriegszeiten sind starre Grundsätze, die nur auf einem Standardbegriff wie demjenigen der Moral fußen, ein wenig störend. Wenn das Denken der Bürger im Kollektiv durch eingebildete, eingeredete oder objektive Gefahrenlagen ermüdend zur Eindimensionalität getrieben wird, droht latente Erschöpfung, sobald es darum geht, in den Schlachten die roten Linien zu überschreiten. Zuviel Denken, insbesondere Nachdenken, tut einem einzelnen, aufgeweckten Soldaten alles andere als gut.

Also sind derartig störrische Bremsklötze im Gehirn auf ein Mindestmaß zu reduzieren, am besten nach Möglichkeit durch klare neue Leitlinien vollständig abzubauen.

Das allbewährte Patentrezept: Eine zackig straffe Armeeführung ohne Duldung von Widerspruch. Da bleibt vor lauter Bewegung und Action leistungswilliger Rekruten von vornherein kaum Platz für selbstständiges Denken. Aus berufenem Mund werden im Unterricht Meinungspositionen angeboten, die es flott nachzuplappern gilt. Ein Traum-Nährboden zum Aufbau von moralischen Parallelwelten.

Klar ausgedrückt geht es in militärischen Ausbildungen an erster Stelle darum, dass von Haus aus mitgebrachte moralische Grundsätze mehr oder minder sublim auf einen militärisch passenden Morallevel transformiert werden, der in den Schlachten maximalen Gewinn verspricht. Es geht also auch offen um die Verschiebung klassischer, in Friedenszeiten allseits anerkannter Moralnormen. Nur sind wir jetzt nicht in Friedenszeiten: Die Normen des Friedens müssen klammheimlich weichen, ersetzt werden durch knackige militärische Kernbotschaften.

Zum Beispiel, dass das Volk von dem einvernehmlich per Tendenz-Politik und willfähriger Medien ausgemachten Gegner gar nichts zu befürchten habe, weil der Gegner mit Sicherheit nicht so dumm wäre, ein fremdes Volk mit seiner schieren Bombengewalt anzugreifen. Und wenn der Gegner dann vielleicht doch so „dumm" ist, womöglich in eine für ihn gesichtsverlierende Notwehrsituation gebracht wurde: Haften dann die politisch dafür Verantwortlichen mit ihrem gesamten Privatvermögen zugunsten der dann geschundenen und gerupften Bürger, inklusive Mann und Maus?

Eine solche Transformation - von Seiten der Kriegsausbildung angestrebt - lässt sich viel besser umsetzen, wenn die Rekruten und Soldaten von ihrer Individualerziehung aus über ein moralisches Gerüst verfügen, das dehnbar ist, wie der Körper und die Wirbelsäule einer zehnjährigen Kunstturnerin mit hohem Weltmeisterschaftspotential.

Also baut man derartige Moralformationen in den gesamten Erziehungsprozess idealerweise von Anfang an ein. Das ist schlau. Dabei kann man sich auch traditionell angestammte landsmannschaftlichkulturelle Sonder-Erziehungsprinzipien zunutze machen. Alles in dem Wissen getreu dem historischen Motto, dass jede Generation ihren Krieg erhält und meistern muss. Krieg ist das Maß aller Dinge, selbst zur Bestimmung temporärer Moralmaßstäbe. Als länderübergreifende Institution rechtfertigt diese Veranstaltung einfach alles. Eine positive Seite des Krieges besteht allerdings darin, dass er abgelaufene Amtszeiten bis zum selbst gewählten Sankt

Nimmerleinstag verlängert.

Langsam tauchen bei der liebevoll-professionellen Organisation der internationalen Kriegsspiele aber ein paar kleinere Störungen im für gewöhnlich gut geölten Getriebe der Moral auf: Die junge, etwas stark computeraffine Generation interessiert sich zunehmend mehr für die klassische Variante der Computerspiele am Computer ohne echte Toten in der Realität. Auch der im Krieg naturgegebene Gedanke, dass man selbst zu den Toten gehören könnte, verliert immer mehr an Charme. Und Mütter meinen in geradezu unangenehm steigender Zahl, dass sie die Armee ganz prima finden, aber natürlich nicht für ihre eigenen Töchter und Söhne. Auf übergeordneter Ebene gilt damit quasi als eine Art Ersatzglaube die einfache These, dass die Moral immer gut ist, aber bitte schön nur für die Anderen.

Es setzt sich so ganz langsam, aber immer wuchtiger die Erkenntnis bei den zur Ausübung des drögen Kriegshandwerks Verdammten durch, dass es gar nicht so wahnsinnig lustig und erstrebenswert ist, sich selbst totschießen zu lassen für Andere, die in ihren vermeintlich sicheren Bunkern hocken. Denn das periodisch befristete Verbuddeln selbsternannter Kriegshelden in speziellen Bunkern klappte eigentlich noch nie so ganz richtig in der Geschichte der Kriege. Womöglich bestehen in einem Bunker die besseren Chancen, quicklebendig aus diesen lochartigen Luxusvillen unter Tage wieder herauszukrabbeln. Aber verschwendeten diese Untertage-Superhelden auf Zeit noch nicht einmal den simplen Gedanken darüber, wer im Moment, wo sie wieder das Licht der Sonne erblicken dürfen, vielleicht mit vorgehaltener Waffe als Ehrenkomitee an der Ausgangsröhre fungiert? Überraschung!

Moral, selbst minimale Moralansätze werden dann zu einem echten Problem, wenn es an das Serientöten von Gegnern in standardisierten Massenhinrichtungen nach altgewohnter Manier geht. Zum Glück ist man im deutschsprachigen Raum darauf relativ perfekt mental vorbereitet, wenn man das Bildungsangebot der gängigen Fernsehsender fleißig in den vergangenen Jahren durchgezappt hat. Seit geraumer Zeit tun sich eine kleine Gruppe von Fernsehsendern darin besonders hervor, zu zeigen, welche Gräuel die beiden vergangenen Weltkriege, aber auch Regionalkriege in anderen Ecken der Welt und Epochen bereithält. Man zeigt das Leiden des ausführenden, aber vor allem betroffenen Personals in der ganzen schockierenden Breite. Wie ein kostenloses, dynamisch aufgebautes Motivationsprogramm, eine Art Generalmobilisierung zur Generierung der Freuden der Kriegsbrutalität?

Flankiert werden die exklusiven TV-Show-Ergüsse dann noch von inszenierten Sendereihen, in denen in jeder Folge Serienmörder sowie deren Anwälte zu Wort kommen, natürlich auch die Angehörigen der Opfer. In einer fast zwangslosen, seltsam distanzierten Darstellung bekommt der unbedarfte Zuschauer schon einmal für etwaige schlimme Zeiten einen oberflächlichen Eindruck, was bei Umlegung des Moral-Ein-Aus-Schalters so alles im zwischenmenschlichen Bereich unter Kriegsbedingungen vorstellbar ist. Und dem erstaunten Zuschauer wird sensibel in szenisch wohldosierten Darstellungen beigebracht, dass Töten auf richtige Arbeit hinausläuft, also wenn man es handwerklich korrekt macht, wie in diversen Kulturkreisen seit Jahrhunderten üblich.

Weitere Paralleluniversen zum menschlichen Töten kann der aufgeweckte Zuschauer dann auch noch in besonderen Tiersendungen aus seinem Wohnzimmersessel genießen: Kleine Mäuschen hüpfen unbedarft und knuddelig im Wüstenstaub herum, bevor sie durch den zackigen Biss einer Schlage ins Jenseits befördert werden. Skorpione krabbeln dort auch und sehen ihr eigenes Revier von den Schlangen bedroht: Schon funktioniert der Kampf. Wer es etwas grösser liebt, der kann dann auch in diesen Tiersendungen lernen, wie ein Löwenrudel sich zusammenrottet, um getrennt eine tödlich strategische Jagd auf Zebras zu beginnt. Oder man schaut sich den minutenlangen Todeskampf eines Gnus bei Durchqueren eines Flusses an, das Zufallsopfer eines Krokodils im Wasser wird, dessen Stimmungslage so ganz anders ist als das liebenswerte Schnuckiputzi-Krokodil, das die Kleinen aus dem

Kasperletheater kennen.

In ganz großen Momenten der Tierfilmgeschichten wird den überraschten Zuschauern in diesen moralisch wertvollen Erziehungsdarbietungen noch gezeigt, dass der im eigenen Körper ausgelöste Gruseleffekt sich durchaus steigern lässt, wenn man die animalischen Tötungsaktivitäten in intelligenten Sequenzen aufeinander abstimmt. Also erst die Schlage, dann das Krokodil und dann der Löwe: Tierchen und Opfer werden kontinuierlich grösser. Es gibt gute Dramatiker hinter den Kameras. Drehbuch ist Drehbuch.

Nichts bleibt sowohl im Schosse der Mutter Natur als auch im Filmschnitt dem bloßen Zufall überlassen: Alles folgt einem ausgeklügelten Plan. Parallelwelten treffen aufeinander und erzeugen Stimmung, in den Kindern wie in den erwachsenen Menschen. Psychokonzepte auf die Allgemeinheit per Medien angewendet, sind und bleiben Erfolgskonzepte, natürlich auch im Rahmen langfristig indirekter Kriegsvorbereitungen.

Selbst Oma und Opa des vorigen Jahrtausends waren diese Prinzipien als Aggressionsschulung schon geläufig: Erst vermittelte man den Großeltern im zwanzigsten Jahrhundert den Grundsatz, dass sie mehr Land benötigen, um adäquat sich verwirklichen zu können. Dann koppelte man diese explosiven Gesinnungssätze mit mehr als fragwürdigen schlichten

Programmsätzen als psychologisches Aufputschmittel: Wir brauchen Freiheit, und zwar grenzenlose Freiheit, alles in der wohl zunächst unbewussten Erkenntnis, dass moralische Grundprinzipien nur stören, wenn es mal wieder an die Front geht, um das zu verteidigen, was die Durchblicker und schwergewichtigen Schnell-checker als national allgemein verteidigungswürdig proklamieren. Wie gut, dass es schlaue Menschen gibt, die einem sagen, wo es im Dilemma der eigenen Lebensverantwortung langgeht. Allgemeine Leitlinien sind die Vorstufe zu individuellen Lebenslinien und wenn einen die Lebenslinie dann an die Fronten menschlicher Maximalleidens führen, erweisen sich moralische Grundsätze als unterschiedlich tragfähig im eigenen Überlebenskampf. Pointiert auf den Punkt gebracht, gilt wohl: Je weniger Moral und je schwächer die moralischen Grundprinzipien, desto mehr Front.

Allerdings wird übersehen, dass ohne irgendwelche minimalen Moralvorstellungen und Moralsätzen ein jeder Mensch über kurz oder lang den Boden unter den Füssen verliert. Dieses von dritter Seite aufge-zwungene Lebenskonzept der aktiven Teilnahme an Kriegsgeschehens verwandelt ihn zu einem maximal angeschlagenen Schiff auf krachend schäumenden Wellen in den Ozeanen des menschlichen Wahnsinns.

Im Wahlkampf politischer Parteien finden sich jede Menge Parolen, zum Teil komplett hohl, zum Teil substanzvoll, je nach persönlicher Wertung durch das

Auge des Betrachters. Eine dieser Sinnsätze lautet: "Nie wieder ist jetzt". Sie hat eine konkrete moralische Botschaft. Der genaue Zeitpunkt, in dem man auf die Wiederholung bestimmter geschichtlicher Erlebnisse lieber verzichten sollte, wird explizit vorgeschrieben: JETZT.

Es war und ist der klassische Satz, mit dem die leidgeprüften Kriegsteilnehmer der beiden Weltkriege aus dem Zwanzigsten Jahrhundert das Verbot des für sie unerträglichen Gedankens an weitere Kriege für Jedermann als oberste Handlungsmaxime postulieren wollten: Die Würde des Menschen ist unantastbar. Artikel Eins des Grundgesetzes in der praktischen Anwendung und Umsetzung. Krieg zwischen Staaten darf es nicht mehr geben. Das ist die Lernbotschaft. Ein verzweifelter Aufschrei und nachdrückliche Forderung zur aktiv gelebten Menschlichkeit zwecks finaler Überwindung einer gravierenden Fehlstörung in einigen menschlichen Gehirnen, zusammengefasst mit dem Wort Krieg.

Die Überwindung dieses Weltenphänomens kann nur mit Moral und daraus resultierenden Grundsätzen gelingen. Eine morallose Gesellschaft erzeugt den Zustand des Krieges Aller gegen Alle, was der Staatsrechtler und Philosoph Thomas Hobbes in seinen Schriften schon wusste und so anschaulich beschrieb. Obwohl seine Gedanken vor rund fünfhundert Jahren formuliert, bewahrten sie sich bis heute ihre brennende Aktualität: Nach all den kulturellen und technischen Errungenschaften unserer modernen Welt ist für Menschen bei nüchterner Betrachtung absolut unwürdig, Kriegszustände zu erzeugen, um subjektive Vorstellungen und Forderungen gegenüber Dritten mit schierer Gewalt bis zum Allerletzten durchzusetzen.

Krieg ist immer wegen seiner radikal fehlender Moral oder falscher Moralgrundsätze, welche sich als fatale Grundlagen der individuellen Entscheidung zum Krieg und dessen Führung auszeichnen, das Allerletzte. An dieser moralischen Qualität ändern auch blumigste Kriegserklärungen mit selbstgefälligen poetischen Übertünchungen in wunderbaren Festakten vor, mit oder ohne Leichen nichts. Sie sind und bleiben von vornherein gescheiterte Entschuldigungsversuche für Handlungen, für die es in einer zivilisierten Welt unmöglich eine Entschuldigung mehr geben darf. Es sei denn, man verzichtet ab sofort wieder auf das Zivilisiertsein.

Die organisierten Massenmorde auf den Schlachtfeldern und sonst betroffenen Kriegsgebieten müssen der Vergangenheit angehören.

NIE WIEDER IST JETZT.

Für alle Menschen!

XIV.

Werte der Mitmenschlichkeit

Gescheiter Krieg erhöht die Aufnahmebereitschaft von Mitmenschen: Je mehr in der Stube, desto kuscheliger

In Kriegszeiten wächst auch ein Paradoxon fast unbemerkt heran: Glänzt in den heißen Kriegsphasen die Moral durch robuste Abwesenheit, prosperiert umgekehrt proportional die Mitmenschlichkeit und schafft erste Grundlagen für neue Moralvorstellungen. War allgemein gelebte, vor allem uneigennützige Hilfsbereitschaft in Vorkriegsgesellschaften weitgehend Neuland für viele Bürger, erhält diese Tugend nun Schritt für Schritt einen neuen gesellschaftlichen Stellenwert. Man rückt etwas mehr zusammen, im Idealfall teilt man Stuben und Haus wie zu Zeiten der guten, alten Großfamilien.

Auch ein liebenswertes Relikt aus dem besten Deutschland aller Zeiten, mit dessen Begriff der eine oder andere so gar nichts anzufangen weiß, selbst wenn er indirekt-direkt prächtig von Deutschland und in Deutschland lebt. Alles ist so zauberhaft wandel- und verhandelbar, ohne dass man an seinen objektiv geschaffenen Fakten festgemacht wird. Beliebigkeit an der Grenze zum konturenlosen Opportunismus ist das

Gebot der aktuellen Stunde. Während epochaler Umbrüche greift blitzschnell ein neues Motto wie ein Lauffeuer um sich, das da lautet: Platz ist in der kleinsten Hütte, sogar in den gelebten Dimensionen und Vorstellungen von Onkel Major Toms, selbst dann, wenn man im Augenblick nicht verliebt sein sollte. Falls doch verliebt: Umso besser.

So gesehen fehlen jetzt nur noch die cleveren Spin-Doctoren, die ohne weiteres und ganz leicht die richtigen Argumente und Worte finden, genau wegen des Zusammenrückens in kleinen Stuben allen betroffenen Untertanen, die doch gar keinen Krieg wollten, den Krieg einmal mehr als alles seligmachenden Hurra-Hurra-Glücksfall zu verkaufen. Parship auf natürliche Weise für Alle, vielleicht mit einem Schuss Hoffnung auf sein ganz privates Tinder-Abenteuer. So die SpinDoctoren bei ihren ganz besonderen Verbal-Doktorspielen. Endlich sagen zu können: Hier bin ich Mensch, hier darf ich's sein. Was für eine unendliche Wohltat. Es ist ein entspanntes Ankommen in der Workshop-Gruppe emsiger Gleichgesinnter: Wie schön!

Punktuell kann aber das ärgerliche Problem auftauchen, dass die Einquartierten sich in den neuen vier Wänden zu Notzeiten extrem wohl fühlen, dass sie plötzlich wie selbstverständlich über die Stränge schlagen, die bis dato noch unberührt waren. Da findet manchmal der altbekannte Spruch seine aktuelle

Sinnerfahrung, in der ein wackerbiederer Wohnungsbesitzer seinem Spontangast dessen neues Zufall-
Zuhause mit den Worten gastfreundlich anpreist, dass
sich der Gast in den vier Wänden bitte wie zuhause
fühlen möge. Mitunter antwortet zur Überraschung
des bisherigen Wohnungseigentümers dann frei und
frank der nun vor Kraft strotzende Gast, dass er als
erste Maßnahme den Wohnungsbesitzer aus dessen
bisheriger Bleibe herauswerfen wolle, weil er Besuch
zuhause in seinen eigen vier Wänden nicht leiden mag.

So schnell können sich Rollen und Positionen, auch
Lebenspositionen und Lebenswege ändern, insbesondere in rauen Phasen der bewusst gepflanzten und nun
langsam aufkeimenden Kriegswirren. In besonders
beeindruckenden Fällen passiert dies über Nacht zur
Verblüffung aller Beteiligten, bis hin in höchste Haus-
eigentümer-Gastgeberkreise. Es ist einfach schön, zu
sehen, dass und wie intensiv es überall menschelt,
getreu dem Motto: Was Dein ist, das ist auch Mein.
Und was Mein ist, das geht dich überhaupt nichts an.

Allerdings kann ein so vorwärtsorientiertes Verhalten
zur simplen Okkupation des Eigentums Dritter schnell
zu fulminanten Medienartikeln über Landesgrenzen
hinweg führen, wo in einem leicht beklagenden Unterton schwadroniert wird, dass angeblich Undank der
Welten Lohn sei. Schlimmstenfalls setzt es sogar aus-
drückliche Reisewarnungen aus befreundeten Ländern, wenn Gäste meinen, auch noch öffentliche

Räume als naturgemäß und gottgegeben angestammte Lebensbühnen mittels selbst erlassener Benimmvorschriften mit dynamischem Aktiv-Leben ausfüllen zu können.

Wie armselig dagegen diese Haltung derjenigen, die im Ernst glauben, darum Reisewarnungen aussprechen zu müssen! Wovor will man Touristen denn schützen, im besten Deutschland aller Zeiten? Wie kann man bloß mit einer derart lächerlichen Maßnahme wie Reisewarnungen auf spannende und aufregende Perspektiven für sein ausgewähltes Traumziel-Land reagieren?

Der Gast ist König, früher war er zu allem Unglück auch noch Kunde. Ein Unglück kommt selten allein. Erst der Krieg, dann noch der Kunde. Der Kunde als anspruchsvolle Spezies der etablierten Gattung Homo Sapiens wird aber immer mehr zu einer lästigen Randfigur in Industrie und im Außenbereich smart leuchtender Businesswelten. Daran sind nicht nur der verfluchte Klimawandel oder Gretas Aktionen schuld. Neuerdings gilt ein scheinbar aus der Taufe gehobener innovativer Grundsatz in zahlreichen Unternehmen, den man knapp mit wenigen Worten auf den Punkt bringen kann: Größter Störfall im Unternehmen: Kunde droht mit Auftrag, und sei es nur mit der Zusatzbestellung eines Fünf-Minuten-Frühstückeis in einer Bäckerei.

Es ist zu viel für die in aktueller Zeit noch im Stadium von zahllosen Mikrokriegen gebeutelten Angestellten. Es ist einfach viel zu viel des Stresses durch nach Frühstückseiern dürstender, gar forsch fordernder Kunden. Da müssen rigorose Antworten zu klaren Grenzziehungen her. Aber bitte dann nicht mehr wundern, falls es wegen solcher virtuosen Knatsch-Aufritte des Service-Fachpersonals auf der dem Kunden entgegengewandten Thekenseite zu individuellen Reisewarnungen aus dem befreundeten Ausland kommt ...

Tradition war gestern. Die Türen sind den neuen Erfahrungen weit geöffnet, auch in Kriegszeiten, insbesondere dann, wenn man zur Gruppe der über sechzig Jahre alten Bürger gehört, allgemein ganz elegant mit der Abkürzung „Ü 60" bezeichnet, was eher nach einer verunglückten Offizial-Abkürzung aus einer Verkehrsbehörde für eine Straße im Rahmen einer temporären Verkehrsumleitung klingt.

Im weitergedachten Sinne dann wiederum eigentlich auch gar nicht falsch, weil ein solches minimalistische Verbaletikett aus einem Buchstaben und zwei nachtropfenden Ziffern für diese Gruppenvertreter als werbetechnische Randgruppe in Sondersituationen wie Mikro-Kriegen auf allen Ebenen ausreichend sein muss. Die Ü60-Jährigen sind eben durch Zeitablauf aus dem Rennen genommen, und zwar in und um alle, absolut alle Rennen, selbst wenn es nur um eine Petitesse wie eine wohlklingende Gruppenbezeichnung geht. Den jüngeren Menschen ist in Vorkriegszeiten hinreichend Platz einzuräumen. Da darf nichts unnötig oder sinnlos durchgebremst werden.

Jüngeren Politikern muss das fundamentale Recht eingeräumt werden, über solche im Endeffekt dann doch gesellschaftlich dem Sport eher nachgeordneten Fragen wie Krieg und Frieden aus eigener Kraft zu entscheiden, ohne direkte oder indirekte Volksabstimmung, ohne eigener Kriegsbeteiligung in einer Politikerarmee an prominenter Stelle. Selbst ein derzeit in westlichen Medien eher stiefmütterlich beachteter General der russischen Armee sagte vor kurzem den schwer bedenklichen Satz, hier sinngemäß zitiert: „Gebt mir die Macht, eine Armee nur aus Politikern, Söhnen, Töchtern und deren Verwandte zusammenzustellen. Morgen wird der Krieg in der Ukraine vorbei sein".

Damit ist dann auch an dieser Stelle zu diesem Thema schon alles gesagt. Feindesmund tut Weisheit kund, also zumindest einmal ab und zu. Das Zuhören wäre auch eine interessante Spielart der aktiv gelebten Demokratie. So geht, marschiert und funktioniert Demokratie ebenfalls, zumindest eine Demokratie ohne heiße Kriege aus ihren Parlamenten. In dieser Ausprägung vielleicht ein Konzept, dass diskutiert werden sollte und richtig für Alle wäre. Geht aber nicht, da Gegner bekanntermaßen in keinem Fall etwas Vernünftiges sagen können. Also bitte ganz schnell von diesem zuvor geäußerten Gedanken des russischen Generals Alle zusammen total distanzieren. Der Gedanke passt auch nicht perfekt zu feministisch ausgelebter Außenpolitik, da solche Gedanken von einem Mann stammen.

Was wissen vorangegangene Bürger schon von einem Krieg. Das ist eine geschichtliche Größe, die nur in Geschichtsbüchern stattfindet, je nachdem, in welcher Epoche man sich intellektuell zu bewegen pflegt. So wurde lange Zeit gedacht. Auch in diesem Segment das scheinbar unerschütterliche Motto: Ein Problem bleibt nur so lange ein Problem, wie man sich den Luxus erlaubt, dieses Problem als ein Problem zu sehen und danach zu handeln. Im Europa der heutigen Zeit brauchen wir jetzt einfach mehr von diesen sinnspendenden Sprüchen und philosophischen Grunderkenntnissen. Es gibt keine richtigen Probleme, da Probleme bei genauem Hinsehen nur Randerscheinungen sind mit historischer Verfallszeit.

Derzeit gibt es zum Glück in den Medien eine Endlos-Flut der Erfolgsberichte aus der Ukraine. Alles läuft dort nach Plan. Allerdings munkelt man, dass es einen gewissen Personalengpass in der Armee angeblich geben soll: Nichts Genaues weiß man nicht... Erste europäische Regierungen kündigten darum etwaige Hilfslieferungen von Spezialeinheiten an. Man bekannte sich dazu, dass man da schon eine winzige Spur nachdenke, ob prompte Abhilfe verschickt werden könne. Praktizierte Mitmenschlichkeit von und für alle Parteien. Gelebte Solidarität im europäischen Haus, unter Umständen sogar wie in einer guten Ehe (. . . bis dass der Tod euch scheide . . .). Das bedeutet, dass sich im schlimmsten Fall junge Menschen in Richtung harmloses Kampfgeschehen bewegen müssen, um dort ein wenig humanitäre Hilfe aus der zweiten Reihe beim Kämpfen zu leisten. Überhaupt nicht schlimm - falls man nicht unmittelbar dazugehört und nicht zufällig, also wirklich ganz zufällig zur Zielscheibe wird.

Man muss es klar, ganz klar formulieren, damit Jedermann und der Allerletzte es versteht, der sich irgendwo auf dieser Welt in Regierungsverantwortung befindet, auch abseits des Jedermann-Spektakels in Zeiten der Salzburger oder Bayreuther Festspiele: Wenn der erste Vertreter aus der jüngeren Generation aus den guten europäischen „Demokratie-Anders-Staaten" direkt oder indirekt in selbst nur lauwarme Kampfhandlungen in die Ukraine oder sonstigem Boden von höherer Stelle herbeizitiert, ins Zentrum des Geschehens hineinbefohlen wird, ist es mit der europäischen Demokratie, den europäischen Demokratien oder wie immer man diese Kulturveranstaltungen dann nennen möchte, ein für allemal geschehen. Eine solche Demokratie will die ganz überwiegende Bevölkerung mit Sicherheit nicht, inklusive ihrer CO2-Privatjet fliegenden Repräsentanten, mögen sie auch noch so intelligent für das Gemeinwohl disponieren wollen!

Denn wir Alle müssen uns die Frage stellen, ja seriös gefallen lassen und beantworten, ob wir in Demokratien leben wollen, die heiße Kriege mit heißen Waffen auskämpfen, selbst wenn das eigene hochdemokratisch agierende Territorium überhaupt noch nicht angegriffen wurde. Der Staat, um den es hier geht, ist ein Staat, der weder der Nato noch der Europäischen Union angehört.

Warum, ja warum in aller Namen ist die wehrhafte Demokratie nicht imstande, dieses Problem mit ehrlichen und fairen Verhandlungen zum Frieden, ebenso mit Anstand und Respekt vor Andersdenkenden zu lösen? Weshalb gelingt es nicht nach grausamsten Erfahrungen in zwei langen Weltkriegen des vorigen Jahrhunderts, hier endlich Verhandlungspragmatismus, Vernunft und objektivem Respekt zum Schutz eines jeden, ja Jedermanns Menschenleben walten zu lassen? Warum ist auf Basis dieses einzig richtigen und notwendigen Denkansatzes ein heißer Krieg für Demokraten überhaupt noch denkbar?

Diese Frage muss erlaubt sein. Die Antwort muss von den Verantwortlichen aus eigener Kraft und pur gegeben werden, nicht über irgendwelche medialen Sprachrohre oder in ebenso endlos wie belanglos um sich selbst wieselnden Talkshows samt ihrer so langsam in ihre Tage gekommenen Moderatoren?

Es besteht die realistische Gefahr, dass sich das Europäische Haus, für das die Europäische Union Milliarden und Abermilliarden aus der hart arbeitenden Bevölkerung treuhänderisch erhielt, in einem einmaligen Selbstzerstörungsakt per Dritten Weltkrieg in Schall und Rauch auflöst. Das klitzekleine Problem in diesem Zusammenhang: Von einer heißkriegerischen Zerstörung der EU-Hausfundamente werden auch sämtliche Amtsstuben aller hohen Würden- und Amtsträger sowie Mitarbeiter der Europäischen Union irreparabel betroffen sein, inklusive ihrer angestammten und über Jahre hinweg mühsam angesammelten Altersbezüge. Alles wird weg sein. Das ist die einzig wirksame pekuniäre Garantie, die man an den Finanzplätzen rund um die Europäische Zentralbank mit ruhigem und ehrlichem Gewissen noch geben kann. Game over. Aber wozu?

Damit wird sofort wieder ein Leidthema neu geboren, das da lautet, wer sich der armen Politiker, die dies alles allein zu verantworten haben, nun schutzvoll annimmt. Als lupenreine Vorzeige-Politiker werden sie sich selbst fragen müssen, wie man ein zerstörtes, in Trümmern wie das World Trade Center - natürlich nach Nine eleven - liegende europäische Haus wieder flott macht.

Für diese eingeschworene Super-Kaste der Super-Demokraten gibt es ab jetzt jederzeit und unabdingbar das objektive Wissen, jeden Tag aufzuwachen im edlen

Bewusstsein, dass man den Serientod einer Vielzahl von Menschen politisch zu verantworten hat. Aber ist die zunächst rein als politisch deklarierte Verantwortung für das physische Ende zahlreicher junger Menschenleben nicht immer zugleich auch eine direkt-aktive Verantwortung für den mit Waffen eingetretenen Tod, weil Politiker diese Waffenlieferungen zuvor explizit ermöglicht und ausdrücklich, hochdemokratisch in sich selbst abfeiernden Abstimmungsprozessen und Zustimmungsgremien abgesegnet haben?

An dieser Form der Demokratie ist nichts mehr so, wird niemals es wieder so sein, wie es einmal war. Die Truppe der einstmals treuen Gefolgsleute wird ihr Bündelchen schnüren und ablassen von allseits globalen Huldigungen einstiger vor Fernsehkameras schlau erklärender Heils- und Hoffnungsbringer, die sich in der Phase, als es wirklich auf alles ankam, in verduftende Geistgestalten auflösten, die vornehm ihren treuesten Mitstreitern das elementarste Recht, nämlich das banale Recht auf einfaches, simples pures physisches Weiterleben absprachen. Ganz herzlichen Glückwunsch allen Würdenträgern schon heute an dieser Stelle. Sie werden als neu selbsterschaffene reine Bürdenträger vor einer höheren Instanz sich verantworten müssen.

Ende des dritten Akts des Superdramas namens Weltkriege. Schwärzeste Schwarzblende. Überdimensionierten Filzvorhang so schnell wie möglich über das unfassbare Elend runterlassen. Schauspielhaus schließen und mit Frieden befrieden. Die Schicksale bleiben alleingelassen und verstört zurück, in den meisten Fällen seelisch unbearbeitete Katastrophen. Eben war einmal mehr in unserer Weltgeschichte ein paar Wochen, Monate, Jahre etwas Krieg. Herzlichsten Dank dafür!

Am Ende dieser Schreckens- und Gruseltragödie antiken Ausmaßes, eines wahrhaftigen Masterpiece of limitless stupidity von einsamster Qualität, bleibt zum derzeit schwankenden Glück der wackeren Erdenbürger die Gewissheit, dass Mitmenschlichkeit und Moral ihre fulminante Renaissance erfahren, dann hoffentlich für immer und ewig.

Mehr als diese Hoffnung bietet uns im Moment diese große weite Welten-Theaterbühne leider nicht. Sieht man einmal etwas großzügig von den Fußball-Europameisterschaften und Olympia ab. Im Moment ertönt aus allen Kanälen, insbesondere den unzählig mühsam gedrungenen, zauberhaft parallelgeschalteten Fernseh- und Mediakanälen nur mit sattfettem Sound der alte lateinische Grundsatz: Ad arma strepitu (Mit Getöse an die Waffen). Vermutlich gibt es dafür dieses eine Mal auch schon Taktvorgaben von verschiedenen Seiten für den Gleichschritt in den Untergang.

Jedoch gibt es eine einzige, tragfähige Hoffnungsperspektive nach der grausamen Vorstellung einiger professioneller Verantwortlichen, die für das Action-Geschehen auf der Weltenbühne auch eine spirituelle Verantwortung trifft. Ein echtes Wissensgeschenk, mit dem wir wuchern können: Philosophen und Geisteswissenschaftler, Staatenlenker und Rechtsgelehrte aller Nationen schrieben ihre Erkenntnisse und Weisheiten auf, so dass wir heute - vor Beginn der Spiele - eine erste Handlungsanleitung besitzen, auf dieser Basis es noch einmal zu versuchen, dieses Drama mit der Staatserrichtung. Hoffentlich dann zumindest mit einer durch die Geschichte geläuterten Form der Demokratie und optimalem Ausgang!

XV.

Geschichtsbewusstsein

Gescheite Aktionen entstehen durch Rückblick auf vergangene Großtaten

Geschichtsereignisse, insbesondere die zahlreichen Abschlachtkriege der vergangenen Jahrhunderte, dürfen als wertvolle Institution und mühevollen Errungenschaften des allgemeinen Miteinanders der friedlichen Völkerverständigung einfach nicht in Vergessenheit geraten. Nur ungebildeten Banausen unterläuft dieser Kardinalfehler. Es sind neugierige, aber auch jede Menge motivationsanregender Blicke auf die intelligenten Schlachten unserer Ahnen und Väter unerlässlich. Da ein Blick in die deutsche Geschichte heute leicht zu einem voll rechtsextremen Akt ohne Netz und doppelten Boden mit behördlichen Posthum-Aktionen in den eigenen vier Wänden bei falsch angewendeter Begrifflichkeit hocheskalieren kann, sollte man sich hüten, gerade in die deutsche Geschichte zu schauen. Dies ist eher etwas für diejenigen, die immer noch hinter dem dunkeldumpfen Flackerlicht der rechten Seiten hinterherwanken.

Es ist viel besser und politisch vollkommen unverfänglich, die anderen Weltkriege der übrigen Staaten in Europa, und anderen Kontinenten einmal als Schulungsvorlage ins Visier der eigenen Erkenntnis zu nehmen. Krieg ist immer eine farbenprächtige Multikulti-Veranstaltung, also damit als nationale Veranstaltung unter rechtsradikalen Aspekten vollkommen unverfänglich. Alles mit einem leicht folkloristischen Klang, sieht man einmal von einigen Exzessen weniger Hohlköpfe in Armeen ab, die sich partout nicht an die wertvollen Vorschriften wie zum Beispiel der Genfer Menschenrechtskonvention halten wollen.

Aber diese Spezialoperationen sind - wie gesagt – absolut zu vernachlässigen, weil derartige Auftritte militärisch auffälliger Sonderlinge im Übereifer des Gefechts auch von allen Staaten auf internationaler Ebene hart geahndet werden. Die Würde des Menschen ist unantastbar. Man will ja keine grausamen Kriege. Die Humanität des Tötens steht bei diesen Kraftakten immer noch unangefochten im Mittelpunkt bellizistischer Maßnahmen. Man kann schnell und ebenso gut aus wissenschaftlichen Analysen der Praktiken und Techniken der Anderen martialische Erkenntnis gewinnen.

Grundlagen wurden dazu schon in der Antike vor grauer Urzeit gelegt, als die Trojaner sich nach dem geglückten Überfall auf Troja einmal etwas genauer die Physionomie des Trojanischen Pferds anschauten. Schweif künstlich, Lebend-Pürzel fehlte auch. Nüstern trocken. Ohren unbeweglich. Nackenfell steif und

stumpf. Alles aus Holz, auch das Gehirn des Pferd-
chens: Hohl! Hohl! Hohl! - Einfach hohl. Aber diese
hölzerne Erscheinung hatte alles in sich und reichte
den Trojanern, die Stadttore zu öffnen und diesen
komischen Gast in das Innerste der Stadtburg herein-
zulassen. Hätte man da vorher doch ein wenig besser
hingeschaut, vor allem nur ein paar Millimeter nach-
gedacht. Was soll ein fremdes Holzpferd, so eine Art
Schaukelpferd frei ab achtzehn Jahren, in der Innen-
stadt? Da sind sowieso keine verfügbaren Parkplätze.
Alles belegt. Falls doch, dann außerdem doch bitte nur
für Elektropferde.

Man hätte als cleverer Trojaner also die herauf-
kommende Katastrophe wirklich mehr als deutlich
erkennen können. Vor allem an der bis zur Enthüllung
des Überraschungsmoments vollkommen unbeantwortet gebliebenen Frage, warum ausgewachsene Männer
ein Riesen-Holzpferd bauen und sich wie Kleinkinder
dann auch noch entblöden, es vor die Tore einer fremden Stadt zu zerren wie einen störrischen Esel. Jeder
hätte doch spätestens da erkennen müssen: Maul-
heldentum wäre völlig ausreichend gewesen, um zu
beeindrucken. Hier stimmt etwas ganz gewaltig nicht!

Stattdessen liebevolles Öffnen der schweren Eingangs-
pforten. Lasst offensichtlich Verrückte, die so gerne im
ausgewachsenen Mannesalter noch Holzpferde bauen,
in die Stadt, am besten in die letzten Ecken der Stadt.
Das vernichtende Resultat dieser törichten Heran-

gehensweise an ein fremdes, damit auch unbekanntes Phänomen ist bekannt. Troja fiel dem plötzlich wild umherschlagenden Holzpferd anheim, einem HOLZ-PFERD. Mit den strategischen Einschätzungen in langen Ratssitzungen innerhalb der Stadt war der Stadtrat Trojas komplett auf dem Holzweg. Einmal mehr in der Geschichte: Ende vieler Untertanenleben. Vorhang zu. Finito. Finale. Grandioses Ende. Schlicht für das Dunkelvolk des Trojas formuliert: Grand malheur de caque.

Nun die mehr als gute Nachricht für Europa: Ein nationales oder gar internationales Fiasko à la Troja kann uns in europäischen Parlamenten definitiv nicht mehr widerfahren. Geschichte wiederholt sich nun einmal nicht im Laufe verschiedener Geschichts-epochen. Heute sind Alle klüger und gebildeter. Die Schwarmintelligenz ist unser Rettungsanker, insbe-sondere wenn uns noch bei ganz kritischen Fragen die KI etwas geistigen Rückenwind in zentralen Fragen gibt. Hinzu kommt, dass die Parlamente zahlenmäßig viel stärker besetzt sind von Geradeaus-Denkern als der mickrige Stadtrat von Troja.

Außerdem kennen heute alle Abgeordneten die zum Niedergang der wunderschönen Stadt Troja führende Kriegslist. Kollektiver Geschichts-Alzheimer als Krankheitsbild gibt es in keinem einzigen der medizi-nischen Standardwerke und Lehrbücher. Die prakti-zierenden Ärzte oder Psychiater kennen diese Symptome nicht, geschweige denn die lehrenden Historiker. Zudem haben wir Alle ja unsere Lektionen aus dem Studium der Geschichte des Abendlands gelernt die überwiegende Zahl aller Verantwortlichen schon während ihrer Vorpubertät in Werken von Herrn Gustav Schwab, ja GUSTAV Schwab.

Das Problem der Trojaner entstand vermutlich, weil die meisten Trojaner nur eingeschränkte Kenntnisse der Biologie eines Holzpferdes besaßen. Sie hatten einfach schon damals keine große Lust, dem spröde-sperrigen Schulunterricht zu folgen, also in einge-fahrenen, ausgeleierten Schubladen, antiken Kasten und alten Kisten zu denken. Bildung ist seit jeher Mangelware. Intelligenz dagegen niemals, ein absolu-tes Überflussprodukt, weil bekanntermaßen jeder Erdenbürger auf allen Kontinenten selbst von sich meint und sagt, dass er genügend Intelligenz besitze. Wahrlich kann ein Fehler also niemals an der eventuell nur rudimentären Intelligenzeffizienz liegen. NIE-MALS. Und das ist für die gesamte Menschheit, die jetzt noch lebt, beruhigend zu wissen. Kriege entstehen niemals aufgrund fehlender Intelligenz.

Eine der fundamentalen Erkenntnisse gleich zu Beginn der antiken Menschheitsgeschichte ist also, dass eine Grundvoraussetzung für die Aufstellung einer schlagkräftigen Armee ohne tanzend-springende-Attitüden einer zartrosa durchsetzten Operetten-truppe darin besteht, dass ein halbwegs normales Maß an Vaterlandsliebe zu - symbolisch ausgedrückt – Holzpferden mit schmucken Holzköpfen vorhanden sein muss. Wenn die ausführenden Organe an der Front keine emotionalen Beziehungen zum eigenen Land besitzen, wie soll dann ein vernünftiger Krieg in Gang kommen?

Es ist praktisch unmöglich, es sei denn durch eine Vielzahl bleierner Gewehrsalven in den Rücken der Gruppen-Zauderer als lockere Motivationsimpulse für richtige Männer der Schlacht. Alles bekannt. Festgehalten in dem Epos, das nach dem Zweiten Weltkrieg eine große Fangemeinde traumatisierter Leser in den faszinierenden Bann zog. Der etwas animalisch angehauchte Titel: „Hunde, wollt ihr ewig leben". Die behutsame Ausübung liebevollen Zwangs ist eine so vollkommen andere Herangehensweise an notwendige Dinge wie es die weltweite Multi-Fangemeinde von Taylor Swift, die Swifties, gewöhnt sind, die sich freiwillig zusammenfinden für die wirklich ganz großen Dinge in dieser Welt, zum Bespiel ein Live-Act von Taylor Swift. Es geht eben um nichts Geringeres als ganz großen Krieg und Frieden. Das muss endlich kapiert werden. Nur Krieg, allein der Krieg ist die einzig legitime Antipode zum Frieden. Wer nicht im Frieden sterben will und sich darum langweilt, dem bleibt zur Sterbensbeschleunigung nur das patriotische Entfachen eines niveauvollen Kriegs mit Andersdenkenden.

Und das ruft jetzt als das größte Problem auf die Tagesordnung: Wie erreicht man als veritabler Kriegsfürst,
dass junge Menschen sich für einen Staat einsetzen
und mit einem Frohlocken ihr Leben als robustes
Zahlungsmittel unter Absingen staatstragender
Hymnen im Moment des gegnerischen Zuschlagens auf
den Körper spenden, wenn man doch in den
Integrierten Gesamtschulen seit jeher gelernt hat,
dass man nicht für das Vaterland eintreten darf,
zumindest nicht in diesem Land, dessen Namen man
schon nicht mehr auszusprechen wagt, weil man
Gefahr läuft, allein durch diese Namensnennung des
Landes in eine rechte Ecke abgeurteilt zu werden?

Krieg ohne Vaterlandsliebe, mit deren Existenz selbst
gesalbte Häupter in der Geschichte Preussens nichts
anfangen konnten, tut sich ein wenig schwer bei einer
rauschenden Initialzündungsfeier mit offiziellen oder
semioffiziellen Kriegserklärungen von Landesfürs-
ten(innen) plus weitere 30 konkludierte oder inklu-
dierte oder exkludierte Geschlechter (Überblick
verloren. Im Religions- und Ethikunterricht seinerzeit
wegen Krankheit an dieser Stelle gefehlt). gegen ein
mächtiges Gegnerland.

Krieg ist Haltung. Krieg ist Power und engagierte
Persönlichkeit. Krieg ist Zelebrierung von Hochkultur
in hochkulturellen Gesellschaften mit einem Schuss
Tradition. Knalleffekte auf ganzer Breite, die man von
den Kriegsprotagonisten erwartet, jetzt und für immer.

Aber wie geht das, wenn das Vaterlandsbewusstsein verpönt - noch besser - vollkommen unterdrückt wurde? Wie lauten da die Antworten der natürlich und naturbedingt vernunftbegabten Obrigkeit, die sich Krieg auf allen Kanälen und mit vollen Rohren - allerdings bitte nicht mit vollen Hosen - wünscht, aber Vaterland als existierendes Phänomen ein wenig stiefmütterlich behandelt: Houston, wir haben ein ernstes Motivationsproblem in der dunkel-dumpfen Welt der zur Ausführung gebetenen Kandidaten. Es ist unglaublich dringend: Die Truppe will ja gar nicht!

Ein wenig ist es, als wenn man als Zeitsoldat an einem Schießtraining teilnimmt. Die ganze Kompanie steht in voller Stärke und Schönheit im Kasernenhof. Es regnet im Strömen, nein es schüttet wie verrückt, wie aus bauchigen Kübeln der CO_2-Methan-geschwängerten Wolken. Petrus unterstützt einfach nicht den martialischen Plan der Kompanieleitung und weigert sich, dieses Schießtraining mit trockenen Füssen durchgehen zu lassen. Petrus will also auch nicht.

Die ersten Soldaten gehen - fast ein wenig moralzersetzend - zu ihren Schießschächten an die Waffen. Der Regen prasselt weiter auf sie hernieder, gnadenlos in den Nacken ihrer Uniformen. Eine feuchte Kälte zieht von draußen in die klamme Kleidung. Es ist wie unter Tage in Bunkern. Die emsigen Inhaber der geballten Befehlsgewalt sehen dem Treiben dreißig Minuten immer mürrischer zu. Dann reicht ihnen die aktiv gelebte Lustlosigkeit der durchnässten Soldaten.

„Alle Mann antreten, in Reih und Glied". Mit donnernder Stimme ertönt der oberste Vorgesetzte, so wie heutzutage Lautsprecher auf Bahnhöfen monoton eine weitere Zugverspätung einmal mehr ankündigen: „Männer, wir haben noch über 1000 Schuss Munition zum Schießtraining. Ich will, dass diese 1000 Schuss heute verschossen werden, egal, ob es stark regnet oder nicht". Eine beklemmende Situation für die in das Achtung gestellten Soldaten. Große Augen, nasse Helme, erste tropfende Nasen. Bis Einer aus der olivgrünen Ansammlung ruft: „Oberst, fragen sie doch besser einmal zuerst, wer von uns heute überhaupt Lust zum Schießen hat".

Dröhnendes Gelächter von allen Rängen und querbeet durch sämtliche Dienstgrade. Die alles und zu jeder Zeit notwendige Disziplin der Truppe in diesem Moment durch den harten Gegenschlag des spitz formulierten Satzes in voller Breitseite getroffen und versenkt. Der Oberst muss auch lachen. Sein knapper Befehl unter allseitig ausuferndem Gejohle der Untergebenen: Rückzug auf ganzer Linie. Alle Waffen weg in die Schutzhüllen. Alle Mann zurück in die Kompanie. Feierabend. Kaffee und mehr für alle. Übung entfällt, wegen „Ist nicht".

Der weitere Clou an dieser Story: Sie ist definitiv wahr und spielte sich auf dem Übungsgelände des ehema-

ligen Verteidigungsministeriums auf der Hardthöhe
ab, als Bonn noch Hauptstadt von Westdeutschland
war.

Des Pudels Kern: Bei Militärübungen und Kriegen
müssten eigentlich immer zuerst die ausführenden
Organe gefragt werden, ob sie Lust darauf haben, sich
ein wenig aktiv zu involvieren. In europäischen
Ländern gibt es in der letzten Zeit einen deutlichen
Anstieg an Vergewaltigungsdelikten und Fällen häus-
licher Gewalt. Zu langfristige Perioden des Friedens
sind eben nicht unbedingt Jedermanns Sache.
Feingeistige Paartherapeuten und diejenigen, die vor
jedem Mikrofon und Fernsehkamera dafür plädieren,
die Parameter des öffentlichen Zusammenlebens im
Fluss des flexiblen Zeitgeistes jedes Mal von Neuem
auszuhandeln, kamen auf die wirklich naheliegende
Idee, dass Partner, bevor sie sich zärtlich nähern, eine
Einwilligung per Sms oder WhatsApp absetzen
müssen. Primär diskutiert wurde dieses Sexy-
Kommunikationsmodell in Schweden und Dänemark,
rein aus Beweiszwecken, dass man freiwillig und
unbedrängt in diese Nahkampf-Situationen hinein-
geht.

Ein tolles, ebenso romantisches wie faires Konzept für
Alle in eine derartige Situation involvierten Parteien.
Die Unklarheiten verschwinden. Die Positionen sind
klar und ragen beim Zauber der Nahmomente
verständlich heraus. Das in Bite und Bytes

unumstößlich manifestierte Wollen ist die Voraussetzung des danach Geschehenden. Ein einfach strukturiertes Konzept, für jedermann begreifbar, auch für als Kanonenfutter rekrutierte Soldaten und sonstiges Fußvolk an der Front mit kurzer Leitung in den Köpfen. Die dazu erforderliche Technik ist allemal auf dem Weltmarkt schon verfügbar, nicht nur in China.

Kühne Strategen könnten nun versucht sein, die Einführung dieses Konzepts als Abstimmungsgrundlage für Armeen flächendeckend zu fordern und auf Dauer zu etablieren. Es müsste auf dem Display bei einer eintretenden Gefahrenlage bei allen damit befassten Soldaten allein die schlicht verständliche Frage auftauchen: „Wer hat jetzt wirklich Lust, sich ein paar Doppelwhopper hinter die Ohren geben zu lassen?". Schneller als mit dieser Frage kann man gar nicht zur realen Gemütslage der Dienenden in den Truppen vordringen.

Klare Frage, klare Antwort. Genauso, wie seinerzeit auf dem Truppenübungsplatz der P8-Soldaten des Verteidigungsministeriums auf der Hardthöhe. Verantwortungsbewusstes Leben mit an Mann und Frau angewandter Demokratie kann so einfach sein. Auf einer Niveauebene mit dem Austausch von Zärtlichkeiten in anderen Ländern. Demokratische Kriegsausübung in Superdemokratien kann ja so einfach sein. Man muss es nur wollen.

XVI.

Partnerschaft

Krieg funktioniert am besten nur mit Männern, aber wir brauchen eine feministische Note auf dem Schlachtfeld als logische Konsequenz der feministischen Außenpolitik

Die Lampe von Lili Marlen, diese berühmte Lampe, die noch vor dieser besagten Kaserne leuchtete, als den Meisten schon die Sicherungen durchgebrannt waren oder sie kurz davorstanden, dass ihnen das eigene Licht aus- und das ewige Licht eingepustet wurde. Das in diesem seinerzeitigen Schlager-Welterfolg verewigte Liebessymbol einer ganzen Generation zeigt, dass Liebe eine stärkere magnetische Anziehungskraft auslöst als alle trennenden Akte, die aufgrund martialischer Riten in den Werte-Kulturgesellschaften ablaufen. Glaube versetzt bekanntlich Berge, die Liebe in ihrer Vielfalt allerdings ganze Gebirgslandschaften, wenn sie ehrlich und intensiv zwischen zwei Menschen gelebt wird.

Das logische Motto daraus müsste lauten, dass noch mehr Herzen explodieren müssten, um die kindisch-kindliche Ersatzaggressionen mancher Ü50-Jährigen Late-Peacemaker mit Halbstarken-Mentalität und latentem Frustrationspotential zu verhindern. Die Liebe als gigantischer Pull-Faktor zur innigen Mitmenschlichkeit im Diesseits und als ultimativer Stopp für jegliche Form von vorzeitigen Reisen ins Jenseits, wenn der eine oder andere der obersten Reiseorganisatoren willkürlich Anordnungen für einen kollektiven Gang ins Jenseits trifft, aber dann selbstlos und vornehm auf dieses gruppendynamische Ereignis lieber verzichtet, allein aus reiner Nächstenliebe. Wie wunderbar: Europa ist ein geiles Land, in dem es viel zu erfahren gilt.

Liebe zwischen Mann und Frau und unter Partnern ist Energie, die das Weiterleben von selbst aus sich postuliert. Selbstlos das eigene Leben spüren mit Haut und Haaren, um den Anderen nicht zu verlieren und für ihn da zu sein. Damit ist Liebe in einer funktionierenden Partnerschaft aus sich heraus der natürliche Feind von Spontan-Kriegsgängen als praktizierter Akt der helfenden Mitmenschlichkeit in fremde Länder, deren kulturbedingte Präferenz vielleicht darin besteht, auch in Zukunft demokratiefrei zu bleiben. Verliebte besitzen ein relativ eingeschränktes humanes Verständnis dafür, sich von Kontrahenten einfach auf einem mutterlosen Stück Erde mir nichts dir nichts erschießen zu lassen, nur weil man ihnen eintrichtert oder in ihre Gedankenwelt hineinmanipuliert, dass man das tun muss, was im Krieg getan werden muss.

Tun, was getan werden muss. Wie die Hausaufgaben in der Schulzeit: Diese bei genauer Betrachtung etwas mickrige Worthülse, die sich mit einer präzisen Formulierung ihrer wahrhaftigen Kernbotschaften etwa schwertut, wird dann noch ein wenig mit eher mittelmäßiger Substanz angereichert, indem darauf hingewiesen wird, dass es gilt, die Demokratie mit allen Kräften zu verteidigen. Da muss der individuelle Zwischenfall der gelebten Liebe einfach einmal ein paar Meter ins Dunkle zurücktreten. Alles nur Emotionen, die ab dem Moment unbeachtlich sein müssen, wenn die Gefahrenlage für alle geradestehenden Demokraten am Firmament erscheint. Die Faktenlage erschließt sich nämlich gerne auch mitunter daraus, dass man stärker ahnt als objektiv mit Beweisen Tatsachen dokumentiert.

Gut, ein solch hehres und hohes Ziel ist auf den ersten Blick scheinbar logisch und mehr als ehrenhaft, nur erschließt sich den Liebenden dieser winzige Aspekt nicht direkt auf den ersten Blick: Wir führen jetzt einmal einen gleichsam naturgewollten Krieg, um das Grundgesetz, welches das Fundament der Demokratie ist, mit allen Waffensystemen wehrhaft zu verteidigen. Im Grundgesetz gibt es den in zahlreichen Festreden immer wieder zitierten Artikel 3 GG. Er ist einer der wichtigsten Grundgesetzartikel und besagt, dass vor dem Gesetz (somit auch der Verfassung) alle Menschen gleich sind. That´s it. Weitere Worte fehlen in diesem

Programmsatz in Absatz Eins. Vollkommen einge-
dampft auf diese minimalistische Formulierung bleibt
der Artikel in Absatz Eins sprachlos.

Nimmt man diesen Artikel nun einmal ernst, was
definitiv geschehen sollte, da er ja in dem Grundgesetz
mit aller Deutlichkeit an mehr als hervorgehobener
Stelle verankert ist, erschließt (zum 3. Mal) sich dem
einen oder anderen Partner auf von Demokraten in
Sand der Geschichte getretenen Kriegspfaden nicht so
ganz, warum Einige der größten Kriegsbefürworter im
besten waffenfähigen Alter gemütlich zu Hause weiter
Gegnerdenken und Kriegsgründe von qualitativ hochwertigen Talkshows mitsamt klärenden Faktenchecks
sich erläutern lassen, wohingegen eine ganz Schar
anderer Bürger das Privileg ausleben soll, in vorderster Keilspitze der Front stehen zu können.

Also sämtliche Logenplätze für die hyperaktiv-militä-
rischen Tätigkeitsdemokraten in der ersten Reihe.
Sitzplätze in den diskret verdunkelten Reihen für eine
kleine Truppe von Lenkungsdemokraten mit eigen-
definiert-gravierenden Aufgaben aller wahrer Verantwortung, fernab von irgendwelchen Kasernen mit
kräftigen Wärmepumpen in Dämmbauweise und dort
CO2-intensiv herumleuchtenden Laternen.

Dieses Konzept erscheint selbst auf den fünfen Blicken
irgendwie ganz schön ungleich und damit undemo-
kratisch, wenn es denn wirklich so praktiziert werden

sollte. Alle Menschen sollten doch nach diesem Artikel 3 Grundgesetz gleich sein und dasselbe Recht besitzen, in den gemütlichen hintersten Reihen in Deckung zu gehen, eben ganz demokratisch, wenn diese globale Spaßbremse namens Weltkrieg ihre hemmende Wirkung innerhalb eines Staates für alle Gesellschaftsschichten entfaltet. Ganz simpel für alle tapferen Demokraten und schlicht auf den Punkt gebracht: Einfach gleiches Recht für Alle.

Kommen dann plötzlich und unerwartet die unterschiedlichen Qualitäten der Sitzplätze des demokratischen Kriegssystems zum Vorschein, dann kann die furchtbar hässliche Situation eintreten, dass Lili Marleen unter der Laterne für immer und ewig auf ihren Galan wartet. Vergeblich, mit leeren, ins Nichts gerichteten Augen, tränenumrändert. Der Krieg ist für einige bedauernswerte Opfer leider eben auch der Urknall zum Nichts.

Nicht Alle können immer Glück haben. Manchmal widerfährt einem auch Pech. Und dann kommt noch ein Unglück dazu. Die Karten als Glücksblatt der Liebe unter den Liebenden werden neu verteilt, wobei der Krieg-Casinodirektor sich bei Bekanntgabe der grausamen Botschaft für Lili Marleen ganz nobel zurückhält.

Vermutlich kann man die Überbringung derartig unerfreulicher Nachrichten heute schon selbstverantwortlich der KI anvertrauen, möglicherweise auch gut im Zenit neuester Informationstechnik stehenden Servicecentern, in denen künstlich erzeugte Stimmen ihren emotionslosen Dienst mit einprogrammierten Emotionstupfer in den Stimmhöhenschwankungen verrichten. Die professionelle Digitalisierung macht wohl kaum vor diesem Segment militärischer Trauer-Standardfälle Halt. Alle weißen Flecken der Digitalisierung werden in solchen Fällen in Windeseile beseitigt. Die Menschen verschwinden nicht nur auf der Seite der Fronten, sondern auch in der Berufsgattung der Trauerbotschaft-Überbringer: Stil im Stile großer Kriege muss sein.

Was vermutlich bleibt von den wackeren Zeitgenossen aus allen Regionen des selbst geschundenen Landes, das sich für die Demokratie auf der richtigen Seite einsetzte und im letzten Moment noch über die finalen Auswüchse in die ewigen Kriegsründe fallen musste, sind eine unzählige Anzahl flackernder Trauerkerzen auf Internet-Trauer-Seiten, mit tiefsinnigen Kommentaren, für die ratlos Hinterbliebenen bestimmt, inklusive Lili Marlen, die ebenfalls ab jetzt kopflos durch ihre vollkommen auf den Kopf gestellten Lebensalltage laufen lernen darf.

Demokratie angesichts dieser Folgen erfordert ein wenig Opferbereitschaft. Liest man aber das Grundgesetz, die Wiege der Demokratie und Demokraten, sorgfältig Artikel für Artikel durch, dann findet man nicht, dass Opferbereitschaft unabdingbare Voraussetzung einer aktiv gelebten Demokratie sein muss. Das Grundgesetz ist menschlich. Explizit fehlt darin der engagierte Ruf nach Menschenopfern. Nirgendwo werden den Bürgern grundgesetzlich Menschenopfer abverlangt. Aber dennoch finden sie - im wörtlichen Sinne - im Rahmen notwendiger Kriege im großen Stil statt.

Andererseits stellt das Grundgesetz aber die Institution der Ehe und der eheähnlichen Partnerschaften unter einen besonderen Schutz. Dafür gibt es dort signifikant deutlich formulierte Artikel. In Kriegszeiten führen diese Normen allerdings ein äußerst bemerkenswertes Eigenleben, weil der Schutz von Ehe und Partnerschaften als ein wenig unwichtiger angesehen werden darf. Prioritäten zu formulieren und dann auch aktiv zu leben, das ist Trumpf. Es sind besondere Zeiten, von wenigen Vordenkern und Protagonisten gestaltet, denen die richtigen Verhandlungsargumente einfach im Augenblick fehlen, weshalb dann die Verhandlungserfolge zu Schattenwelten mutierten. Parallelwelten, wohin das Auge schaut.

Es kommt im Krieg wie in der Gründung einer Partnerschaft immer auf das an, was hinten herauskommt. Krieg und auch Partnerschaften müssen von hinten gedacht werden, egal wo das Hinten auch sein mag, schlimmstenfalls womöglich am Hindukusch oder in Kriegen in Zentralafrika. Es ist eine Binsenweisheit, aber sie gilt seit Jahrtausenden: Im Krieg werden die Karten einer alten, womöglich schalen Partnerschaft unter den Partnern, wenn sie denn noch nach dem Kriege in dem ursprünglichen Grundbestand existent ist, neu gemischt. Der Krieg führt zu neuen, mitunter auch ungewöhnlichen Paarkonstellationen, selbst im engeren Familienkreis. Plötzlich treten Bindungen offen zutage, von denen man früher noch nicht einmal heimlich geträumt hätte.

Damit leisten demokratische Kriege auch einen entscheidenden Beitrag zur Auflockerung des klassisch-konservativen Familienbildes. Der gefallene Mann bleibt in einer anderen Dimension des Lebens als ehemaliges Familienoberhaupt auf der Strecke. Sein Trostpreis in der zerschellten Partnerschaft, zumindest von einigen diesseitigen Würdenträgern und Promotoren heißer Battle-Kriegsspiele auf globaler Ebene versprochen: Das leuchtende Jenseits.

Frau und Kinder dagegen dürfen sich auf die Suche nach einem anderen Mann bzw. Vater auf den Weg machen. Abwechslung hält durch die irreversiblen Ergebnisse des tödlichen Kampfes Mann gegen Mann Einzug in die Langeweile der verödeten Ehealltage.

Aus der sattsam bekannten Liedzeile „Ich war noch niemals in New York" erwachsen urplötzlich vollkommen neue Inhalte: War dieser Satz bisher nur eine nüchterne Feststellung einer objektiven Tatsache, dass man tatsächlich noch niemals in New York auf ebenso sinnstiftender wie sinnvoller Shoppingtour war, obwohl man gegenüber dem unversehens verblichenen Partner zu dessen Lebzeiten diesen Wunsch so häufig geäußert hat, wird diese Aussage nun zu einem vielversprechenden Programmsatz für das aktive Leben in Zukunft. Mancher will, ja will mal wieder so ganz richtig, aber vorerst nicht mehr vor den Traualtar, sondern mit der Reisetasche über den Teich.

Krieg schafft offensichtlich also Platz für neue persönliche Abenteuer und liegt damit voll im Trend der Psychologen, die da nicht müde werden zu sagen, dass die Liebe zwischen zwei Menschen nur etwas sei, was für eine gewisse Zeit zusammenhalte. Dann sei Schluss und werde auch Schluss gemacht, mit dem bisherigen Lebensabschnitt, mit dem bisherigen Lebenspartner. Alte Zöpfe müssen in Kriegszeiten dran glauben, genau wie manche Köpfe.

Von einer Seite redet man, dass die romantische, auf alle Zeiten dauernde Liebe es nur im Märchen gäbe, alles ausschließlich für hoffnungslos der Romantik verfallenen Zeitgenossen. Das ist eine mystisch geheimnisvolle, ja obskure Menschengruppe, der mit aufmerksamer Skepsis begegnet werden muss, da ziemlich lebensfremd und realitätsfern. Ein spezieller Beobachtungsfall im Zeitgeist. Die ewige Liebe sei nichts Anderes als ein abgekarteter, von langer Hand geplanter Gag der Marketingabteilung der Weddingplaner und Regenbogenpresse in aller Welt.

Und wenn, nur eine Minute einmal als reine Hypothese unterstellt, und - das ist in diesem Kontext eine absichtliche Wiederholung(!) - wenn dem so sei: Warum gibt es dann heutzutage so viele Goldene Hochzeitsfeiern und jahrzehntealte Ehen? Ein untrüglicher Beweis, dass es die ewige Liebe doch gibt, ja geben muss, kräftiger und stärker als alle Zeitprognosen und wortgewaltigen Theorien über das Verfallsdatum von Partnerschaften wahrhaben wollen. Zum leichten Ärgernis einiger extrem moderner Zeitgenossen als Freunde einer offensiven Promiskuität wird die Romantik niemals fallen.

Bei genauerem Hinsehen mit wachem Verstand ist überall sichtbar, dass echte Liebe ewig lebt und niemals fallen und auch von noch so umtriebigen Kriegsplanern zu Fall gebracht werden kann. Zum großen Glück aller unprogrammiert liebenden und human gebliebenen Menschen auf diesem Erdenball! Die Romantik ist eine auf Erden sichtbar erfahrbare Seite der feinstofflichen Seele.

Die einzigen und echten PR-Strategen sind nur die Kriegsprotagonisten, die einen vehementen Feldzug gegen die wahre Liebe vom Zaun gebrochen haben, um aus der ewigen Liebe marketing-technisch die Kategorie einer handelbaren Ware entstehen zu lassen, einem schlichten Konsumprodukt ohne emotionalen Bezug.

Leicht und unverbindlich konsumierbar, selbst bei Eintritt demokratisch verursachter Fälle von Zwangstrennungen wider Willen.

Die geballte Tragik dieser selbsternannten Propheten-Experten des Untergangs der Liebe ist: Für alle Zeiten stehen sie auf verlorenem Posten und fallen am Ende des Tages der Negativität ihrer Selbstpromotionen zum Opfer. Zu Recht. Exakt in diesem Moment hat die Demokratie dann am Ende aller Kämpfe doch gewonnen, allerdings nun in ihrer einzig natürlichen, unverfälschten Form, tonangebend gestaltet und gebaut von menschheitsliebenden Menschen, die um die Geheimnisse und Kräfte der ewigen Liebe wissen.

XVII.

Berufswahl

Mega-Schübe in kollabierenden Arbeitsmärkten durch herbeigezauberte Zeitereignisse

In jüngster Zeit durften einige Unternehmen wieder lernen, dass Länder wieder kriegstüchtig werden müssen. Ja, KRIEGS-tüchtig: Vollkommen richtig gehört und gelesen! Man hätte eigentlich auch ganz unaufgeregt ABWEHR-tüchtig oder VERTEIDI-GUNGS-tüchtig sagen können. Selbst das Wort „Tüchtig" in dem der Wortstamm „Tugend" stets irgendwie vertont und latent mitswingt, hätte durch das weniger moralisierende Wort „Fähig" ersetzt werden können. Und dieses, obwohl das Wort „Krieg" seit 1945/1949 als isolierter Programmsatz eigentlich undenkbar, unaussprechbar und das Potential zum Unwort des Jahres besitzt, da es sehr häufig von einigen Staatenlenkern im zwanzigsten Jahrhundert mit bestem Willen und ehrlichen Absichten offensiv und tendenziös, aber leider im vollkommen falschen Zusammenhang in den Mund genommen wurde. Seit wenigen Wochen ist das Wort „Krieg" einmal mehr in der Welt der aktuellen Tagespolitik vieler Länder Europas. Die flächendeckenden Ergebnisse sind allseits bekannt. Die Resultate des Denkens und dessen praktischer Umsetzung waren fatal, aber: Wirklich Großes stirbt nie! Und dazu gehört für manche offenbar auch das völker-dezimierende Instrument des Krieges.

Semantisch-kleingeistige Wortklaubereien mancher Ewiggestrigen-Geistestitanen stehen aber derzeit einfach nicht auf dem Kalender des properen Zeitgeistes: Keine Zeit für engstirnige Wort- und Textanalysen. Es geht vielmehr um das Große, das Ganze, die Sprengung und Überwindung von Grenzen. Die finale Weltenrettung im großen Stil, vor allem Bösen und dem Klima, wenn erforderlich dann notfalls auch mit leicht gesteigertem Kohlendioxidausstoß in Form von wuchtig-massiven Pulverdämpfen und steil herausragenden Blechresten in der weiten Natur, so eine Art natürliches Mahnmal zur Besonnenheit für nachfolgend, hoffentlich intelligentere Generationen: Christo ohne Verpackung und ohne Genehmigungsverfahren als Einstieg ins Kunstleben für Anfänger.

Solche gewaltigen Ziele wie veritable Kriege bedürfen einer kontinuierlichen Vorbereitung, was sich auch bei der Wahl und der Bedeutungsrelevanz von Berufen niederschlagen muss. Es findet eine subtile, dennoch offen geforderte Präferenzverschiebung zu Arbeiten mit echten Macherqualitäten statt. Kein doofes Rumsitzen von Dicki, dem etwas langsamen Kind (Stichwort: Heinrich Mann, Der Untertan): Anfassen. Mitmachen. Aufbauen. Das ist das Gebot der Stunde.

Das sind die Stichworte der Zukunft von uns Allen, die endlich einmal weitergedachte Lebensperspektiven versprechen.

Aus so viel guten Perspektiven für individuelle Lebensentwürfe entspringt allerdings auch eine winzige Eigenverantwortung. Für jeden Überflieger im Beruf heißt es ab sofort: Augen auf bei der persönlichen Berufswahl: Wache Augen, wacher Geist. Bereit zum Einsatz in allen Lebenslagen. Jeder muss sich einfinden und stellen. So gelingt die ganz große Karriere, völlig zwanglos. Benötigt man tatsächlich noch mehr an weiteren Chancen?

Das Schöne an der neuen Zeit ist, dass man bei der Berufswahl auch besondere Vorlieben und Aspekte - frei von gesellschaftlichem Stirnrunzeln - ausleben darf, die bis vor kurzem von der Öffentlichkeit noch in einem völlig anderen Licht gesehen wurden. Dadurch, dass ein in der Verteidigungsbranche exzellent beleumundetes Unternehmen seit Frühsommer 2024 nun auch in die Offensive der ganz anderen Art ging und ab sofort einen europa-bekannten Fußballclub sponsert, sind jungen Menschen bei der Berufswahl zum Glück neue Türen und Tore geöffnet. Man muss sich da nur einmal etwas in diese Richtung umschauen und informieren. Neuerdings ist so viel möglich, was früher noch nicht einmal ansatzweise denk-, geschweige denn aussprechbar war. Demokratie braucht von Zeit zu Zeit die eine oder andere robuste Weichenstellung im

Getriebe des doch stark verblüfften Volkes.

Schon die großen Stahlbarone des Neunzehnten Jahrhunderts im Rheinland wussten um das Geheimnis, dass am Stahl eine starke Zukunft hängt und mit Stahl eine Zukunft vernünftig an vielen Orten gestaltet werden kann. Fantasie in spannenden Zeiten mit plötzlichen Imagedrehungen konnte stets eben noch laue Geschäfte beflügeln, schafft Existenzgrundlagen, gibt Heimat selbst für Gedankenwelten von Politikern mit einem großen Herzen für Kohlendioxidreduktionen und gelebtem Umweltschutz.

Ausgerechnet jetzt stellt sich aber leider ganz aktuell in einigen Ländern das ärgerliche Problem, wie man die deutlich gestiegenen Energiepreise kundenschonend in die Massenfertigung landeseigener Qualitätserzeugnisse einpreisen kann. Die privaten Produktionsmärkte stöhnen, keuchen und ächzen unter den trotz alledem behutsam-fairen Preismodellen quer durch alle Unternehmen der Energieversorgung. Schon die Warenproduktion wird zu einem Mini-Preiskrieg, bevor er in irgendeiner Form in nationale oder supranationale Dimensionen vorstößt. Bonsai-Kriege auf Mikroebene in allen Welten, auch in dem doch geographisch eher kleineren Deutschland mit politisch größerem Gewicht. Das Land lebt, das Land bebt vor sinnvollen Aufträgen und nützlichen Aufgaben.

Man hat es zum Glück noch rechtzeitig auf ganzer Linie zum Wohl des gesamten Volkes erkannt: Wir müssen nicht nur kriegstüchtig, sondern gleich auch waffenproduktionsfähig in allen kriegsentscheidenden Sektoren sein. Jüngere Menschen im Berufsleben, aber auch etwas ältere Mitbürger sind wieder angehalten, endlich sich an den wartenden Berufsaufgaben der wiederbelebten Heimatindustrie zu orientieren. Keiner steht im Abseits, schon gar nicht irgendwelche aufgeweckten Fußballclubs. Jeder wird mitgenommen und hat seine individuellen Chancen, wenn er den Mut zum Durchblick besitzt.

Vor dieser erfreulichen Entwicklung sieht plötzlich die Computer-, IT- und auch Chipindustrie plötzlich eine winzige Spur älter aus. Die allseits postulierte Digitalisierung erhält einen neu definierten Stellenwert. Reingeistiges Herumfummeln an irgendwelchen PC-Programmen von Generationen im Homeoffice entheben nicht der Aufgaben von vernünftigen Produktionen, die ebenso griffig wie griffbereit und multinational eingesetzt werden können. Da sind jetzt zunächst einmal jede Menge an Wahrnehmungsdefiziten durch bleierne Bildungsmängel des einen oder anderen verträumten Berufseinsteiger zu schließen, die in der Vergangenheit sich so einschlichen, aber nun bitte alles subito und im Sauseschritt. Niemand ist eine Insel, erst recht nicht, wenn es um die Berufswahl in Krisenzeiten geht, was ganz im

Inneren vermutlich bereits der Autor Mario Simmel wusste, als er seinen Bestseller schrieb.

Jetzt aber weg von allen ablenkenden Luxusartikeln und deren Herstellung, schlimmstenfalls dann noch unter ethischem Totalbeschuss stehenden Label „Made in Germany". Das wäre im Endeffekt aber in letzter Konsequenz auch nur eine Rückführung auf die ursprüngliche Begrifflichkeit dieser Sondermarke, weil dieser Marketing-Brand nach dem Krieg - das ist der echte Grund - eingeführt wurde, damit die Konsumenten in den anderen europäischen Ländern die Möglichkeit hatten, zu wissen, welche Waren aus dem Dunkeldeutschland bis 1945 der damaligen Zeit stammten. „Made in Germany" war also ein verkappter Frontalaufruf dazu, exakt um diese Produkte einen ganz großen Bogen zu schlagen. Bloß keine anbiedernde Kumpanei auf Wirtschaftsebene mit dem ehemaligen Kriegsfeind.

Alles unwichtig, diese kleinen Details der Geschichte. Geschichte stört ja sowieso. Ein Blick in die Geschichte und ihre wahren Details verstört heutzutage mehr als von einem Menschenkind zu ertragen. Ganz weit „Weg damit"!!! Viel wichtiger in der Verankerung des allgemeinen Anspruchsdenkens ist, dass wir weder die hochgefahrene Produktion von SUVS, Sportwagen, noch Luxusklamotten, Lederschuhen Uhren und sonstigen Geschichts-Life-Fashion-Trödels benötigen. Falsche Ästhetik verwirrt eventuell zu schnell die

Sinne artiger Super-Untertanen. Es starten unkontrollierbare Bewegungen in und mit den Menschen, auch rein physischer Art, die derzeit eher etwas blockierend bei der Ausrichtung auf die neuen Ziele sind. Aufläufe im Stil des Verkaufsstarts der neuesten Erstauflage eines Harry Potter-Romans zur Unzeit um Mitternacht können wir uns nicht mehr erlauben: Das geht einfach nicht und hält die Blicke von dem Wesentlichen ab.

Kleinere Ausnahmen von diesen Regeln genehmigen wir uns allenfalls bei neuen Smartphone-Modellen, mit kleinen Händen emsig und freiwillig zusammengeschraubt unter fairen Arbeitsbedingungen in selten massentouristisch bereisten Teilen dieser Welt und natürlich ... den neuesten Hip-High-Hopp-Top-Mega-Maxi-SNEAKERS, deren Qualität dank sinnig-sinnvoller Promotion sofort ein Thema unter allen Dreijährigen ist, wenn man den kulinarischen Hipp-Status mit zwei Jahren erfolgreich verlassen durfte.

Statt also seinen auskömmlichen Verdienst für eigene Kost und Logie in der schnöden Fabrikation von überflüssig-klimabösen Luxusartikeln zu suchen (Ausnahme: Die qualitativ hochwertige Verteidigungsabwehr-Industrie), hält für den durchgestylten Youngster mittlerweile auch die Lebensmittelindustrie eine Vielzahl hochtechnisch-automatisierter Arbeitsplätze mit hohem Attraktivitätspotential zur Verfügung, selbst in eventuell hereinbrechenden Mangelzeiten. Schon Bertolt Brecht wusste, dass es das große Fressen in Krisenzeiten nach wie vor gibt, nur eben nicht für alle gleichermaßen.

Ein Problem ist, dass in den letzten Jahrzehnten die Bürger zunehmend in einer gewissen Ungehörigkeit darauf auswichen, sich vermehrt von guten Vitaminpillen aus den Laboren der Pharmaindustrie zu ernähren. Man praktiziert die Einnahme von einer Handvoll Pillen wie die Zuführung von Astronautennahrung im Weltraum. Eine Entwicklung, die schon seit den siebziger Jahren des Zwanzigsten Jahrhunderts besonders in den USA zu beobachten ist, wie bei meinem Onkel, der knallhart den Schuhcreme-Krieg ganz ohne Grund provozierte (siehe Prolog), Tonnen von Tabletten jeden Morgen in sich hineinschaufelte, ähnlich einem verzogenen, leicht militant auftretenden Vierjährigen, der einfach nicht genug beim Griff in die Kristallschale mit bunten Smarties oder ähnlichem Naschzeug der Süßwarenindustrie bekommen kann. Der neue Take-away-drugs-Ernährungstrend hat Qualität und Gesundheit. Oder in umgekehrter Reihenfolge. Wir können damit leben, länger leben und fitter werden.

Dieser Verbrauchertrend zu leckeren Pharmaartikeln blieb freilich auch der gesamten Lebensmittelindustrie nicht lange verborgen, so dass die jüngeren Generationen heute zum Glück schrittweise damit anfangen können, Lebensmittelkonzerne zu maßgeschneiderten Gesundheitstempeln zwecks just in time on demand

Lebensdrogen-Produktion umzubauen, alles mit dem grundsätzlichen Segen der Eigner und des Top-Managements. Das Robert-Koch Institut braucht also demnächst in Pandemien keine täglichen Wasserstandsmeldungen für die Allgemeinheit mehr, weil aus der klaren Etikettierung der Lebensmittel bereits hervorgeht, dass deren Genuss jede Form einer einschlägig benannten Massenkrankheit verhindert. Gesundheit an erster Stelle, selbst in Notzeiten und bei Gefahrenlagen. So hilft der modernaufgeweckte Staat seinen Untertanen und Arbeitssuchenden auf die kurzbeinigen Sprünge.

In diesem Zusammenhang müssten allerdings dann nochmals kurz sämtliche im internationalen Lebensmittelrecht versierten Rechtsabteilungen der Herstellerfirmen einen kurzen Blick auf die Art der Verpackungsbeschriftung werfen, damit tapsige Anfängerfehler auch wirklich der Vergangenheit angehören, damit am Ende des Tages nicht wie aus dem Nichts Haftungsausschlüsse aus formalen Rechtsgründen entfallen.

Arbeit und Aufgaben für junge Senkrechtstarter ohne Ende. Die neue Welt des Berufsalltags lebt, nicht nur vom Homeoffice aus. Wie beruhigend.

XVIII.

Kreativität

Packende Kriege stehen auf Freestyle-Kompositionen wie Schwedentrunk

Nach jahrzehntelangen Erfahrungen mit Behörden und Ämtern ist aus hautnaher Erfahrung bestens bekannt, dass Kreativität nichts für Feiglinge ist. Überall wiehert in den guten Amtsstuben der Amtsschimmel und schreit wie von Sinnen nach guter Nahrung. Das Tierchen hat Hunger und will doch nur etwas fressen. Wenn man sich ihm nähert, kann es schon einmal passieren, dass dieses niedliche Tierchen sich auf die Hinterbeine stellt, wild um sich huft und ein wenig in die höheren Luftregionen mit voller Kraft abgeht: Eine Art Ferrari-Kickdown auf zwei Hinterbeinen, nur mit der von ihm gewählten Vertikale in die vollkommen falsche Richtung. Herausforderungen, wohin man verdutzt guckt, für alle Beteiligten.

Von einem Moment auf den anderen sind Sensibilität und Kreativität gefragt, den steigenden Superhengst, wieder in laue Gefilde mit Bodenhaftung zu bringen. Ansonsten könnte es zu hässlichen Pferdeunfällen kommen. Völlig unnötig! Aber wie bekommt man so einen Koloss wieder in kultivierte Bahnen? Ruhiges Zureden hilft nur beschränkt: Der Amtsschimmel

183

versteht nur etwas bruchstückhaft Deutsch, geschweige denn ist es des Sprechens in deutscher Sprache mächtig, und dieses, obwohl dort derzeit noch ein wenig Deutsch gesprochen werden darf (Deutsch als Amtssprache ist zumindest im Umgang mit deutschen Ämtern noch nicht voll Nazi und deshalb als rassistischer Akt der indirekten Lobpreisung einer im Sterben befindlichen Hochkultur verboten). Man muss mitdenken und ein hohes Maß an Kreativität beweisen bei seiner selbst auferlegten Wortreduzierung im öffentlichen Hoheitsraum.

Bis auf weiteres darf man sich noch behutsam und dem Landesstatus angemessen in Deutsch äußern, soweit das allen Historikern und Schülern deutscher Bildungsstätten einschlägige Nazi-Vokabular vollständig vermieden wird. Verlassen wir aber bitte nun besser dieses komplizierte Feld der verbalen Tellerminen an Legionen reiner Äußerungen, deren unbeabsichtigte Verwendung bis vor kurzem noch als unverfänglich galten. O tempora, o mores: Latein kann einfach nicht rechtsradikal sein. Es ist eben auf ganzer Linie Latein, von welcher Seite und Perspektive aus man sich mit der Lupe auch die Mühe macht, es zu durchleuchten und anzusehen.

Statt unsere Kreativität an den Feinheiten der Verästelungen der deutschen Sprache zu verschwenden, macht es weitaus mehr Sinn, sich dem Waffen-Engineering neuer Superwaffen mit kollektiver Schwarmintelligenz zu widmen. Wir brauchen ganz viel neue Waffensysteme gegen das Böse in der Welt. Kann denn Kriegswaffen-Engineering jemals Sünde sein? Zarah Leander würde spätestens jetzt anfangen, neu zu denken. Und auch Gustav Gründgens würde von der Frage aller Fragen nervös umgetrieben, ob die Nacht denn wirklich nur zum Schlafen da sein soll.

Ein klares Nein ist die korrekte Antwort zu diesen staatstragenden Fragen auf allen Kanälen, da es um den übermächtigen Feind des brachial Bösen geht: Kriegsengineering ist gut, es ist in allen Menschen, es ist eine Gier, die Menschen erneut belebt. So ungefähr würde es erneut Gordon Gekko wie im Kultfilm Wall Street (I) ein weiteres Mal in allen Hauptversammlungen sagen, zu denen er eingeladen wird. Zur Orchestrierung jeglicher Art von symphonischen Klangorgeln dürfen alle Register, die vorhanden sind, gezogen werden, damit in der Breite die richtige Tonalität wie Stimmung und vollendete Harmonie entsteht. Auch hier gilt: Kreativität ist auch im Sektor Kriegsproduktion Trumpf.

Wer sich jetzt ein wenig mit dem in Notzeiten geschuldeten Ansatz schwertut, dass gutes Kriegsengineering und Behandlungsmethoden erst einmal mühsam wieder nach all den friedlich dahingeglittenen Jahrzehnten in Europa erlernt werden müssen, hat gleichsam sofort - gewissermaßen aus dem Stand - zwei Optionen: Er kann zum Beispiel einmal einen Blick in düsteren Kapitel diverser Geschichtsbücher werfen und sich über Behandlungstechniken von Kriegsgefangenen im Lichte der jüngeren Geschichte informieren. Für selbst initiierte Bildung ist es nie zu spät.

Hier nimmt eine unrühmliche Sonderstellung der leckere Schwedentrunk ein, der im Dreißigjährigen Krieg für die renitenten Bauernscharen zubereitet, zusammengestellt und in kleineren sowie größeren Dosierungen mittels Eimer verabreicht wurde. Tue Gutes und spreche von Zeit zu Zeit darüber. Das war seinerzeit das vollmundige und trendige Motto der cleveren Protagonisten dieser alkoholfreien Alkopops in allen Landstrichen, in denen der Krieg nach Lust und Laune sich austobte. Spezialbehandlungen mit ausschweifenden Körperaktivitäten bedürfen auch phantasievoller Variationen.

Erlaubt ist, was dem Feind bis ins Herz guttut und am besten dabei noch in Mark und Bein geht, weil jahrhundertelange christliche Erziehung in unzähligen Schulen Zentraleuropas offensichtlich nur eingeschränkte Bildungsresultate brachte, die dann auch prompt in Vergessenheit gerieten, wenn ein realer Krieg wirklich an die Pforten des Volkes klopfte und eintrat. Das war wahrlich alles so vollkommen anders von den Vätern der Lehr- und Bildungspläne Höherer Schulen und Gymnasien beabsichtigt. Auch hier ging der Schuss der feingliedrigen Kultur-Erziehung mit

Pauken und Trompeten wieder einmal so ganz nach hinten los.

Wem jetzt die universelle Wissensaneignung als Basis neuer Kriegskreativität über Bücher und dem Zweitem bis zehnten Bildungsweg für das Thema Geschichte und historische Glanztaten zu mühselig ist, der kann den unvermittelten Bildungsweg über emotional berührende Unterhaltungsserien im Öffentlich-Rechtlichen bzw. Privaten Fernsehen oder einschlägigen Streamingdienste einschlagen.

Als locker ergänzender Schnelldurchgang dieser Zusatzausbildung lohnt sich dann aber auch ein kurzer Marsch mit seinen Füßen durch eines der zahlreichen Foltermuseen in Deutschland.

Nürnberg hat viel mehr zu bieten als nur den einfältigen Nürnberger Trichter mit seiner eingeschränkten Funktionsfähigkeit. Es gibt dort auch ein wunderschönes Foltermuseum, das zu Zeiten der praktischen Anwendung der ausgestellten Exponate durchaus Weltklasse war und wichtige Standards setzte, eben mit Kreativinputs aus Intensivthemen-Workshops aus dieser Region. Nur ein paar Kilometer weiter gibt es aus Burghausen ähnlich Erfreuliches zu vermelden. Freiburg schloss vor einiger Zeit die Pforten seines über Jahrzehnte legendären Foltermuseums, weil es wissensdurstige Vertreter aus allen erdenklichen Schichten des Bürgertums an ihre ästhe-

tischen Grenzen brachte, mitunter ungewollte Magen-
impulse mit noch ungewünschteren Nebenwirkungen
auslöste und auch zu dem Gesamtimage des ansonsten
wunderschönen Münsterplatzes einfach nicht richtig
passen wollte. Es passierte, was passieren muss. Alle
waren gegen diesen wunderschönen Ort angewandter
und dargebotener Kultur. Er wurde zum Leidwesen
einiger Randgruppen, die sich dort weiter Denk-
impulse für Spezialoperationen holen wollten, mit
starker Hand geschlossen.

Ein Problem in Kriegszeiten, was immer wieder mit
schöner Regelmäßigkeit auftaucht, ist die Beschleu-
nigung des Tempos hin zum großen Feuerwerk. Es
dauert alles einfach viel zu lange. Die Produktion
neuer Waffensysteme, die Beschaffung von Munition,
vor allem diese mühselige Überwindung der Denk-
blockaden in den hölzernen Einstellungen dennoch
gebildeter Köpfe der Untertanen. Sie verstehen einfach
nicht, dass man voranmachen muss.

Ist aber auch alles sehr schwer zu verstehen, weil exakt
diese Untertanen seit Jahren ja zur extensiven Langsamkeit erzogen werden, zum Beispiel im Krieg mit
den benzinschluckenden Autos durch ausgeprägte
Tempo 30 Zonen deutschlandweit. Warum also für den
Gang an die Front ein Holzscheit drauflegen, wo
ansonsten alles gemütlich sich seine Bahnen pflügt?

Auch in den Verkaufsräumen des Einzelhandles -

speziell einiger Bäckereien - hat seit neuestem eine wohltuende Langsamkeit Einzug gehalten: Der Kauf eines Laib Brots kann locker schon einmal eine halbe Stunde Zeit in Anspruch nehmen, wenn die Warteschlage lang genug, die Fachkraft in der Poleposition hinter der Theke langsam genug und das elektronische Zahlungssystem wieder einmal an entscheidenden Funktionsstellen unvorhergesehen klemmt. Unberechenbare Digitaltechnik.

Hetzen, auf die Tube und das Tempo drücken, das ist nur noch eine Sache für die im gestern verhafteten Langsamdenker, die sich in eine Zeit der Glückseligkeit zurücksehnen, die längst der Vergangenheit angehört. Der Nato-Doppelbeschluss als Akt der Entscheidung eines Bundeskanzlers Schmidt ist und bleibt ein Akt der Geschichte, für immer. Aus die Maus, die an dieser Stelle einmal mehr überhaupt so keine Lust hat, irgendwelche Fäden zwischen die niedlichen Pfoten zu nehmen und abzubeißen.

Krieg und Tempo versus Volk und Tempo 30: Zwei unvereinbare Antipoden. Das hätte man sich vorher etwas besser überlegen müssen. Da unterlief den Strategen für die allgemeine Gemütsentwicklung im Volk auf breiter Front ein Maximalfehler. Hätte man besser im Vorfeld die KI explizit gefragt. Sie hätte es gewusst. Bestimmt. Chance vertan. Fehler da. Frontenthusiasmus gleich Null. Die Nullen müssen denken, vielleicht sogar grundsätzlich nachdenken. Oh My

God!

Zum Glück gibt es das eigenständige Denken über die Gegenseite und die dort selbstverständlich auch agierenden Gegner, allesamt durch die eigenen Aktionen in einen Vorkriegsmodus transformiert. Das objektive Wissen, bei genauer Betrachtungsweise aber nur das subjektiv Vermutete oder von „sicheren Quellen“ Vermittelte wird zur Basis der eigenen Entscheidungen. Eine neue Kreativität findet dort den lang gesuchten, fetten Nährboden, um zur eigenen Schönheit heranzuwachsen. Es braucht ein wenig Kreativität, um einigen Ländern wieder - nach Überprüfung des Sicherheitsstatus - den uneingeschränkten Feindstatus zu attestieren. Alte Geschichten dürfen nicht in Vergessenheit geraten, alte Vorurteile müssen neu aufgelegt und inhaltlich leicht verändert fortgeschrieben werden. Alles große Akte der Kreativität.

Als größter Beweis kriegsbasierter Technologie erweist sich dann einmal mehr, wenn der Feind den Tod nicht kommen ahnt, ein wenig so wie bei der Geschichte mit dem einfältigen Holzpferd vor Troja. Man traute diesem Kunstwerk, das da hoch in den Himmel ragte wie ein zu Holz erstarrter Dinosaurier, am Anfang so gar nichts Böses zu. Am bitteren Ende waren aber dann die meisten Protagonisten im Heldenepos Troja auf beiden Seiten der Kriegsparteien tot.

Das schier erdrückende Problem unserer Zeit ist aber

nun, zu erkennen und dann vor Fernsehkameras und in den Medien klar und deutlich zu artikulieren, wer die Kriegspartei mit dem Holzpferd ist: Steht diese Kriegspartei einem gegenüber, oder ist man es bei genauem Hinschauen schon selbst?

Die scharfen Blicke verschwimmen in den herbeigerufenen oder von dritter Seite herbeizitierten Thesen, dass man kriegstüchtig werden müsse. Der Ruf nach Kriegstüchtigkeit übertüncht lautstark und mit voller Intensität alles, hinterlässt eine restlos verstörte Untertanengruppe, die jetzt erst einmal startet, richtig über das Herausgerufene nachzudenken, was sie aktuell vernehmen darf. Mögen alle Holzpferde mit Holzköpfen uns gnädig sein, insbesondere, wenn sich atomare und umweltfreundliche, bereits scharfe Waffensysteme in ihrem wohlgenährten Bäuchlein befinden.

Wir hoffen weiter!

XIX.

Eigenständiges Denken

Vor, mitten und nach dem Krieg verwirrt nur eigenständiges Denken: Gefordert sind klare Richtungsangaben aus kriegserfahrenen Mündern

Wenn man in besinnlichen Momenten einmal in sein Inneres lauscht, dann ist da die Stimme. Diese eine Stimme, die wir im Hinterkopf seit frühesten Kindheitstagen im Gedächtnis mit herumtragen, und die da ruft: Mensch Kind, Du hast einen Kopf bekommen, dann setze ihn doch bitte auch einmal zum Denken ein. Kristallklar ertönt diese Stimme, die wir meistens mit der Stimme des Vaters oder der Mutter verbinden, in unserem geistigen Ohr als gutbekannter Denkanker aus längst vergangenen Zeiten.

Einen besonderen Gedankengehalt erhält diese mahnende Stimme noch, wenn zumindest ein Elternteil einen Krieg noch miterleben durfte, egal ob aus der Perspektive der Front oder in dem Zuschauerraum aus einer gewissen Schutzentfernung. Der einmal erlebte Krieg und dessen Gräuel sowie unerwartete Leidensprüfungen schärfen die Sinne und das Gehör für alle Zeiten gegenüber den knackigen Ansagen unserer Zeitgenossen im Hinblick auf waffenfähige Auseinandersetzungen.

Die Stimme von Vater und Mutter, die aktiv den Krieg erlebten, besitzt auch deshalb ein so starkes Moralgewicht, weil diese beiden Menschen nur zu gut darum wissen, über was sie reden, was sie für Leid erfuhren und wie dieses Leid die Menschheitsgeschichte in dieser Epoche verändert hat.

Heute scheint es so, als würde man sich leichtfüßig - mit einer gewissen Let's dance-Attitüe - über die Mahnmale und Erinnerungsstimmen dieser Tatsachenzeugen hinwegsetzen. Wenn es um einen gerechten, heiligen oder demokratischen Krieg geht, scheinen diese inneren Stimmen eine andere Tonalität anzuschlagen, singen, säuseln und flüstern sie das Lied der ewigen, ungeteilten Gerechtigkeit, die als Zielvorgabe erlaubt, alles in die Waagschale zu werfen, damit das vorgegebene Ziel auch erreicht werden kann.

Tod, Leid, Untergang: Alles nur Themen des Gegners, und zwar ausschließlich des Gegners. Ereignet sich dann aber vollkommen unerwartet, dass ein Politiker oder politischer Sittlichkeitsgralshüter dooferweise in der Öffentlichkeit - wörtlich gemeint - ein wenig kräftiger geschubst oder mit den Ehren einer krachenden Ohrfeige bedacht wird, ist das Geschrei der Kriegsbefürworter auf einmal stärker als das der legendären Amazonen im tödlichen Kampf Frau gegen Mann, wenn sie wider Erwarten in der Schlacht um ihr Leben getroffen wurden und sich mit dem zweiten Platz genügen müssen.

Ohrfeigen, Schubsen in der Öffentlichkeit. Das geht gar nicht. Den Gegner mit Präzisionswaffen das ewige Licht einzuhauchen und diesen scheinheiligen Gnadenakt auch noch als Maximalerleuchtung für den Feind zu verkaufen, das geht aber selbstverständlich jederzeit. Eine spezielle Form von moralischer Qualität im Schaffen von Kreativmomenten der besonderen Art.

Wen stören schon die gegnerischen Toten, die auf den Schlachtfeldern dieser Welt mahnend ihren Verwesungsgeruch in die Nase des Siegers als dessen selbstgeschaffen-inhumane Trophäe senden? Hauptsache Sieg. Sieg um jeden Preis, mit allen Mitteln der guten Demokratie, wobei gute Demokratie alles ist, was den Feind als selbst ausgemachten Demokratiefeind tötet und auslöscht.

Es gäbe so vieles über dieses allgemein in Kriegszeiten gültige Ausgangsszenario zu sagen, aber wer nimmt sich schon die Zeit, im Getöse der einsatzbereiten, schon klirrenden Waffen wirklich einmal eine Minute nachzudenken, was hier objektiv geschieht. Eigenes Denken - verankert und getragen aus den Stimmen der Vergangenheit, gekoppelt mit gelebter Verantwortung vor der Geschichte - ist eine extreme Rarität. Die realen Lebensumstände eines jeden einzelnen sind derzeit viel zu anstrengend und herausfordernd, als dass man selbst die Ruhe findet, in gedankliche Tiefen mit aller Ergebnisoffenheit einzutauchen, um die herbeigeredeten Grundpfeiler der Mechanik aller Kriegsabläufe einmal intensiv zu hinterfragen.

Hinzu kommt auch, dass in Krisenzeiten sich die Einflüsse von dritter Seite schwunghaft und sprunghaft in die Höhe schrauben - an Orten und Stellen, wo man früher nicht im Traum daran gedacht hätte, dass das Thema Krieg Niederschlag findet, ist es zu sehen, wird es artikuliert, alles zur Grundausrichtung auf den Start der finalen Eskalationsketten.

Ferner gibt es als weiteren Denkblocker ein gesellschaftliches Denkkorsett, indem bestimmte Themenbereiche, die eine kriegerische Auseinandersetzung betreffen, mehr oder minder gesellschaftlich ächten. Der laute Tenor kann von aufmerksamen Sinnen wahrgenommen werden, dass es sich einfach nicht geziemt, eine bestimmte politische Ansicht als Meinungsposition zu vertreten. In großen Momenten einer derartigen Realisierung flächendeckender Denkkorrektive mündet er in einem einzigen Wort, was zudem noch eine indirekte Wirkung als stigmatisierendes Brandmal entfaltet, das alles und jedes für jedermann verdeutlicht, wie inakzeptabel eine politische Position denn nun ist.

Gute Beispiele aus diesem Argumentationsarsenal: Putinversteher, Verschwörungstheoretiker oder Corona-Leugner. Mehr muss man doch gar nicht zu einer Person sagen und ist in der Lage, mit einem einzigen Wort plakativ-umfassend eine ganze Denkposition zu formulieren. Ist diese neue Form der Gruppenetikettierungen wirklich die erwünschte Form der streitbaren Demokratie? Leise und erste Zweifel seien da erlaubt, wo ein einzelnes Wort der Aufgabe enthebt, sich gründlich und allein faktenbasiert mit Themen auseinanderzusetzen. Die Reduzierung auf ein einziges Wort als Synonym für eine ganze Weltanschauung avanciert zu einer simplen Schlagwort-Ersatzreligion mit hervorragender Qualität für Frontenschaffung, zunächst im Geiste, danach wohl auch in der gelebten Realität.

Das sorgfältig, über die letzten Jahre geübte Training solcher Denkrituale allgemein gesellschaftlicher Art schafft freilich eine vernünftige Grundlage, dass auch in der öffentlichen Verantwortung stehende Autoritäten problemlos auf solche Schlagworte zurückgreifen können, ohne sich weiter großartig mit Details einer gewünschten Argumentation länger befassen zu müssen. Wer Putinversteher ist, dem braucht eine Gefahrenlage nicht erklärt zu werden. Er versteht sie sowieso wegen seiner individuellen Einstellung nur mit Mühe. Wer hingegen sich auf der anderen Seite als Putin-Nichtversteher bewegt, dem ist die Gefahrenlage sowieso zum Glück bewusst. Beide Parteien besitzen eine übergreifend-verbindende Gemeinsamkeit: Man muss BEIDEN die im Ukrainekrieg innewohnende Gefahrenlage nicht erklären. Sie ist evident. Schluss. Aus. Detaillierte Begründung entfällt und beschränkt sich automatisch auf ein einziges Wort.

Diese Argumentationsstrukturen auf ihre moralische oder gesetzliche Legitimität zu durchleuchten, wäre jetzt etwas zu weitschweifend im Kontext dieses Kapitels. In Europa gab es in den letzten fünfhundert Jahren genügend Beispiele in diversen Staaten, welche die Ausrichtung der gesamten Meinungstransportation auf ein isoliertes Wort schätzten und kultivierten. In der vormals Deutschen Demokratischen Republik musste nur das Wort „Klassenfeind" verlautbart werden, und es war allen Adressaten klar, was hier zur Diskussion und auf dem Spiel stand. Denken in Differenzierungen und Gedankenschattierungen wurde obsolet. Wie praktisch. Eine Meisterleistung der Kreativität.

In Kriegszeiten gilt es, diese Argumentationstechnik erneut auf den Siedepunkt und in die Perfektion zu treiben. Nur ein Wort und das gesamte Programm für Alle im Staat ist inhaltlich präsent. Man versteht sich über ein einziges Wort, ohne dass wir nochmals inhaltlich stressreich mit weiteren Worten ausholen müssen. Dieses Prinzip funktioniert mitunter sogar perfekt mit der Nennung von zwei Buchstaben und einer einzigen Ziffer, wenn man die allgemeinen Verständnisgrundlagen über perpetuierende Vorarbeiten nur gründlich genug in Kooperation mit den Medien und allen staatstragenden Institutionen den Staatsbürgern eingetrichtert hat.

Wenn man es auf den ersten Blick fast nicht glauben will. Wer Spaß daran hat, kann gerne einen unverfänglichen Selbstversuch am eigenen Geist und Körper starten. Wir beginnen jetzt: Bitte um ein wenig Aufmerksamkeit. Los geht es. Hier die Wort-Zahl-Kombination: . . . .CO2 !

Braucht man in diesem Kontext noch zusätzlich etwas zu erklären oder sagen, um zu verdeutlichen, was CO2 enthält, bewirkt und wie es die Umwelt schädigt? Definitiv lautet die Antwort bei dem heutigen allgemeinen Wissensstand zu diesem Quäl- und Vernichtungsgas „Nein". Das funktioniert doch prima und geht übrigens auch mit dem Wort „Kriegstüchtig". Wir wissen mittlerweile Alle, was damit gemeint ist.

Lektion in puncto Kreativität der Meinungsübermittlung allseits gelernt. Inhaltliche Begriffsschulung beendet.

Aber wer legt denn eigentlich die Inhalte der in allen Medienkategorien anzutreffenden simplen Schlagworte fest: Wer darf zum Beispiel inhaltlich definieren, was kriegstüchtig ist? Es ist ein echtes Problem, weil in Deutschland nach dem Grundgesetz wir eigentlich nur im Falle eines gegen Deutschland gerichteten Angriffskrieges ausschließlich „verteidigungsfähig" sein dürfen und sollen. Wieso und warum in aller Namen reden alle offiziellen Stellen in Deutschland und Europa plötzlich ohne Punkt und Komma und in einer Art verbaler Dauerschleife von „Kriegstüchtigkeit"?

Die Antwort lautet: Weil die Politiker es können und dürfen, da sie nach langwieriger und extrem sorgfältiger Faktenanalyse zu dieser Einschätzung gekommen sind und dieses - mit einer englischen Fachvokabel ausgedrückte - Wording aus internationalen Kreisen flott übernommen haben. Dort gab es dieses signifikante Wort „kriegstüchtig" allerdings auch nur als pointiertes Programmwort im internationalen Wort-Sprachangebot.

Zurück bleibt der in einer gewissen Distanz stehende Bürger, der einfach nur hofft, dass die öffentlich-rechtlichen Institutionen den richtigen Sachverstand auf sich vereinigen und in den darauf basierenden Schlussfolgerungen bündeln konnten. Dem in der Demokratie lebenden Bürger bleibt in erster Linie nur die Hoffnung, dass die öffentlich-rechtlichen Institutionen mit ihrer Einschätzungsprärogative richtig lagen und keinen Fehleinschätzungen unterlagen. Hoffen wir Alle bei der Einschätzung des tatsächlichen Vorliegens von Kriegsgefahren, dass der Glaube nicht stärker war als die Dominanz der objektiven Fakten.

XX.

Bedeutung des Fernsehens

Das Korrektiv der eigenen Meinung per Gameshows, Romantikstories und neutrale Klimainformation

Das Fernsehen hat viele Väter. Zum sprechenden Helikopter-Übervater sind mittlerweile die internationalen Nachrichtenagenturen avanciert. Die drei größten Nachrichtenagenturen geben die inhaltlichen Stoffe im Gleichtakt vor. Sie sind zugleich eine Art Lehrer für die Bildungsinstitution Fernsehen, insbesondere was die Inhalte der Nachrichtensendungen anbelangt. Das ist für den Zuschauer hervorragend, weil es eine Art Sicherheitsgarantie ist, dass er nicht durch eventuell widersprechende Inhalte und Meinungen auf diversen Kanälen in die Irre getrieben werden kann. Das Fernsehen gibt klare Denkstrukturen und macht glasklare Ansagen. Der Zuschauern bleibt auf Geisteskurs, verliert das Interesse an einem eigenen Diskurs und freut sich darüber, ein guter Konsument zu sein. Freiherr von Stein hätte unter dem Eindruck bzw. Druck der Welterrungenschaft Fernsehen heute sicherlich formuliert, dass Glotzen die erste Bürgerpflicht ist. Denn über das reflektierte Fernsehgucken kann eine differenzierte Meinung gewonnen werden, die einen auch in eine

Ruhe mit besonderer Lebensqualität versetzt.

Ein weiterer Parallel-Vater der Fernsehinhalte sind die offiziellen Vertreter dieser Institution, die sich in irgendwelchen Gremien heute schon sicherheitstechnisch zeitgerecht verschanzen. Dort gewinnen sie aktuell die so wichtige Immunität mit einem Hauch von Würde und Autorität, gehen bei läppischen Klagen von Querulanten aus dem Publikum in Voll-Körperdeckung und freuen sich über das gottgegebene Gesetz des ewigen Rechts zur jährlichen Gebührenerhöhung. Fernsehen trifft jeden und lässt niemanden unberührt. Sei es auch nur dessen Geldbeutel als Minimal-Target der öffentlich-rechtlichen Begierde. Man gebe der Institution weiter das unabdingbare Futter, weil sich daraus wirklich etwas Gutes produzieren lässt, zum Beispiel Talkshows der einsamen Extraklasse als Meisterbeispiel pluralistischer Meinungsvielfalt.

In allen den Gästelisten sämtlicher Talkshows der letzten zwanzig Jahre spiegelt sich eine überzeugende Tradition zur pluralistischen Offenheit in den entscheidenden sachlichen und gesellschaftspolitischen Positionen wider. Es ist ein wenig so wie in einer liebenswerten großen Familie, die bisher noch niemals auffällig war. Man könnte auch bösartig sagen: Der TV-Fernsehfamilie. Einmal in diese Familie - zunächst auf jederzeitigem Widerruf als Gast aufgenommen - ändert sich bei Bewährung der Fähigkeiten

201

zur Begeisterung breiter Massen per Selbstinszenierung der Gaststatus in einen festen Status eines unverzichtbaren Familienangehörigen.

Wenn man einmal drin ist, dann ist man drin, und nicht einfach nun mal da. Oftmals für alle Zeiten im Epizentrum der Talkshows angekommen, eben gemütlich unverrückbar verpflanzt an deren Studio-Tischen. Ein klammheimlicher Verstoß aus dieser prominenten Großfamilie eines Landes erfolgt natürlich nur, wenn man gegen irgendwelche Prinzipien verstoßen hat, die voll demokratisch festgelegt wurden und damit per se demokratische Inhalte besitzen. Das zu einem Verstoß führende Vergehen muss schon gewichtiger sein als Rauchen mit zwölf Jahren während der eigenen Kindheit oder pubertierende Aktionen Halbstarker in katholischen Kirchen, indem man Tintenpatronen in Weihwasserbecken tropfen ließ, damit der eine oder andere Kirchenbesucher nicht schlecht staunt, wenn er sich nach dem Kirchgang seine weiße Weste im Spiegel betrachtet. Besudelt von dem gut gemeinten Kirchgang. Das ist alles geschenkt, wird in vollem Umfang per Gnadenakt von oben verziehen und führt niemals zur Total-Verbannung von runden Talkshow-Tischen. Die Gnade der Talk-Ladies bleibt erhalten.

In den bekannten TV-Talkshows ist das starke Geschlecht der Männer im Augenblick in Deutschland etwas schwach vertreten. Zahlenmäßig ist es zur Primetime ein wenig unterrepräsentiert. Das ist auch gut so, weil sich die Vorherrschaft der komischen alten, schlimmstenfalls mit einem tendenziös umfassenden Allgemeinwissen ausgerüsteten Knaben irgendwann einmal dem Ende zuneigen muss. Es geht nicht mehr weiter mit den alten Stories und alten Zöpfen aus Frühchenzeiten der Bonner Republik. Auch die Stories der Wiedervereinigung samt konzertierter Aktionen der Treuhandanstalt möchte keiner mehr in komprimierter Form hören.

Schließlich sollte auch endlich einmal ein Schwamm darüber ausgebreitet werden, was die ersten Schritte hin zu einer breiten fundamentalen Demokratie in den letzten zehn Jahren waren. Und Corona sollte dann auch wirklich kein Thema mehr sein. Die Öffentlichkeit weiß durch die epochemachenden Sätze einiger Geistesathleten, dass es definitiv nur noch drei Kategorien von Menschen weltweit gibt: Menschen, die an Corona erkrankt und durch Genesung immun sind. Menschen die mindestens dreimal geimpft sind. Und Menschen, die tot sind. Basta. Das muss jetzt nicht in verbalen Endlosschleifen in Talkshows zerredet werden. Klare Kante in den Aussagen für Alle. Reden trübt da nur die klaren Erkenntnisse ein. Reden ist unnütz. Zuhören wichtiger für die eigene Bildung.

Die TV-Moderatorinnen als Meinungsmacher nehmen in den Talkshows eine gewichtige Vorreiterfunktion ein. Sie präsentieren die eingeladenen Gäste wie eine genial zusammengestellte Rockband und geben die

Einsätze für die Bandmitglieder, wenn sie an der Reihe sind. Da Rockmusiker von Natur aus dazu neigen, ihr Ding mit der Elektrogitarre um den Hals zu drehen, sich dann auch einmal etwa in den Vordergrund spielen wollen, hat die Bandleiterin einen nicht ganz einfachen Stand. Als eine der Meinungsmütter dieser Familienmitglieder-Zusammenballung schafft sie mit robuster Hand ein wenig Ordnung im musikalischen Geschehen auf der Bühne.

Wichtig ist und bleibt in diesem Zusammenhang nur, dass keiner der sich austobenden Bandmitglieder eine hervorspringende Rolle einnehmen darf. Zu Recht ist das pluralistische Meinungsweltbild des Fernsehzuschauers wichtig und unantastbar. Bisher brachten die Talkshow-Beauties das alles aber exzellent durch den Äther. In der Geschichte des Fernsehens gab es nur ganz, ganz wenige Eklats. Ganz, ganz wenige Familienmitglieder in Eigenverantwortung standen einmal wütend vom Tisch auf und verließen angefressen das Studio, wenn ihre Temporär-Erziehungsberechtigten ausnahmsweise und unvorhergesehen einmal etwas zu streng mit ihnen ins verbale Gericht gegangen waren. Das ist alles im Rahmen der adäquaten Toleranzgrenzen. Damit nehmen die Moderatoren(innen) als Bandleader auch gleichzeitig die wichtigen Aufgaben einer Moderationsnanny dar. Es wird gelenkt, geleitet, erzogen und geprägt. Das muss man einfach großartig finden, was man da so erhält für sein sauer verdientes Geld.

Nur einmal in den letzten Jahrzehnten flippte ein Fernsehgast so vollkommen aus, der zum Glück aber schon zu diesem Zeitpunkt bereits der vernachlässigbaren Gruppe der alten weisen Männern angehörte. Die Freveltat beging Herr Marcel Reich-Ranicki, der sich vor laufenden Kameras in einer Live-Show partout weigerte, einen Fernsehpreis von der Unterhaltungsikone Thomas Gottschalk entgegenzunehmen, unverschämterweise nutzte er die ihm bereitete Bühne, um mit aller Wortgewalt über die Verfehlungen und - seiner Meinung nach - Auswüchse der Fernsehunterhaltung zu sprechen. Er zündete eine Verbalbombe nach der anderen in schnarrender Tonalität während der Sendung vor Millionen entsetzter Zuschauer. Das offizielle Ende einer großen Medienkarriere, das er selbst mit einem verbal gezielten Absturz komplett in den Boden gerammt hat.

Ein bemitleidenswerter Einzelfall, mit leichter Grundtendenz zu einem selbstzerstörerischen Sonderfall. Wer möchte noch mit so einem Familienmitglied sprechen? Richtig: Das tut man einfach nicht in netten Familien. Autonome Aussetzung auf einer einsamen Eremiten-Insel des Glücks. Der TV-Herr gibt es, der TV-Herr nimmt es. Das alte Prinzip der Medien, die immer wieder einmal betonen, dass sie alle Protagonisten begleiten, die durch sie groß wurden, auch bei ihrem Absturz in die mediale Bedeutungslosigkeit.

Grausame Schicksale tun sich da auf.

Die vitalisierende Informations-Nabelschnur zur gottgewollten Erfindung des Fernsehens sind die diskreten Kontakte zwischen politischen Repräsentanten des öffentlichen Lebens und den Entscheidungsträgern in der Institution Fernsehen. Es wäre jetzt ganz, ganz schlimm und absolut verboten, davon zu sprechen, dass Politiker auf die Inhalte von Fernsehsendungen auch nur ganz leise und indirekt Einfluss nehmen.

Das stimmt einfach nicht, weil Politiker heute mit ganz anderen Themen wie zum Beispiel der Erreichung der Kriegstüchtigkeit befasst sind, als dass sie überhaupt Zeit hätten, in Redaktionen vor und während Sendungen anzurufen und mit den Servicekräften zu sich in Wortgefechte einzulassen. Üble Nachrede in Reinkultur. Solche Aktionen gibt es nicht, allenfalls einmal als fast schon strafbewehrte Sonderexzesse in der Fußballbranche, wenn Verantwortlichen durch unkorrekte Berichterstattung um ein Haar der vor Wut rote Kopf mitsamt der daran baumelnden Halsschlagader inklusive geschwollenem Kragen platzt. Peng! Das darf natürlich aus humanitären Gründen auf keinen Fall passieren, insofern kann der Direktanruf in der Redaktion bei diesen ausnahmsweise einmal vorliegenden Sonderfällen sogar Leben retten.

Die heutigen gängigen Sendeformate und -konzepte

eignen sich von Natur aus hervorragend, um sehr sensibel alle zeitrelevanten Themen wie zum Beispiel CO2-Reduktion, Klimakatastrophe und dramatische Kriegsgefahrenlagen in die aufgeweckte Schar der Zuschauer zu transportieren: Don´t be a maybe – das ist der alles im Untergrund und über Untertöne beherrschende Slogan. Beziehe Stellung, gehe in die Meinungsoffensive, am besten mit Hilfe einer Berufsarmee. Bleib nicht am Rand, schon gar nicht im rechten Sumpf. Was nicht im Fernsehen gesehen, geprüft und als gut befunden wird, ist ja sowieso öffentlich nicht existent und damit zunächst einmal irrelevant, zumindest bis die Wahrheit einen einholt.

Dieses Leitprinzip, im anderen Zusammenhang zuvor schon erwähnt, kann man gar nicht hoch genug einschätzen. Außerhalb von Gruppen, deren gesellschaftsrelevante Präsenz mittels der richtigen Fernsehsendungen noch verstärkt im öffentlichen Raum herausgestellt wird, gibt es kein Leben mehr. Wer darauf verzichtet, Sportsendungen, eindimensionale Spiel- und Multiple-Choice-Rateshows, Kochsendungen oder Telenovelas anzusehen, geht fahrlässig das unverantwortliche Maximalrisiko ein, auf Zeit restlos zu verblöden. Er wird möglicherweise nicht mehr in der Lage sein, lebensgefährliche Gefahrenlagen selbst aus eigenem Antrieb heraus zu erkennen, die sich in der großen weiten Welt der Reichen, Schönen und mächtigen Politiker auftun.

Er nimmt Kriegsgefahren auf die leichte Schulter, weil er doch naiverweise als Zuschauer ohne Expertenverstand tatsächlich glaubt, dass ein ausländischer Staat nicht das zu tun gewillt ist, was unsere Experten ihm als einzig denkbare Handlungsmaxime unterstellen und voraussagen. Wie töricht kann doch vereinzelt der eine oder andere Zuschauer sein, der nicht an die Expertenratschläge glaubt, die mit wunderschön gestalteten Aufträgen im Millionenwert eruiert, erarbeitet und publiziert werden, mit bunten Bildern dann endlich auch im Fernsehen landen, in traumhaften Konstellationen auch in den Anchor-TV-Nachrichten.

Wahre Vielfalt kommt aus massiger Substanz ganz tief von unten und von innen und liegt nicht immer nur im Auge des Betrachters. Das Auge kann sich täuschen. Es ist schnell fehleranfällig. Auf die wahren Werte und Intentionen kommt es am Ende dann an, wenn da nur nicht diese Intuition als Quickie-Querschläger mitunter vom Zuschauer kämen, der mit eigenem Wissen gefährlich herumfuhrwerkt und sich an Interpretationen in der Laiensphäre ohne Beistand ausgewiesener Talkshow-Experten versucht. Kritische Abgründe eines Denkminimalismus tun sich da im Auge des aufgeweckten Politikers und aller sonst verantwortlich fühlender Personen auf. Diese angewandte Autonomie im Denken kann so wahnsinnig viel zerstören und ist einfach nur schrecklich.

Gute Zeiten wie schlechte Zeiten wollen im Fernsehen

objektiv auf Basis reiner Fakten mit dem elementaren Anspruch auf Korrektheit dargestellt werden, insbesondere zu einhergehenden Bildungszwecken, damit der Bildungsauftrag dieser öffentlich-rechtlichen Institution auch vollends exekutiert wird.

Zur erlebten Wirklichkeit gehören nun einmal auch die durchlebten Kriege zwischen Menschen als historisch wertvolle Aktivposten der Vergangenheit. Extensive Berichterstattungen darüber und Interpretationskurse von Superexperten in Talk-Shows sind darum gewünscht und notwendig zum aktiven Gegenwirken von eindimensional-einfältigen Ansichtstendenzen. Das ist unbestritten. Was sich dem aufgeweckt-leicht tränenden Auge des TV-Betrachters nicht erschließt, ist eine Antwort auf die Frage, warum dies ausgerechnet jetzt in dieser Zeit so exzessiv mit Fernsehsendungen praktiziert werden muss. Erhöhung der Schlagzahl im Hinblick auf intensive Kriegsberichterstattung, wohin man schaut. Die Welt ist halt böse, sie ist aber auch sprachlos, absichtlich oder unabsichtlich: Wer weiß. Im Prinzip sind alle sonstigen Themen verduftet, die sich nicht mit Gefahrenlage, Kriegen und damit verbundenen Tätern beschäftigen.

Ein monumentaler Krieg, geführt mit Wärmepumpen und herausragenden Windrädern sowie Tempo-Fahrvorschriften, findet auch gegen das böse Klima auf der Erde statt. Die Welt wird gebeutelt von den Frontalangriffen des Wetters, entweder in Überraschungsangriffen gigantischer Wassermassen oder Tornados oder Hitzewellen. Allesamt mit allerhöchstem Gefahrenpotential und globaler Attitüde, ähnlich wie ein Multimilliarden-Konzern aus den wirklich wichtigen Industriezweigen. Das Wetter verzeiht nicht, insbesondere nicht menschlichen Übergriffen, und erinnert damit ein wenig an die betagten Schauspielerinnen, welche die Me Too-Bühne auch als über Siebzigjährige gerne betreten, um zu referieren, dass sie genau wissen, dass im Rahmen der Woodstock-Berichterstattung ein TV-Moderator sie geschlechtsspezifisch nicht ganz korrekt behandelt hat. Das Fernsehen gibt diesen schauspielerischen Darbietungen bereitwillig eine Bühne ins Millionenpublikum hinein.

Das Fernsehen vergisst nie. Das Fernsehen ist die perfekte Gedankenstütze für die mitunter etwas schusselig auftretenden Zuschauer, die doch nur an die Hand genommen werden wollen.

XXI.

Bedeutung des Lesens

Kriegsberichte lesen sich wie spannende Romane, leider sind die Inhalte so zeitlos wie in einer Endlosschleife

Das ultimative Ziel für alle Bürger des Bildungstums ist ein hipp aufgemachter Informationsclip, der nach einem Werbeblock als lässig-lästiger Vorspann von zwei Minuten als schmuckes Beiwerk einen 30 Sekunden-Informationsclip zum Besten gibt. Das Lesen ist nur wichtig, um in die Situation versetzt zu werden, diesen Clip starten zu können. Schlagwortartige Anweisungen zum richtigen Start des Ablaufs dieses Clips müssen bis auf weiteres noch per Buchstabeninhalation über Augen aufgenommen werden. Man arbeitet aber daran, dass auch dies entfällt, idealerweise über einen direkt in das eigene Gehirn implantierten hippen Superchip, der die eigenen Gedanken prophetisch auf Qualitätsniveau der ganz großen Weisen der Menschheitsgeschichte vorwegahnt. Es sind zum Glück nur noch ganz wenige Entwicklungsschritte, welche die Distanz der Menschheit zur eingeträufelten Weisheit der IT-Industrie überwinden lassen.

Das Lesen erhielt bereits sein rechtskräftig unterzeichnetes Todesurteil. Die Lesekunst wird in Zukunft aussterben oder sich auf ein Minimalstniveau reduzieren. Angesichts dieses Angriffs auf das Lesen und die allgemeine Lesekunst steht fest, dass auch Krieg gegen die Errungenschaft des Lesens geführt wird. Traurigerweise ist es ein ungerechter Krieg, weil die Kunst des Lesens sich so gar nicht wehren kann. Die Buchstaben und Wörter sind nackt. Sie werden von den optischen Segnungen der Medien und IT-Konzerne attackiert durch Dauerbeschuss. Es herrscht keine faire Waffengleichheit, so dass die Wörter und danach in letzter Konsequenz auch ein Großteil der Buchstaben zum Untergang verurteilt sind. Der Zirkus darf laut einer Liedzeile bekanntermaßen nicht sterben, aber die Buchstaben und das Lesen schon.

Will man schon das Lesen auslöschen, so gilt dies erst recht für die individuellen Schreibschriften eines jeden Menschen. Eine persönliche Note konnte bisher von allen zumindest halbfitten Bürgern einem Text durch das Verfassen mit einer eigenen Handschrift verpasst werden. Die Handschrift ist nichts anderes als die gelebte Note eines Menschen Augenblick mit der fixen Formulierung seiner Gedanken. Sie ist ein besonderes Erkennungszeichen, nach Ansicht einer ganzen Berufsgattung sogar das Signal und Siegel des kompletten Charakters und der Seelenbefindlichkeit. Die Schrift ist damit ein starker Kern der manifestierten Individualität. Alles, was individuell ist, geht aber demnächst überhaupt nicht mehr. Was will man damit noch anfangen? Individuell ist immer anders als allgemeines, insbesondere das Allgemeine. Wer möchte sich schon eine solche individuelle Andersartigkeit sichern wollen, nur um sich die Sonderrechte des Schreibens vorzubehalten. Das ist nicht mehr nötig.

Die Zukunft besteht darin, dass hochspezialisierte Gesichtserkennungsprogramme an jeder Straßenecke wie 24/7-Zinnsoldaten und Nachtwächter in der guten alten Zeit wachen, die in Realtime die Gesichtszüge eines jeden Passanten scannen, um dann in den Tiefen der Herzen von Supercomputern, die zum Glück zur Sicherheit aller Gescannten auf anderen Kontinenten zu finden sind, ermitteln zu lassen, wie es um die Persönlichkeit und den allgemeinen Charakter des Gesichtsträgers so bestellt ist. Stellen sich kleinere Anomalien heraus, können dies schon erste Anzeichen eines latenten Hangs zur Absicht der Planung schwerer Straftaten hinweisen. Dann ist Gefahr in höchster Stufe im Anzug und damit auch Verzug. Gefährlich, gefährlich. Kontrollbesuche der öffentlichen Hand sind vermutlich bereits im Anmarsch.

Das bedeutet logischerweise auch, dass die Abschaffung der Fähigkeit des Schreibens und die damit verbundene Etablierung der universellen Gesichtserkennungstechnologie unendliche Felder der Sicherheit schafft. Das Verbieten des Individualschreibens ist demnach also ein aktiver Akt der gelebten Sicherheit. So kann man das wohl den Untertanen marketingtechnisch verkaufen. Dann wird es verständlich. Dann machen Alle vorbehaltslos mit und es gibt einen ganz tiefen Sinn.

Ein wenig auf der Strecke bleibt die menschliche Romantik, sogar in ganz tragischen Momenten die Kriegsromantik. Die Authentizität eines Geschehens in der Berichterstattung lebt von der richtigen Wortwahl. Wörter besitzen Färbungen und Nuancen, welche deren Autoren bewusst wählen können, wie Maler spezielle Farbmischungen produzieren. Wenn man diese Kunst der Kreationsschaffungen per Wortschöpfungen auf die Auswahl der richtigen Bilder reduziert, beschränkt man die subjektive Steuerung von Emotionen.

Die Beschreibung einer Szene kann vielmehr durch eine tendenziöse Wortwahl subjektiv und emotional in die gewünschten Richtungen gelenkt werden, als das einfache Abfotografieren dessen, was dort in exakt diesem Augenblick tatsächlich passiert. Vereinfacht ausgedrückt. Bilder - sofern sie vollkommen unbearbeitet sind - lügen nicht, reine Worte, ohne die Unterstützung von Bildern des beschriebenen Geschehens, können dies aber schon. Darum sind reine Worte und die Bereitschaft, sich allein bei Berichterstattungen auf diese reinen Worte zu stützen, nur eingeschränkt aus Sicht derjenigen ideal, die mit dem speziellen

Bericht konkret etwas bezwecken wollen. Das Medium Worte lässt Spielarten bis hin zu krassen Manipulationen zu. So einfach ist das.

Wenn einem dieser Unterschied zwischen Wort- und Bildinformation bewusst vor Augen steht, wird auch klar, dass es viel einfacher ist, den Worttext über ein bestimmtes Geschehen mit nur einem speziellen Bildausschnitt oder Bild in eine bestimmte Richtung zu drängen.

Hier ein Beispiel: Vor wenigen Stunden ging am gestrigen Tag, wo jetzt diese Zeilen geschrieben werden, über die Nachrichtenticker, dass ein Gefährder ein Attentat für die bevorstehende Fußball-Europameisterschaft 2024 in Deutschland geplant habe. Diese Headline auf der Titelseite einer der größten deutschen Boulevard-Sonntagszeitungen war mit mehr als fetten Lettern auf das Papier gebannt. Allerdings zeigte das ebenso große wie farbenprächtige Bild, das sich sofort unter der gedruckten Schlagzeile befand, den Ausschnitt einer absolut fröhlichen Besuchergruppe in einem restlos ausverkauften Fußballstadion, in deren Mittelpunkt eine attraktive Frau von rund dreißig Jahren mit jubelnden, nach oben gerissenen Armen stand. Zudem strahlend-makelloser Gesichtsausdruck. Also ein Bildmotiv, das nicht hätte einen stärkeren Kontrapunkt setzen können zu der besorgnisvollen Headline, die alles überragt.

Die einfache Absicht ist klar: Es gibt zwar eine etwas unangenehmere Botschaft, aber wir können sie als Allgemeinheit vollkommen vernachlässigen, weil auch bei der Negativität dieser Aussage die in einer Gruppe befindliche und damit ansteckende Fröhlichkeit alles, aber wirklich alles überstrahlen wird. Objektiv allgemeine Gruppendynamik geballter Fröhlichkeit mit einer Prise Sexappeal besiegt immer noch subjektiv verzagte Ängstlichkeit wegen eines etwaigen Terrorangriffs. Eine fast biblische Botschaft per Motivwahl des Bildes: Jauchzet. Frohlocket. Fürchtet euch nicht! Mannschaft und Ball sind da!

Eine derartige redaktionelle Herangehensweise ist vielleicht zur Stimmungserhellung eher ängstlicher Gemüter geeignet, aber ob sie noch die Wahrheit in einem Land optisch überpinseln kann, in welchem der Mikrokrieg mittlerweile auf diversen Ebenen bis in das Vorfeld großer Sportevents der Fußballstadien ausgetragen wird, sei einmal dahingestellt. Mit einer objektiv wahren oder gar wahrhaftigen Berichterstattung hat das tendenziell eher weniger zu tun.

Was für die Berichterstattung von den Schlachtfeldern der Fußball-Arenen dieser Welt gilt, hat umso mehr Bedeutung, wenn es um die Berichterstattung über Kriegsvorbereitungen, Krieg und Leid des Krieges geht. Um die gesamte Präsenz der aktuellen Kriegsgefahren dem allgemeinen Bürger zu verdeutlichen, braucht es vernünftige Bilder. Die offiziellen Würdenträger des Staats kommen viel besser, vor allem besorgter mit staatstragender Mine über die Medien herüber, wenn sie in Uniform in kriegsgemäßen Farben oder vor düsteren Hintergrundmotiven aufgenommen und der Öffentlichkeit präsentiert werden. Der Herr Verteidigungsminister trägt schon grün bis über beide Ohren. So weit ist es schon. Wir wissen aber nicht, wohin das führt, sind aber allerbester Hoffnung, dass nichts Schlimmes weiter passiert. Grün ist die Farbe der Natur, gleichzeitig aber auch der Hoffnung. Wir hoffen alle auf Frieden, mussten uns aber schon einmal ein wenig grün gewanden und einrichten. Alles nicht so tragisch.

Es sind diese kleinen optischen Nuancen, mit Hilfe der professionellen Visagisten perfekt in Szene gesetzt, die eine seltsam unruhige Stimmung im Volk ohne größere Worte verbreiten. Wozu auch reden. Bilder sagen mehr als tausend Worte, wenn es denn auch hoffentlich die richtigen Bilder sind.

Die Palette martialischer Stimmungsmache durch heiße Action-Bilder ist noch längst nicht erschöpft. Die nächste Eskalationsstufe einer knallig-optischen Kriegsberichterstattung wurde bereits vor einiger Zeit erreicht: Im vorigen Jahrtausend war es ein im Medien- und Presserecht unausgesprochenes No Go, Leichen zu fotografieren und diese Bilder in den Medien zu veröffentlichen. Rechtzeitig zu der sich anheizenden Phase des Ukrainekriegs fiel diese

Regelung. Zunächst wurden noch verpixelte Leichen gezeigt, dann aber hier und dort auch Leichen im gottgewollten Originalzustand. Die Medien ziehen in vollem Umfang mit, zwar an die Front nur im sicheren Abstand von passenden Kameraeinstellungen, aber in der Intensität der Kriegsberichterstattung mit aller Unerbittlichkeit.

Besonders beliebt bei einigen Medienvertretern sind auch hübsche Bilder von explodierenden Panzern. Sie vermitteln direkte Betroffenheit bei den Betrachtern. Einerseits sind diese dezenten Motive für jeden Menschen, der noch den elementaren Prinzipien des Humanismus verbunden ist, extrem schwer emotional zu ertragen. Andererseits gaukeln sie auch eine solch verlogene Scheinsicherheit aus einer nur scheinbar sicheren Beobachtungsperspektive vor. Im Moment der Aufnahme dieser explodierenden Panzer STERBEN Menschen durch die Aktionen anderer Menschen. Ihr Leben wird ausgelöscht, kommt - im wahrsten Sinne des Wortes - an einen toten Punkt. Aber die wackeren Medien suggerieren und wollen Glauben machen, dass diese elektronischen Massenmorde kein Problem seien, weil der Ort des realen Tötens - also der Tatort - sich weit genug von einem entfernt befindet.

Es wird durch die nicht selten parteiisch agierenden, fast schon kombattanten Medien geflissentlich verschwiegen, dass es für die mordend-modernen Super-Waffensysteme heutzutage kein Kunststück mehr ist, mit ein paar simplen Mouse-Clicks genau dort auf dem Sofa ins weit aufgesperrte Auge des Betrachters einzuschlagen, wo sich der um den Sieg der richtigen Kriegspartei mitfiebernde Kriegsfan scheinbar in Sicherheit wiegt, oder wo die voyeuristischen Redakteure große Stielaugen machen. Zuviel Sterben der Anderen birgt immer auch eine latent-eskalierende Gefahr, dass das eigene Sterben in Siebenmeilenstiefeln unvermittelt-undiplomatisch heranrückt und urplötzlich im Raum steht, vielleicht problemlos in hübsch atomarer Überschallgeschwindigkeit. Bei ausreichend großer Übermütigkeit ist selbst das Zentrum Deutschlands nicht gefeit vor einem großen Knall.

Geschieht dieses bellizistische Großereignis, stellt sich in allen Medienredaktionen vollends überraschend die Frage, wer davon adäquate Aufnahmen macht und motivierende Berichte für die Allgemeinheit schreibt. Was auf diesen Aufnahmen dann gezeigt und der Allgemeinheit zumutbar ist, wurde zum großen Glück ja schon ausgetestet und als wertvoller journalistischer Standard zu und in Kriegszeiten festgeschrieben. Was täte die Allgemeinheit bloß, wenn sie ihre wort- und bildgewaltigen Medien mit den passenden Medieninhalten zur richtigen Zeit nicht hätte: Vielleicht etwas friedlicher und kontroversfreier leben?

XXII.

Multimediawelt lernt Krieg

Durch behutsame Kriegsberichterstattung vermittelt Krieg die richtigen Farbtupfer von Zartrosa bis Dunkelrot durch selbsternannte Kriegsreporter

Alles fing ganz harmlos an, vor rund sechzig Jahren: Das TV-Programm der siebziger und achtziger Jahre des vorigen Jahrtausends versetzte uns in eine Wirtschaftssupertrance-Hypnose-Phase. Zwischen älteren Spielfilmen mit liebenswerten Schauspielern, die den Krieg aus eigener Anschauung kannten, tauchten Showmaster mit persönlichen und inhaltlichen Formaten auf. Der legendäre Hans-Joachim Kulenkampff bereitete sich nie großartig auf seine Show-Sendungen vor. Er war einfach so. In dieser umfassenden Harmonie kletterte dann so ganz still und leise auf schwebenden Sohlen der eine oder andere Vorläufer von Comedy-Sendungen. Man weichte die Krawatten-Anzug-Formate alter Prägung mit Showtreppe nach unten ganz langsam auf. Fernsehen wurde einer leichten Mutation unterworfen, in erster Linie die Programminhalte, aber natürlich auch das gesamte Publikumsverhalten. Insbesondere die seinerzeit schon Älteren durften erstmals - noch verschämt - staunen, was durch eine progressive Handhabung diverser Show-Formate alles zur Bespaßung der Bevölkerung möglich wird. Alfred Tetzlaff ist und bleibt in diesem Kontext unvergessen.

Parallel zu den goldenen Nachkriegszeiten der Bundesrepublik trat der Computer mit seiner Spielart des Personal Computers seinen ganz großen Siegeszug an. Nach kurzer Einführungsphase tummelte er sich in fast jedem Kinderzimmer in irgendeiner Form. Der Grundstein war gelegt, wie eine Kaulquappe bei ihrem Entwicklungsprozess eines ausgewachsenen Frosches, an dessen Metamorphose zum Prinz gearbeitet werden musste.

Ein wenig langsamer zu technologischen Quanten-sprüngen des neuen Technikpartners namens Personal Computer (PC) stolperten die Inhalte hinterher, die man für die aufgeregt-neugierig konsumerwartenden Fangemeinde passend machen wollte. Die Homepages diverser PC-Protagonisten brachten aber nicht den ganz großen Erfolg, so dass man darauf warten musste, dass man, nachdem der PC über die Smartphone-Entwicklung perfekt Laufen gelernt hatte, der User selbst die Inhalte schuf. Damit waren dann endlich alle Tornados und Hurrikans dieser Welt aus der Büchse der vollbusigen Pandora. Alles stand am PC-Firmament, führte von da an ein damals noch weitgehend unkontrolliertes Eigenleben, zerlegte inhaltlich den einen oder anderen TV-Traditionswert. Der User an dem Drücker der vollen inhaltlichen

Macht: Allein. Selbstredend. Selbstgestaltend. Das kann nicht gutgehen.

Erst ein wenig später schwante den Multimedia-Machern weltweit, dass hier möglicherweise eine klitzekleine Panne historischen Ausmaßes unterlaufen sein könnte. Nachdem die User weltweit gelernt hatten, ohne Dritthilfe selbstständig-autonom Inhalte ins Netz und auf die eigenen Multimedia-Accounts zu pfropfen, war es vorbei mit der inhaltlichen Ausgewogenheit, um die sich das ARD und ZDF in der Phase, als Karl Heinz Köpke sich noch um 20:00 Uhr in der Tagesschau auf dem Bildschirm lümmelte und von Ernst Huberty im ARD-Sportstudio flankiert wurde, so nannyhaft kümmerten.

Die Autoren dieser weltweit ausstrahlbaren Inhalte waren nicht mehr kontrollierbar. Alle geflüchtet in das Paradies des ungebremsten Geschnatters. Die Devise lautete ab sofort: Quatsch as you can, bestenfalls: Quatsche as you can. Da die Europäer seit jeher ein kommunikationsstarkes Menschengrüppchen waren, begann die zügellose Plapperei auf allen Kanälen über Alles und Jeden ungebremst. Die Vertreter und Repräsentanten der öffentlichen Hand verstanden nur zu schnell, welche Segnungen dieses neue Medium für ihre Wahlkreise bedeutet: Man konnte seine Qualitätsansichten für ein bisschen Frieden nach dem Muster von Nicole zwangslos unter die Wählergemeinde und in die gesamte Welt bringen: Nicht nur Geiz, sondern auch Multimedia war auf einmal voll geil. Ein Wunder vom Himmel mit der Wucht aller Tornados dieser Welt: Das war die neu eröffnete Multimediawelt für die Protagnisten und Vordenker des Informationszeitalters, die aber einige in der sich damals schon abzeichnenden Rigorosität durchaus skeptisch sahen.

Die Corona-Pandemie ab 2020 und die Kriege sowie politischen Spannungen der darauffolgenden Zeit bewirkten, dass Multimedia zu einer Art Ersatzreligion der großen Menschenmengen wurde. Alles konnte zunächst einmal geplappert und zum Ausdruck gebracht werden. In den Clips und Posts und sonstigen Mini-Beiträgen war jeder selbst Drehbuchautor, Produzent, Regisseur und Schauspieler in einer Person. Mehr geht nicht an Personalunion in der Medienbranche. Unglücklicherweise auf der Strecke blieben Verantwortungsgefühl und Bewusstsein, was man denn der aufgeregt schauenden Truppe der Social Media Community denn so alles zumuten darf. Wo Fingerspitzengefühl und - vor allem - Selbstkontrolle sowie Eigenzensur erforderlich wären, kam es reihenweise zu Spontanäußerungen, gegen Rechts, gegen Links, gegen Grün, gegen Rot, gegen Blau, gegen Gelb, gegen alle politische Farbschattierungen im Malkasten von van Gogh. Seine Farben benutzen viele zur Gestaltung ihrer Wortzeilen, mancher hätte sich am liebsten ein Ohr abgeschnitten. Aber für das Gros der Multimediabeiträge gilt, dass man sich viel besser kollektiv oder als Einzelkämpfer auf die Zunge gebissen hätte.

Das geschah aber nicht. Darum ergoss sich alles in die weit offenen Kanäle des Internets mit zum Teil scheußlichen Folgen. Niemand wünscht sich wirklich Berichterstattungen von der Front des Ukraine-Kriegs, in denen schlimm zugerichtete Leichen zu sehen sind. Journalistisch ist eine derartige, auf Brutalität ausgerichtete Selbstberichterstattung auch nicht notwendig, weil jedermann weiß, wie es im Krieg unter den einstmals so zivilisierten Menschen zugehen kann. Multimedia wird da in letzter Konsequenz nur bedingt benötigt. Mit dem Argument, man wolle nur die Wahrheit von der Front in das Publikum 1500 Kilometer oder noch weiter transportieren, kommt man nicht weiter, weil das Publikum ja aus Demokraten besteht und aufmerksam den gesamten Geschichtsunterricht mitverfolgt hat. Da wurde doch aus Kübeln Bildungsinhalte und Weisheiten der Grausamkeiten des Kriegslebens auf die Eleven in den Schulklassen herabgeschüttet. Warum also - jetzt noch gewissermaßen als kostenlose Zugabe - diese grausamen Bilder vom Leid der Anderen?

Hier baut sich dann bei den Protagonisten solcher Multimediakanäle eine gewisse Superstar-Attitüde auf, vollkommen unschön und so gar nicht passend. Man sollte eben nicht durchgestylt mit langen roten Fingernägeln, von handwerklich geschickten Kosmetikern angeschraubt, vor seiner winzigen TV-Ersatz-kamera aus dem eigenen Wohnzimmer über das Ableben der Kriegsteilnehmer spröde berichten. In der Vielfalt der dargebotenen Bildsequenzen geht dann oftmals unter, dass dort plastisch gezeigt wird, wie Menschen unfreiwillig über die Brücke gejagt werden, die für sie selbst zur Brücke von Arnheim wird: Arnheim-Brücken sind überall, selbst vom Festland Richtung Krim. Die Brücke als Symbol der Verbindung von Festland, und damit festen Boden unter den Füßen, sowie dem befreiten Inselstatus wechselt ihre verbindende Funktion und damit Symbolik, um zum Ort des Todeseintritts und der sinnlos-destruktiven Zerstörung zu werden. Wie von Sinnen nehmen eine kleine Schar von Menschen mit vorgegeben humanen Absichten den natürlichen Kraftorten ihre vitali-sierende Kraft und bestimmen in völliger Über-schreitung der eigenen Gestaltungskompetenzen, dass solche Plätze ab sofort zu Todeszonen werden.

Die eigenen Social Media-Mini-Feldherren stehen allerdings vor der schwierigen Aufgabe, selbst bestim-men zu müssen, in welche inhaltlichen Kontexte sie die Contents setzen möchten, die sie in die Köpfe ihrer manchmal eher unbedarften Follower pflanzen wollen. Zuviel Tod ist auch nicht gut. Eine geballte Ladung Leichen auf einen Haufen mit maximaler Negativ-Ästhetik wühlt dann doch schlichtere Gemüter auf, schafft etwas Magenverstimmung und latentes

Unwohlsein. Das könnte man alles noch im Namen einer seriösen Verbreitung demokratischer Universalziele verantworten, weil man alles ja vom Ende aus betrachten muss, wie es uns von einer großen Europa-Politikerin beigebracht wurde. Aber man sollte auch nicht das unkalkulierbare Risiko eingehen, dass die User sich in eine andere, vollkommen ungewünschte Richtung verbrüdern. Denn auch hier gilt das geflügelte Wort, dass sich manche kleineren Geister um den Hals fallen, wenn ein großer Gesamtstratege auf der Bühne auftaucht, der das Große und Ganze und Ewige und den Frieden für alle Zeiten im Sinn hat, um ein globales Universal-Multikulti-Weltreich zu schaffen, von dem er wohl vor der Allgemeinheit in gestanzten Sätzen permanent spricht, aber an vorderster Stelle seinen eigenen Platz in den Geschichtsbüchern der folgenden Generationen im Sinn hat. Es geht einfach nicht, dass manche Gemeinlenker, die aufrichtig und ehrlich nur das Wohl, Wehe und die Klimavorschriften der unwissenden Allgemeinheit als Werkzeug in ihren Satzbaukästen haben, in Vergessenheit geraten, obwohl sie mit diesem Werkzeuggeschirr so exzellent umzugehen vermochten. Vorhang auf zum großen Applaus.

Wenn es ans Eingeweid(ht)e geht, wird es auch für die Herrscher der Multimediakanäle schon einmal kritisch: Man muss diffizile Fragen beantworten, wieviel Tod den Followern nach der zehnten Fotoshooting-Retusche überhaupt zugemutet werden kann. Wenn der Kanal mit Leichen voll ist, dann muss eben auch einmal Schluss mit der objektiven Berichterstattung sein, selbst wenn der aufgeregte Multimedia-herrscher meint, dass aber dann wieder einmal die Wahrheit zu kurz komme. Die Ansiedlung und Kultivierung der Wahrheit, insbesondere seiner eigenen Wahrheit, erfordert ein schwerpunktmäßiges Kümmern rund um die Uhr, genauso intensiv, wie es die gängigen politischen Parteien sich für die kleinen Menschen auf der Straße schon seit Jahrzehnten auf ihre Fahnen geschrieben haben.

Wenn Kümmern aber bedeutet, dass es zu Kriegen und deren Darstellung in den Multimediakanälen mit allen denkbaren Schattierungen kommt, sollte man sich einmal überlegen, ob man überhaupt noch will, dass diese Art des Kümmerns weiter praktiziert werden soll. Zwischen den leckeren Früchten des Kümmerns und einem kläglichen Kümmerdasein unvermittelt in den Randrändern der Gesellschaften ist die Entfernung manchmal kürzer, als manch vormaliger Star, der aus seiner öffentlichen Rolle fiel, gemeinhin glaubt.

Aber der eifrig-flotte Kümmerer in den Social Media-Kanälen bleibt nicht zurück, er ist niemals ganz allein. Die Community vergisst nie, auch wenn die Community dann im schlimmsten Fall sich für ihn nur auf Google und deren Algorithmen reduziert. Die frohe Botschaft ist also, dass es unter der Gürtellinie weitergeht, selbst wenn die weiße Weste schon lange bekleckert ist. Der Kümmerer ist immer auch zu einem gewissen Grad ein Dranbleiber und simpler Follower seiner eigenen medialen Grundsätze.

Bei den in Beiträgen vieler click-wirksam zur Schau gestellten Frontverletzungen antiken Ausmaßes ist medial noch lange nicht Schluss: Wenn es nichts zu fotografieren und objektiv zu berichten gibt, dann erfolgt die qualitativ hochwertige Kommentierung des restlos unverdauten Geschehens aus dem eigenen Blickwinkel mit allem Enthusiasmus im Wiederkaumodus.

Dadurch öffnen sich Abgründe wie Methanlöcher in den Permafrostböden Russlands: Der Follower wird zum Gejagten seiner Community, die mit sinnigen bis ab und zu unsinnigen Kommentaren den Follower beglückt. Ihm bleibt überlassen, das in den Äther Geflüsterte oder Gedröhnte, möglicherweise auch vollkommen Zugedröhnte in einem ersten Schritt zu verdauen. Dabei steht an oberster Stelle der Tagesordnung, welche die Community durch Kommentare festschreibt, ob diese Kommentare auch der Etikette, Netiquette oder sonst irgendwelchen Quasi-Benimmvorschriften entsprechen. Die einzigen Benimmvorschriften, die in diesem Zusammenhang keine Rolle mehr spielen, sind die Regeln des Freiherrn von Knigge. Schon wieder einer aus der steifen Garde der ewig Gestrigen. Zurechtgestutzt medial auf

Zaungastgröße stört der Meister des guten Tons dann aber auch nicht mehr sonderlich.

Mit eiserner Faust eines Götz von Berlichingen und ebenso handfesten Sprüchen schafft der Influencer in seinem eigenen Kanal des ewigen Friedens emotionale Ordnung. Alles, was mit schrägen oder ganz schrägen Kommentaren so auffällt, wird verfolgt, gesperrt und gesäubert. Ja, hier tut eine hygienische Großaktion auch gut und ist von allen Seiten erwünscht.

Was nun der Reinigung der Gedanken anheimfällt in dem getippten Salat, müssen die Influencer selbst entscheiden oder staatliche Institutionen um ihren allwissenden Beistand bitten, die zumeist auch Kontakte nach ganz Oben kultivieren konnten. Ganz Oben bedeutet in diesem Zusammenhang nicht die Frontmänner der Religionen dieser Welt, sondern supranationale Manager der korrekten Sprachformulierungen. Es sind zwischenzeitlich genügend viel Behörden gegründet und im Umlauf, die aus sich heraus autonom entscheiden, was geschrieben und gesagt werden darf. Die kleine Schattenseite: Diese supranationalen Powerbehörden dürfen auch sagen, was eben nicht geschrieben und gesagt werden darf. Das Tohuwabohu ist vorbestimmt und bei der Budgetausstattung diese Super-Meinungsbehörden auch korrekt mit mehreren Millionen sparsam eingepreist.

Multimedia ist in seiner pluralistisch als von unten

gelebte Meinungsfreiheit unerschöpflich und damit eigentlich auf göttlicher Ebene angekommen. Außer allmächtigen Wesen in den Weiten des Universums gibt es nur Multimediainformationen von intelligenten Influencern, die sagen können, wie und wo der Zeitgeist heftig tickt. Der Zeitgeist, der durch die Influencer den Sprung ins Materielle des geschriebenen Wortes, Textes oder per Photoshop bearbeiteten Bildes schafft, ist die allerheilige Richtschnur im Gral der Meinungsfreiheit. Ohne Influencer, die sich um die Darstellung, Verlängerung oder den richtigen Zuschnitt dieser Nabelschnur aller Weltweisheiten aufopferungsvoll kümmern, wären die meisten Normalsterblichen verloren. Sie würden wie Falschgeld und ohne handfeste Orientierung in dieser Welt durch die Gegend laufen. Tristesse und Trauer würde diese Gruppe der Normalos aushalten müssen. Keine blinkenden Bilder. Keine kurzen Clips, appetitlich für maximal drei Minuten zubereitet. Leichte Kost. Freier Inhalt. Beliebigkeit. Leben und Freiheit: Kalte Leere, aber kein Sinn.

Mit Multimedia, Influencern, Followern und allen sonstigen Aposteln der Informationstechnologie ist eigentlich zum Glück die höchste Stufe der Wahrheit von der gesamten Menschheit genommen. Wir können endlich in Ruhe und in Frieden Wahrheit definieren. Behaupteten in früheren Zeiten einige verwirrte Zeitgenossen, dass die Wahrheit immer Dasjenige sei, auf was sich die große Mehrheit geeinigt habe, verschwindet dieser Satz nun, zum Glück aller, in den Dunkelwelten der Geschichte. Es gibt einen neuen Wahrheitsstandard, den die Menschheit sich durch ausführliche Kommunikation hart erarbeiten konnte: Als Wahrheit gilt einzig und allein die Lüge, die am häufigsten - bewusst oder unbewusst - in den Multimediamedien wiederholt wurde.

Jetzt ist er nun einmal da. Dieser Minimalstandard zur alles glückseligmachenden Wahrheitsfindung, der erlaubt, auf objektiven Fakten aufzubauen, selbst wenn sie möglicherweise etwas zwielichtigen Ursprungs sind. Vergessen wir gerne. Hauptsache, die Allgemeinheit ist glücklich, natürlich nur unter Berücksichtigung der allgemein kompatiblen Kriegsziele.

XXIII.

Verantwortung gegenüber der Umwelt

Klimaschutz in allen Lebenslagen: Die CO2 freie Kriegsführung beinhaltet ein unbegrenztes Forschungsfeld für aufgeweckte Wissenschaftler in aller Welt

Das faszinierend Schöne am Krieg ist, dass er wieder einmal ein wenig die Perspektiven zurechtrückt, die in den überlangen Friedenszeiten so völlig verrückt sind. Zuviel Frieden kann Probleme generieren, da einige Menschen damit nicht so recht umzugehen wissen. Wenn es dem Bürger zu wohl ist, dann geht er aufs Eis. Ein Programmsatz seit Jahrhunderten, insbesondere für gut betuchte Lottogewinner á la der Mutter aller Lottogewinner Lotto-Lothar, der schon leider lange verblichen ist, allerdings nicht im Krieg, sondern über seine per Glückskeks gewonnenen Millionen gefallen: „Sic transit gloria mundi". Wie gewonnen, so zerronnen. Schwarzblende des Schicksals für einen ganz Großen der Yellow Press.

So ist das auch mit dem Frieden und den daraus resultierenden wunderschönen Friedenszeiten. In der Neuzeit innerhalb unserer Breiten tun sich neue Erkenntnisse auf, die vorangegangenen Bürgern einfach verwehrt waren. Die Mittäter, Mitläufer, Mitstreiter untergegangener Epochen kamen durch sorgfältige Beobachtung des Startgeschehens zu Kriegszeiten zu dem Schluss, dass das erste Opfer im Krieg stets die Wahrheit sei. Die Wahrheit müsse weichen und fallen, für Irgendeinen, der den richtigen Durchblick hat. Also den ganz richtigen Durchblick von der Spitze aus, wo es in der Regel keine Normalsterblichen hin verschlägt.

Dieser Satz, als in Granit gemeißelte Erkenntnis formuliert, ist ein gewaltiger Trugschluss sondergleichen. Er ist absolut falsch, falsch, falsch. Man kann es nicht häufig genug staccatohaft wiederholen: Denn die früheren Kriegsteilnehmer verschwiegen oder übersahen geflissentlich, dass das erste Opfer des Kriegs natürlich unbestritten die Umwelt ist. Mühselig aufgebaute und in Gesetze formulierte CO_2-Standards, Wertetabellen zu verpufften Klimagasen, Ausstoßmengen, Feinstaubtabellen: Alles mit dem ersten Gedanken an den Krieg in Luft aufgelöst.

Der Grundsatz „Der Krieg ist der Vater aller Dinge" muss in puncto Umweltschutz in einigen Facetten und Sachnuancen einer inhaltlichen Aktualisierung und Neuinterpretation unterzogen werden: Der Krieg ist zwar schon Vater, zumindest ein Vater von Umweltschutz, soweit ganz richtig von den Alten Griechen erkannt, aber auf die grüne Transformationsphase auf Grundlage des Pariser Abkommens angewendet, bezieht sich die Vaterschaftsposition des Kriegs eher auf so eine Art nachträglich medizinisch oder gerichtlich festgestellte Vaterschaft.

Denn wenn die Keimzelle des Kriegs als fixer Gedanke in einigen Köpfen von reifen Vordenkern entspringt und sich in seinem bewahrend-schützenden Wesen langsam öffnet, dann verliert zunächst einmal der engagierteste Umweltschutz seine überragende sinn- und friedensstiftende Funktion für durchweg breite Bevölkerungsschichten. Ab sofort hängt der Umweltschutz als Mauerblümchen an der Mauer und ist voll gegen die Wand gefahren.

Dagegen werden Umweltstress und Umweltzerstörung in die erste Reihe der relevanten Gesellschaftsthemen befördert. Krieg fordert eine intensive Produktion verschiedenster Arten von Waffen, da allein auf diesem Weg die allseits geforderte Kriegstüchtigkeit auf Hochleistungsebene erreicht werden kann. Ansonsten bleibt ein Land schlimmer Under-Performer, was der maximale Störfall ist, der sich in einem Kriegsteilnehmerland ereignen kann. Eine solche Verteidigungsproduktion für den Angriff als Verteidigung kann zwar erfolgreich ins Ausland verlagert werden, idealerweise zum Beispiel in die unendlichen Produktionsweiten der USA, wie wir es als aufgeweckte Bürger gelernt haben. Aber dort ist diese Waffenproduktion ebenfalls alles andere als umweltschützend, da dank diverser Abkommen für Klimaschutz ja heutzutage alles irgendwie mit irgendwem und irgendwas hinsichtlich der Klimaauswirkungen im Zusammenhang steht.

Schon in der Startup-Phase des Welt-Erfolgsmodells Krieg fordert er definitiv weite Ebenen und große Spielfelder in natürlichen Räumen wie großen Wäldern und erntereichen Getreidefeldern, die wie selbstverständlich zu einer Art Abenteuerspielplatz auf Leben und Tod avancieren, wo die Auswirkungen dieser amüsanten Feuerspiele zu Lande und in der Luft vollkommen unwichtig, aber so etwas von unwichtig sind, wie man es sich überhaupt nicht vorstellen kann. Das ist gelebter Umweltschutz von Vertretern einer ab- und (eventuell auch) aussterbenden Art auf diesem Planeten.

Der logisch zwingende Schluss aus diesen Fakten der Erkenntnis: Schon mit dem allerersten Gedanken zu Kriegsvorbereitungen fällt der Umweltschutz als erstes Opfer wie ein morsch-hohler Baum im Wald. Erst nach Jahren - wie bei einem erfolgreichen Vaterschaftstest - wird Umweltschutz wieder zu einem echten Thema in der Bevölkerung hochstilisiert, das zudem per Politik die verdiente und wunderbare Renaissance erlebt, sofern Frieden eingekehrt ist und man wieder altbewährte Themenfelder scharfschalten kann, die Wucht-Potential zur Sinnstiftung von Bürgerbewegungen beinhalten.

Temporär aktiver Umweltschutz - in groß angelegten Bürgerbewegungen zu passenden Momenten inszeniert und organisiert - führt stets zu so lustigen Gesetzen und Produkten wie zu extensiven Windradproduktionen, Wärmepumpen und Elektro-Ladestationen, an die sich die Untertanen dann diskussionstechnisch abarbeiten dürfen, gerne auch in Talkshows. Erst dann ist Zeit, den alten Spruch „Schwerter zu Pflugscharen", der als verpönt etikettiert ist, neu mit umweltschützenden Inhalten zu erfüllen und aus vollem Umweltschutzherzen mit innerster Überzeugung zu formulieren „Kämpfer an die Wärmepumpen". Als Fazit bleibt festzuhalten, dass erst nach dem Krieg der Umweltschutz wieder seine altangestammte Maximalrelevanz als primärer Ordnungsfaktor in einer daniederliegenden Gesellschaft wahrnehmen kann. Das ist nun einmal so und der seit jeher konstruktiven Natur des Kriegs geschuldet.

Ein Schattendasein zu Kriegszeiten nehmen Flora und Fauna ein, auch wissenschaftlich. Es gibt kaum ernstzunehmende Gutachten darüber, welche Last die armen Tiere und Pflanzen tragen müssen, wenn in ihren Lebensräumen der allein von der Spezies Homo Sapiens zubereitete Krieg ausbricht. Man muss gar keine weiteren Gedanken darüber verschwenden. Allein das Leid der Tiere und Pflanzen müsste jeden vor Kriegszeiten maximal engagierten Naturschützer zum Radikal-Pazifisten mutieren lassen. Seltsamerweise tut es das aber nicht. Irgendwie ist es immer möglich, dem Krieg eine Existenzberechtigung zuzuschreiben. Wenn es um Krieg und vernünftige Kriegsproduktion und Kriegslogistik geht, muss Umweltschutz einmal kurz etwas stiller sein.

Irgendwo absolut verständlich, weil es ja um die letzten Dinge im ganz Großen geht, zum Beispiel die eigene Existenz und das eigene Leben. Wenn die eigene Existenz als DER Maximaleinsatz, den ein wackerer Bürger erbringen kann, auf dem separierten Spiel der Anderen steht, ist eine Interessensabwägung zwischen eigenem Leben und Umweltschutz sicherlich ausnahmsweise einmal kurzzeitig erlaubt und angebracht, auch mit dem Ergebnis, dass Einem Umweltschutz und Klima etwas egaler sein dürfen: Problem erkannt, Problem gebannt! Gratulation an Alle. Hurra, wir leben!

Wegen der zweifellos vorhandenen Relevanz zur Erhaltung der Umwelt und eines intelligenten Umweltschutzes ist die gesamte Riege der Kriegsverantwortlichen an dieser Stelle in der gesteigerten Pflicht, über alle Grenzen hinweg die Allgemeinen Geschäftsbedingungen der Lieferkettenvorschriften peinlich genau einzuhalten. Lieferketten ohne Grenzen, damit als logische Folge auch Vorschriften zu Lieferketten ohne Begrenzung. Mit ein paar politischen Bemühungen geht es dann ganz flott ohne große Zollformalitäten mit den Zulieferprodukten über Kriegsgebiete, Semi-Kriegsgebiete, eroberte Gebiete,

unter Beschuss liegende Gebiete, über Spannungs-
gebiete, über befriedete Gebiete und über das
Maximal-Friedensgebilde Europa, das nach einem
Wahlspruch der letzten Europawahl ja nur geil ist.
Leider war dem Wahlspruch keine Erklärung für die
im leichten Rechtsdrall schwebende Wählerschaft
beigefügt, wie es sich auf die Geilheit Europas denn so
am Ende des Tages auswirkt, wenn unglücklicherweise
eine Atombombe auf das wunderbare Politgebilde
runterplumpsen sollte.

Egal. Wichtig ist jetzt erst einmal, dass die
Lieferketten reibungslos funktionieren und nicht
gestört werden. Die Waffen wollen - wie die Ordnungs-
kräfte bei einem überregionalen Sportevent - an die
richtigen Plätze gebracht worden sein, bevor das
Spektakel losgeht. Die Herkunft der Waffen und die
Logistikunternehmen, die dabei Hand anfassen, gilt es
in dieser Vorbereitungsphase massiv zu verschleiern,
indem man besonders viele weiße Lieferwägen oder
Lastkraftwagen ohne verräterische Beschriftung der
Containerplanen über die Autobahnen rotieren lässt.
Tarnung ist alles, auch schon im Vorfeld der Explo-
sionen.

Was zum Glück nicht so wichtig ist, das ist die
Belastung des Klimas mit Kohlendioxid- und Fein-
staubausstoß aus den technologisch an den Belas-
tungsrand gekitzelten Abgasanlagen der Lastkraftwagen. AdBlue als Zaubertrank im Tank oder nicht: In

Krisen- oder Kriegszeiten müssen wir nicht auf das flüssige Innenleben der Motoren so genau hinschauen. Die Hauptsache, ein Zahnrädchen greift in das andere und lässt die Maschinerie auf Hochperfektion ablaufen, zum Wohle aller direkt Beteiligten. Dazu gehören weder die allgemeinen Bürger noch die engagierten Umweltschützer, die erst viel später nach fließender Eröffnung sämtlicher Fronten zum großen Knall an den Tisch gebeten werden, alles peinlich genau unter Beachtung der Reihen- und vor allem Rangfolge: Ehre, wem Ehre gebührt.

Ganz furchtbar auf der Strecke bleibt einmal mehr das umsatzgebeutelte und in letzter Zeit viel zu häufig verschmähte Elektroauto. Dieser Typ des eingeschränkten Mobilitätsgestells hat sich in letzter Zeit zunehmend zu einem belasteten Ladenhüter entwickelt, der bockig vollkommen unverständlich die Ecken der Verkaufsräume verstopft und dort achtlos stehenbleibt, obwohl die Qualitäten dieser Art der Fortbewegung doch sofort auf der Hand liegen. Krieg ist immer für jeden Betroffenen mit ein wenig Aufregung verbunden. Wie das große Feuerwerk ausgeht, wohin es sich richtet, welche Richtung es nimmt, wer am Ende des Tages verglüht ist, kann man einfach nicht voraussagen. Genauso kann aber auch Elektromobilität erlebt werden: Wer eine freie und intakte Ladestation findet, ob sie mit der Restladung des Stroms, der in dem Super-Maxi-Hochleistung-Charger

mit Druck und Gewalt gefesselt liegt, noch erreichbar
ist, wer am Ende des Tages auf einem wunderbar
brennenden Stück Metall mit wunderschönen Licht-
effekten, insbesondere bei Nachthimmel mit poetischen Polarlichtern, sitzenbleibt: Wer weiß dies schon
und kann dies voraussagen? Niemand!

Ist schon extrem tragisch, dass die ganze Elektromobilität in einem Kriegsgebiet wegen entspannter
Leitungen zum Erliegen kommt, gibt es noch eine viel
größere Katastrophe. Die Atomkraftwerke und sonstigen Energieversorgungswerke laufen fußlahm und
ihrem eigenen Exitus-Kollaps zu. Durch hinterlistige
Feindeshand bösartig der lebenswichtigen Kühlung
beraubt und unterbrochen, nähern die Atomkraftwerke sich in Kriegsgebieten behutsam dem vom Feind
erhofften, krachenden Supergau, vergleichbar wie in
Tschernobyl oder Fukushima.

Dem staunenden Weltenbürger bleibt vor Schreck
sämtliche radioaktive Luft zum Atmen weg. Man
schweigt und versucht, sich mit dem vermeintlich
Unvermeidlichen neu anzufreunden. Krieg in Grenz-
fällen, also besonders wenn er sich wieder einmal -
unter Beachtung der Fundamentallehren der
Geschichte - gen Osten richtet, erhält dann doch den
Anstrich einer gottgewollten Naturkatastrophe, auch
wenn man als Mensch ein wenig nachhelfen muss, dass
der Krieg in göttliche Dimensionen aufsteigt. So
unberechenbar ist eben die Mutter Natur, vor allem die

Natur der geistig auf Hochtouren laufenden Menschen, die als alleinige Initiatoren mit göttlichem Habitus hinter dem Getriebe der Kriegsmaschinerien stehen.

Große Friedensdemonstrationen im Stile der Siebziger oder Achtziger Jahre des vorigen Jahrtausends fallen kriegsbedingt unter den Tisch. Es gibt keine flächendeckende Reaktion des Umweltauditoriums oder überspannter Umweltaktivisten. Ist auch wirklich nicht nötig, weil die Menschheit genügend Erfahrungen in der Explosion von Atomkraftwerken hat.

Was allerdings fehlt, ist, auch bei den gebildeten und naturwissenschaftlich vollkommen bewanderten Grünen, die eine oder andere elementare Praxiserfahrung mit der Explosion von Atomwaffen in dicht belebten Gebieten der Industrieländer, speziell in einstmals hochtechnologisierten Industrieländern Zentraleuropas. Wie diese zu erwartenden Spezialeffekte sich auf das Wohlbefinden und Lebensqualität der dort dann hausierenden Erdenbewohner abstrahlt, bleibt einem aufgeweckten Feldversuch in Realtime überlassen. Proteste gegen dieses Vorhaben gibt es nicht. Die Hauptsache wird sein, dass die Liveschaltungen in die Sondersendungen der Fernsehstudios mit hippen Moderatorinnen, die weiß strahlende Sneakers tragen, und Multimediakanälen stehen und rechtzeitig bedient werden können. Viel Spaß allen edel und vornehm schweigenden grünen Umweltaktivisten in der bevorstehen Welt, in der die

Umweltwerte so richtig ausgelebt werden und zur Anwendung kommen. Das wird ein echtes Weltereignis zwischen Knüller und Knaller, zumal die Metamorphose vom Käfer à la Georg Samsa vom Umweltschützer zum UNWELT-Aktivisten ohne größere Komplikationen durchlaufen wurde.

XXIV.

Verantwortung zur Gesundheit

Der Krieg ist in allen Lebenslagen gut: Atombomben gegen Corona und andere Pandemien

Es ist einfach unbegreiflich, warum erdscheibenflache Argumente für Krieg in der Welt unkontrolliert herumschwirren. Wenn das leise Surren der aufkommenden Kriegszeiten wie ein blaues Band sich in die Lüfte des Himmels erhebt, dann ist der Moment gekommen, wo alle Corona- und Pandemiegefahren fallen und ein Schritt zurück in Reih und Glied treten müssen. Achtung. Der stärkste Befehl, der von oben kommen kann, macht die Runde ganz unkonventionell. Die Krankheiten sind nach der Umwelt und der Wahrheit das dritte Opfer der Kriegsaktivitäten. Waren vorher noch Alle bedacht, auf keinen Fall in Gruppen sich zusammenzurotten, in denen mehr als drei Personen im freien Gelände herumstehen, gab es Vorschriften zur korrekten Körperkleidung inklusive sexy Mundschutz à la Maulkorb für ausgewachsene Pittbulls, treten all diese modischen Accessoires in den Style-Hintergrund. Man benötigt allein junge begeisterungsfähige Menschen, die gerne über kontrollierte Kraftakte gegen Dritte mit denjenigen plaudern, welche die Musik auflegen und bezahlen.

Wenn man sich Mühe gibt, kann man ausgewachsene Parallelen zwischen Ein-Themen-Parade und anderen sinnvollen Gruppenveranstaltungen aufzeigen, weil ja zum Glück in solchen Phasen eines gewünschten und erforderlichen Zusammenrottens hinter einem ehrbaren Ziel und dessen kumulativer Erreichbarkeit Bakterien und Viren gerne ein paar Monate oder Jahre Urlaub nehmen.

Direkte Vorschriften zur Vermeidung von totbringender Super-Pandemien für Einsatzbeteiligte auf der richtigen Seite fristen auch eher ein Schattendasein. Braucht man im Endeffekt auch gar nicht, weil gesundheitsbewusste und um die Gesundheit hochbesorgte Organisatoren von sich aus schon ein extrem hohes Eigeninteresse besitzen, die hygienischen Standards im Feld und in Kasernen möglichst hoch zu halten. Krieg gibt es nur in hygienisch perfekter Struktur und Aufmachung.

Eine Bekämpfung der körpereigenen Viren und Bakterien ist von vornherein im Krisenfall eingeplant, da ja seit jeher der Grundsatz gilt „Ohne Mampf kein Kampf". Ein wunderhübsches Kriegsmotto, das der Sage nach von Attila, dem Hunnenkönig, in die karge Welt der Kriegskulinarik gesetzt sein soll. Die Versorgungsketten müssen auch für die Bäuche der Kämpfer stimmen und just in time darauf abgestimmt sein. Mägen aller Welt vereinigt euch. Dieses Prinzip als elementares Lebenserhaltungsprinzip erwacht zumindest so lange zum Leben, bis dann relativ schnell der Tod auf den Schlachtfeldern eintritt. Auch dort wie allerorten: Plötzlich und unerwartet.

Ein wunderbarer Zufall ist auch, dass Viren und Bakterien mittlerweile eine gewisse, sorgfältig künstlich anerzogene Basisintelligenz besitzen, die sie anwenden, weil sie ganz genau wissen, wo sie auftreten dürfen oder nicht. Das mit dieser andressierten Basisintelligenz ist irgendwie so wie mit den recycelten Schlagerstars vorausgegangener Epochen. Es gibt für diese Künstler eigens konzipierte Auftrittsformate, die dann mit Vorliebe von Öffentlich-Rechtlichen Fernsehanstalten aufgenommen und durch deren Zielgruppen-Publikum verköstigt werden. Es entstehen Klein- bis Kleinstreservate von Events, die bis ins Kindergartenformat hinein herunterdeklinierbar sind.

Viren und Bakterien wissen nun, dass sie unbedingt die Kriegsgebiete, konkrete Kriegsvorbereitungen und alle Kriegsausführenden von Gesetzes wegen meiden müssen, weil ansonsten sie sich der Sabotage der Hauptleistungsträger schuldig machen würden. Denn Gesetze, die verwaltungsaktsicher das besondere Gewaltenverhältnis des Militärs in puncto Pandemievorsorge mit intensiver Liebe zum Detail regeln, sind weitgehend unbekannt. Die von Haus aus mit einer gehörigen Portion KI ausgestatteten Bakterien und Viren machen das unter sich aus und finden einen Weg, genauer: Einen Ausweg ganz schnell und ganz weg von den mit banalem Krieg beschäftigten Einheiten.

Krieg als gruppendynamisches Großereignis kann auch spielend auf irgendwelche Gesundheitstests zu jeder Stunde des Tages verzichten. Da nimmt man es denn nicht so genau, was daran liegt, dass in der Logistik kaum freie Kapazitäten vorhanden sind, um irgendwelche Gesundheitstests auch noch zu den zahlreichen, sich unkontrolliert vermehrenden und erweiternden Fronten zu schicken. Die Logistikkapazitäten sind mit Waffenlieferungen und dem Nachschub an Material, aber auch kriegswilligen Soldaten befasst und vor allem restlos ausgelastet. Da ist für schmucke Wattestäbchen, die als wohlparfümierte Nasenkitzler gedacht sind, einfach kein Platz mehr vorhanden. Kann man gut verstehen. Man befindet sich ja nicht auf einer hartgesottenen Drogenveranstaltung mit Glückskeks-Naschereien.

Problematischer gestaltet sich der medizinisch korrekte Einsatz von FFP2-Masken in Krisen- und Kriegsgebieten. Die massivsten Interessenkollisionen scheinen juristisch bisher noch nicht ganz abgeklärt. In Kriegsgebiete stehen seit jeher normalerweise irgendwelche Atomkraftwerke taktisch sinnlos herum, die aber zu Glück schon rechtzeitig durch vorbildlichverantwortungsvolle Umweltpolitiker vor Start der kriegerischen Sandkastenspiele vom Netz genommen wurden. Die vormals als brillant gefeierten Meisterwerke der Energieversorgungstechnik eignen sich hervorragend als Zielobjekte für feindliche Punktlandungen und Generalangriffe.

Trifft ein Gegner nun im Übereifer des Gefechts eine AKW-Anlage oder schaltet er kurzerhand deren Kühlsystem aus, entfleucht unglücklicherweise ein wenig radioaktiver Abfall, was unter Umweltgesichtspunkten - wie im vorigen Kapitel festgestellt - zum Glück nur eine untergeordnete Rolle spielt. Im Prinzip nach internationalen Messstäben und auch sonstigen Individual-Maßstäben wirklich kaum der Rede wert. Es bleibt aber der auf die Pandemieattacken auf anderer Seite ausgelöste Strahleneffekt.

Für die von diesem Störfall betroffenen Soldaten stellt sich die hochproblematische Frage, ob bei kumulativer Kollision von austretender Radioaktivität mit Pandemieangriffen erst die FFP1-Masken vorschriftsgemäß aufzusetzen sind und danach die Atomschutzmasken samt Poncho. Welcher Angriff hat Vortritt bei spezifischen Gefechtslagen und muss ins Auge gefasst werden: Der Angriff der Bakterien/Viren oder der Angriff der Radioaktivität? Zurück im Feld bleibt einmal mehr der überforderte Soldat, da er zusätzlich noch mit Angriffen des Gegners zurechtkommen muss. Er führt also einen Drei-Seiten-Krieg, dessen Ende er wohl kaum lebend erlebt.

Die Luft zum lebenserhaltenden Atmen wird ihm

praktisch von drei Seiten genommen. Im Krieg haben Pandemiegesetze ihre wohlverdienten Kampfpausen, auch als Makro-Ordnungsinstrumente der besonderen Gattung. Regulatorische Lücken darin lassen sich insofern gut verkraften, als dass sie sowieso nur eventuell die dritte Regelungsebene betreffen. Die Soldaten sind sowieso verloren. Auch dort gilt bei endgültigem Austritt aus dem Soldaten-Dienstverhältnis zumeist die trostspendende Formulierung: Plötzlich und unerwartet. Kein Normalsterblicher kann solche Ereignisse verhindern, genauso wie diese verdammten Kriege im Osten.

Auf jeden Fall erfordert eine gesundheitlich korrekte Kriegsführung einen aktuellen Impfpass aller involvierten Soldaten. Das epochale Verwaltungsformular zur sofortigen Abklärung sämtlicher statuten-rechtlicher Gesundheitsfragen ist hart am Mann zu tragen. Im Spind auf den Stuben darf der Impfpass sich nicht nutzlos ausruhen. Der Impfpass muss mit ins Feld, notfalls bis zum bitteren Ende der Ausstellung eines Todesscheins, um dort nach erster Aufforderung durch die übergeordneten Kommandeure jederzeit präsentiert werden zu können. Zur Sicherheit aller anderen Soldaten.

Im Feld lauert Unvorhergesehenes aufgrund von Feindberührungen und Kontakten an jeder Ecke. Wie eine Fahrt zu einem bestimmten Ziel endet, bleibt beim Start in abzeichnenden oder bereits eingetretenen

Gefahrenlagen noch unklar. Die kämpfende Truppe weiß nicht so recht, wie diese Feindkontakte ausgehen. Die Soldaten wissen noch nicht einmal, ob es überhaupt zu einer Feindberührung kommen wird.

Der Gegner der Pandemie hat in deren Peak-Bekämpfung da schon klarere Konturen. Aufgrund der Bilder aus Bergamo weiß man, dass die Pandemie massenhaft Opfer binnen kürzester Zeit hinwegraffte. Als Ausweg boten sich dann zum Glück hochklassige Impfstoffe an, die halfen, den Feind Pandemie effizient in die Schranken zu weisen. Selbst harmloses Rand-Know How aus der Zigarettenindustrie als unverfänglicher Wissensträger half mit Intimwissen, die gesundheitsspendenden Ampullen richtig zu dosieren.

Die Impfung agiert nach wie vor selbstlos als übergeordneter und unverzagter Mitkämpfer, von dem man dennoch nicht so recht weiß und niemals erfährt, was denn so in ihm steckt. Die Impfung ist da. Die Impfung war und ist gut. Sie hilft bis heute den Soldaten, ein geordnetes Miteinander zu leben, weil jeder um den noch aktuellen Impfschutz des anderen weiß und sieht, dass gesundheitliche Ausfälle in den eigenen Reihen dadurch auf ein Minimum reduziert werden, eben dank der Warp-Impfungen.

Im übrigen kann das Thema Corona eigentlich in der Gesamtbetrachtung für die Allgemeinheit komplett ad acta gelegt werden. Unbestritten bleibt von vernünf-

tigen Menschen, dass Coronaviren existieren, die eine
ganze Menge Schaden anrichten, wenn sie unkontrolliert durch die Welt fliegen, speziell in Klimaanlagen
von Touristikfliegern jeder Art. Aber eine flächendeckende Gefahr durch Corona verschwand, als das
Thema aus den Medien sich Schritt für Schritt verabschiedete. Heute wissen die Nachrichtenprotagonisten
ja selbst nur in manchen aufgeweckten Fällen, wie in
dem Lockdown-Schockjahr 2020 die Berichterstattungen der involvierten Gesundheitsbehörden abliefen
und wer damals die Gesundheitsmanager in den ersten
Reihen waren: Aus den Medien, aus dem Sinn.

Schlagzeilen weg, Gefahr gebannt. Selbst Großveranstaltungen mit einer natürlichen Affinität zu erheblichen Zuschauerkapazitäten wie eine Fußball-Europameisterschaft sind in Deutschland wieder problemlos
durchführbar, also zumindest unter Corona-Gesichtspunkten. Entwarnung auf der ganzen Linie auf
Corona-Gesundheitsebene: Coronavirus im Ausgang
und weg, Impfung da, der überwiegende Teil der
europäischen Bevölkerung ist nach WHO-Standards
geimpft. Geld auf den Banken noch im ausreichenden
Maße vorhanden, obwohl eine hässliche Mini-Inflation
durchweg alle Sparguthaben anknabberte. Aber unter
dem Strich lässt sich mit ruhigem Gewissen sagen: Das
Leben hat sich zum Besseren gewendet und könnte so
schön sein, wenn nicht diese störenden Kriegsherde
weltweit wären und nach Beachtung und scharfen

Reaktionen riefen.

XXV.

Krieg ist aufregend wie eine Fußballweltmeisterschaft

Krieg und Sport: Die Muckibude ist out, stattdessen Outdoor-Training für die Letzte Generation ohne eintöniges Kleben auf der Stelle

Irgendwann in den Sechziger Jahren des vorigen Jahrtausends. Es gab noch einige Grundstücke in Düsseldorf, wo Kriegstrümmer zerbombt und zerschossen herumlagen. Die Beatles hielten Einzug per Fernsehen in die Ordnung deutscher Wohnzimmer der Nachkriegszeit. Nierentische und kleine Ohrensessel im Avantgardestil leuchteten in blassen Neonfarben. Als Kind verspürte man Geborgenheit. Wer es eine Spur traditioneller wünschte, konnte noch das eine oder andere Porzellanstück aus dem Jugendstil erkennen, also zumindest bei Oma und Opa, wenn die Bombenangriffe und Stadtkämpfe es nicht zerdeppert hatten.

Man bewunderte die Pilzköpfe der FabFour. Frisur als Lebensprogramm. Das machte Lust auf Mehr. Ging man aber in einigen Stadtvierteln dieser deutschen Großstadt vor die Haustüre, sahen diese Kriegstrümmer wie Mahnmale einer Epoche aus, aber einer Epoche, deren Duft und menschliche Katstrophe im

XXL-Format man als sensibler Zeitgenosse, unabhängig vom aktuellen Alter, noch mit der Nase wahrnehmen konnte. VW Käfer war Standard, Opel Kapitän gab es vereinzelt. Ein Porsche erregte regionale Berühmtheit als Blickfänger.

In diese Idylle hinein tauchte plötzlich in der Schule der Satz „Mens sana in corpore sano" auf. Der ungewohnte Klang machte diesen Satz erst recht interessant. Als wir die Übersetzung erfuhren, dass nämlich ein guter Geist in einem gesunden Körper ist oder sein muss, fingen wir an zu denken, dann mit unseren Familien zu diskutieren. Wieso kam man auf diesen Programmsatz in lateinischer Sprache? Die Eltern nahmen Rückgriff auf die alten Zeiten der Antike, in denen dieser Satz seinen Ursprung hat. Aber ein unbeschwertes Sprechen darüber war nicht so ohne weiteres möglich. Ein paar Jahre zuvor wurde dieser Satz von diversen staatlichen Stellen in verschiedenen europäischen Staaten in Beschlag genommen, um die Jugend zu bewegen, ihren Körper auf Vordermann zu bringen.

Aber warum regte man diese Ertüchtigung der eigenen Muskeln mit aller Kraft an. Darüber gingen dann die Meinungen in der öffentlichen Darstellung etwas auseinander. Während die zumeist noch jugendlichen Eltern sagten, dass es um einen fitten Körper für die nächsten siebzig Jahre ginge, erwähnten die älteren Menschen mit den unheilvollen Erfahrungen aus dem

letzten großen Krieg, dass ein starker Körper auch bei
Sondereinsätze, die der Staat zumeist den jungen
Männern einseitig, fast ein wenig diktatorisch verord-
net hatte, nicht gerade von Schaden sei. Mens sana in
corpore sano.

Für die damalige Jugend waren die unterschiedlichen
Interpretationen dieses Lateinslogans wirklich nach-
geordnet. Wir wollten die Beatles hören oder die
Rolling Stones, je nach Gemütslage, und das war
Programm genug.

Zwischenzeitlich sind Jahrzehnte vergangen, Die
technologische Entwicklung in den Ländern der Indus-
triestaaten verlief gewaltig, Sport war in diesen
Epochen nie weg vom Fenster, aber plötzlich, seit
wenigen Jahren ist Sport alles und Computerspiele
etwas, aber Naturwissenschaften zählen in der
öffentlichen Wahrnehmung kaum noch.

Machen Sie einen Test: Wer kann aus dem Stand den
Namen von jeweils zwei Professoren in den Fakul-
tätswissenschaften Mathematik, Physik und Chemie
nennen, ohne nachzuschlagen, also wirklich aus dem
Stand? Diese wissenschaftlichen Leistungen, die von
diesen Fakultäten erbracht werden, spielen einfach
keine Rolle mehr in der öffentlichen Wahrnehmung.
Sie haben ausgedient. Strom kommt eben aus der
Steckdose und Emails kommen aus dem Computer.
Mehr muss man doch nicht wissen.

Stattdessen erleben die Sportaktivitäten quer durch alle Altersschichten der europäischen Bürger fröhliche Urstände. Es geht aber nicht um Ballett für die Junggreise oder Baby-Senioren ab Ü40 (diese Altersgrenze ziehen einige besonders progressive Vordenker in der Greta-Generation). Es geht auch nicht um Tennis oder Golf, sondern es geht um Bergsteigen, Fahrradfahren auf Marathondistanzen, Mountainbike-Trails, Marathonläufe und Krafttraining der besonderen Art mit kleinen Vitaminpillen hier und dort als legale Auffrischer und Stimmulanzdropse.

Es scheint, als hätten ganze Generationen aller Repräsentanten eines Landes den Weg auf das Fahrrad geschafft und die Autos als böse Kohlendioxid-Schleudern der Schrott-Verwesung anheimgegeben. Allenfalls Elektroautos werden hier und dort noch als willkommene Ersatzvehikel angesehen, die man legitimerweise auch zum Einsatz bringen darf.

Dabei entstand auch ein durchaus problematischer Tempokult. In Tempo-Dreißig-Zonen erzielen die Fahrradfahrer neuerdings, da schon einige Zeit durchtrainiert, gefühlt Tempo 60-Geschwindigkeiten. Man bekommt Angst um weniger trainierte Strampler, speziell wenn sie im Fahrradkorb vor ihren Nasen noch kleine Hunde sitzen lassen. Auch Kinder in Körben auf der Fahrradstange, vorne und hinten, sind keine Seltenheit. Fazit: Seit wenigen Jahren strampelt - im wörtlichen, aber auch übertragenen Sinne - eine

255

Nation um ihr Leben.

Parallel dazu räumen öffentliche Hand und Medien dem Sport fast aller Kategorien ein weites Feld auf. Besonders Fußball ist auf den obersten Titelseiten mit denkbar größten Lettern. In den Familien wissen Alle zwangsläufig durch die aufdringliche Darstellung, was die Top-Shootingstars der Bundesliga-Mannschaften pro Monat und Jahr durch Dribbelarbeit verdienen. Sport ist ein neuer Leistungsmaßstab schlechthin. Wer im Sport schlecht reüssiert und dementsprechend noch überflüssige Kilos auf die Waage stemmt, verliert seinen Status als normales Mitglied der Gesellschaft und wird ein wenig so behandelt, als seien zunehmend Sonderbehandlungen der vielfältigsten Art erforderlich.

In diesen aufkeimenden Supersportgeist siedeln sich auch immer weiter Sportarten an, die früher eher ein Mauerblümchendasein fristeten. Basketball war kaum in den Medien existent, bis Dirk Nowitzki diesen Sport in Position brachte. Gleiches gilt für American Football. Taylor Swifts Freund sei großer Dank! Wer von schmächtiger Figur, dem bleibt zum Trost das harmlose Werfen mit Pfeilen auf Dart-Weltmeisterschaften. Endstation dieser Spirale in eine körperlich ruhige Richtung ist dann aber der Pokertisch, wobei die daran stattfindenden Kämpfe auch den Sprung in die Primetime bei manchen Fernsehsendern bewältigen konnten. Das ist eine echte Leistung.

Ein Aspekt in all den Sportarten ist bemerkenswert und findet seinen Weg in das weite Feld der öffentlichen Darstellung, das dann aber doch nicht so weit ist, wenn man einmal mit offenen Augen hinschaut: Alle Sportarten sind Kampfsportarten im wohlverstandenen Sinne. Es geht um das direkte Aufeinandertreffen und Kräftemessen mit vollem Körpereinsatz. Es geht um Siegen und Besiegtwerden. Es geht um das extensive Feiern von Triumphmomenten oder das ausgrenzende Erleben der Niedergeschlagenheit nach einer Niederlage. Sport wird erfahren als Kampf, Mann gegen Mann. Was fehlt, ist Sendezeit als Raum für Darstellungen, dass man in konzertierten Aktionen gemeinsam etwas schaffen kann, was alle, die daran mitwirkten, weiterbringt. Das Auf-der-Strecke-bleiben eines oder mehrerer Kandidaten ist in, das kooperative Aufbauen mit gemeinsamen Kräften eher out.

Sublim findet sich der Kampf als menschliche Grundinstitution auf dem Bildschirm wieder. Die Betrachtung dieses Kampfes vermittelt dem Zuschauer, der gerne unterhalten werden will, das Gefühl, dass es immer und stets Sieger und Besiegte geben muss. Die Grundsätze, dass Alle mitgenommen werden müssen, und dass es jetzt nur noch Sieger geben darf, verschwinden aus der öffentlichen Darstellung und damit auch aus dem zwischenmenschlichen Diskurs. Kampf ist das Motto. Und nur wer richtig kämpft um den Sieg, ist ein Held, der mit ein paar Minuten

Sendezeit abgespeist und einem meistens eher ästhetisch fragwürdigen Blechpokal belohnt wird.

Bitte nicht falsch verstehen: Sport ist sinnvoll, Sport ist ideal für das Training des Körpers. Sport belebt. Aber müssen immer die Kategorien von Sieger und Besiegten in einer simplen Polarität im Bewusstsein der Zuschauer gezeigt werden, so dass andere, ebenfalls legitime, sogar wertvolle Ziele als Siegenwollen vollkommen dadurch erdrückt werden und aus dem Bewusstsein verschwinden?

Mit den Gefühlen und Gedankenwelten der Zuschauer kann man noch etwas mehr spielen und kommerzielle Spannungen aufbauen. Gewisse Sportarten und deren Wettkämpfe eignen sich geradezu perfekt, dem Zuschauer zu suggerieren, dass es um Leben und Tod im wahrsten Sinne geht. Der Zuschauer wird eingeladen, emotional Partei zu ergreifen und damit auf einer Stufe - stellvertretend durch den Sportler - ebenfalls mit dem Einsatz seines Lebens um das eigene Leben zu spielen. Hervorragendes Beispiel sind Formel 1-Autorennen. So ganz sicher kann man sich von der ersten Minute an nicht sein, dass alles glattläuft. Die nächsten sechzig oder mehr Runden kann immer noch etwas furchtbar schieflaufen. Genau darin liegt die Attraktion dieser Veranstaltungen des Motorsports. Und mitunter kracht es dann auch so richtig, wenn einmal bei Rennen etwas komplett in die Leitplanken fährt.

Direkte und indirekte Kampfsportarten laden zum Kampf und dem aktiven Durchleben von Kampfsituationen ein. Genau diesen Typ von Sportler brauchen wir, wenn aus dem Sportkampf dann urplötzlich einmal ein echter Kampf in der guten weiten Welt wird. Für diesen Moment, wenn die Menschen an die Front geschickt werden, wurden sie lange von Medien unbewusst konditioniert, über Spaßveranstaltungen an das Thema der aktiven Auseinandersetzung auf Schlachtfeldern eingeführt. Der Sprung von dem, was über Jahre in der Theorie gelernt wurde, hin zum ersten realen Schuss auf einen Gegner, kann mit einer Mischung aus geschickten Argumentationssträngen und Direktmotivation in den verschiedensten Spielarten geleistet werden.

Es gibt auch Sportarten, welche ein Mitgefühl für den unterlegenen Gegner systematisch in neue Tiefen hinabgleiten lassen. Wer als Boxer zu viel Mitgefühl für seine Gegner übt, wird schnell zum zweiten Sieger im Boxring. Der Boxkampf ist von vornherein auf das maximale Verlieren gepolt, am besten noch mit spektakulärem Abtransport zum mehrwöchigen Krankenhausaufenthalt. Das alles ist völlig in Ordnung. Dagegen ist nichts einzuwenden, aber wenn man diese Sportarten aktiv in den Medien als Vorschlag zur gelegentlichen Selbsterfahrung angeboten bekommt, dann sollte einem bewusst sein, welche Kampfwelten sich einem öffnen und wie man mit diesen Welten umgeht und mit welchen Zielen man sich darin bewegt.

Um jetzt auch noch die Koedukation der Siebziger Jahre, also das gemeinsame Unterrichten von Mädchen und Jungen auf die Spitze der Vollendung zu treiben, gehen die Drehbuchautoren der Sportangebote im öffentlichen Raum nun einen weiteren Schritt: Seit einigen Jahren werden Sportarten, die vormals nur eine männliche Domäne waren, auch von Frauen zunehmend dominiert. Dabei ist Fußball auf Weltniveau noch das kleinere Thema. Damenboxkämpfe rückten gerade in den letzten Jahren in den Brennpunkt der Aufmerksamkeit. Und damit sind jetzt nicht die Boxkämpfe gemeint, die als Showeinlage von altersweisen TV-Moderatoren mit ausgewiesen international erfolgreichen Damen des Boxsports angestiftet werden. Vielmehr geht es um die direkten Auseinandersetzungen junger Damen mit aller Schlagfertigkeit. Auch dies sicherlich eine geeignete Vorübung für zukünftige Spektakel auf großer Bühne in allen Herren Ländern dieser Welt.

XXVI.

Mode

In allen Zeiten hat Krieg eine unverwechselbare Ästhetik: Wichtig wäre ein Plädoyer zur echten Individualität statt krasser Uniformierung auf allen Rängen

Mode und Krieg ist ein ganz heißes Thema, und zwar ab dem Moment, wo Mode gar nicht mehr so cool daherkommt, wie sie sich selbst feiert und daherkommen will. Mode läuft Gefahr, in Krisenzeiten instrumentalisiert zu werden, wie so viele Bürger, die unerschütterlich an die Gerechtigkeit der zutiefst ungerechten Verführer in Abgründe der Gesellschaftsformen glauben. Im Endeffekt stirbt echte Mode in Krisenzeiten, weil auch sie instrumentalisiert wird. Die Instrumentalisierung als eine Methode, Inhalte zu übertragen, ist von vornherein nichts Schlechtes. Aber wenn Konformität auf einem gewissen breiten Level geschaffen wird, dient er von seiner Intention der Implementierung einer autonomen Ordnung und wird urplötzlich zu einem makrogesellschaftlichen Ordnungsfaktor degradiert. Auch eine gute Erziehungsmethode für das große Ganze.

Mode dient auch, und zwar vordringlich dazu, die Herzen des einen Menschen für einen anderen liebenswerten Menschen höherschlagen zu lassen. Aber erhöhte Hormonwerte aufgrund schicker Kleidung und äußerer Attraktivität lösen zwischenmenschliche Bindungen aus, die es schwerer machen, Menschen als aktive Kriegsteilnehmer zu gewinnen. Brioni-Anzüge à la James Bond waren gut, sexy und gestern ein echter Hingucker. Heute muss eher tristes Olivgrün, ein mittlerweile in der Öffentlichkeit gekonnt platziert und eingeführt etablierter Farbton, herhalten, um die Kleidung auch für das andere Geschlecht oder den gewünschten Partner ansprechend werden zu lassen.

Das kleine Problem ist nun, wie man die international gesetzten Vordenker und Ästhetikpäpste der Modebranche dazu bringt, in Olivgrün und kriegsgerecht zu denken, zu kreieren und zu schneidern. Es sind vollkommen neue Ansätze in die betuchten Zielgruppen zu transportieren. Das Konsumverhalten hat anderen Kriterien zu folgen als bisher: Funktionalität und Gleichförmigkeit ist Trumpf. Der Effekt der Verführung muss ein paar Kilometer zurücktreten.

Der wichtigste Schritt ist das Inszenieren des neuen Postulats einer allesbefreienden Bequemlichkeit von lästigen Grundsätzen und Zwängen. Die virtuose Einführung des Minirocks als ultimatives Zeichen der männlichen Träume war das Signal zur ungezügelten Freiheit im unteren Bereich. Ein Blick in vorige Jahrhunderte bestätigt und zeigt, dass Mode sehr begehrenswert und äußerlich attraktiv machen kann, aber manchmal gewisse harmlose körperliche Leiden den Protagonisten abverlangt. Das Abschnüren der Hüfte zur Wespentaille wollte gelernt sein. Wer sich ein wenig in der Dosierung des Riemendrucks irrte, landete schnell als gefallenes Mädchen auf dem Boden der schmerzhaften Tatsachen. Ein derartiges Schmerzevent, auf das die Gesellschaften dann auch schnell wieder verzichteten: Dies muss wirklich nicht mehr sein im Smartphone-Zeitalter mitsamt allgegenwärtigen Gewicht-Apps in einer neu aufstrebenden Kriegszeit.

Auch die damals obligatorischen Riechfläschchen verloren ihren Kultstatus in den Tiefen der Handtaschen der Damenwelt. Da gibt es heute ganz andere Dinge, die man als Frau von Welt in seiner Handtasche mitführen sollte. Allzeit zum Einsatz bereit, aber mit Sicherheit nicht das Duftfläschlein. Das ist die modern-mondäne Devise.

Modeschöpfer und Kleiderdesigner müssen jetzt einmal ihre stilistisch verengten Schmalaugen mit aller Vehemenz zum Wesentlichen in der Mode öffnen und einen Blick in andere Länder außerhalb von Zentraleuropa werfen. Da geht auch die Post ab. Da gibt es seit Jahrtausenden ungemein aufregende Kreationen für Mann und Frau. Die wichtigste Botschaft aus diesem Modestil an alle Modeschöpfer in Paris, London, Mailand und New York ist zweifelsfrei, dass Mode bequem sein muss. Also am Ende des Tages ohne Form und Haltung.

Es war in den letzten Jahren auf einigen internationalen Modeschauen zunehmend der Trend zu erkennen, dass Haute Couture absolut bequem sein muss. Mode ist dann gelungen, wenn man bereits beim ersten Anblick die Augen vor Staunen in alle Richtungen dreht und im Inneren die Frage auftaucht, warum eine solche Fashionkreation überhaupt getragen werden soll.

Und das ist dann auch das ganze Geheimnis: Je bequemer Mode um den Körper herumschlabbert, desto besser eignet sich dieser Modestil in Krisen- und Kriegszeiten. Schlabber-Looks, eine in der Modewelt durchaus ernstzunehmende Bezeichnung, fokussieren den Blick des Mannes auf das Wesentliche in sich abzeichnenden Frontalauseinandersetzungen. Man ist nicht abgelenkt von der Grazie und dem Charme eines Kleidungsstücks an einer Dame. Schlichtheit wirkt und macht keinesfalls sinnbesoffen. Das ist der letzte Schrei der Mode vor dem letzten Schrei auf dem Schlachtfeld. So geht die Reduktion auf das Wesentliche mit Kleidung. Der Mensch steht ab sofort im Mittelpunkt, nicht das elegante Kleidungsstück.

Um jetzt diesen Trend an breiter Front loszutreten, bedarf es einiger kleiner Kunstkniffe. Der wichtigste Kunstgriff ist, einen Baby-Teenie-Star zu kreieren, am besten in Hollywood, den man vom ersten Tag seiner

Karriere in einen Trainingsanzug und weit aufgeplusterten Klamotten steckt. Am besten so eine Art lebender Kartoffelsack gilt es zu kreieren. Dann ist das Ziel erreicht. Wenn danach Millionen, noch besser Milliarden von jugendliche Followern vor Aufregung kreischen und den Kartoffelsack als das Non plus Ultra in der Modewelt ausmachen, ist ein neuer Trend geboren, der in sämtlichen Metropolen dieser Welt im Gleichschritt Einzug hält.

Der erste Schritt zur sachgerechten Kriegskluft ist zurückgelegt: Funktional, aber dennoch schwer elegant. Mit solchen Kleidungsstücken lässt sich auch nach Abschluss der Kämpfe weltweit ein Staat machen. Die Schlichtheit der Person steht ab sofort wieder im Vordergrund. Und Sorgen darüber, dass man bei Besuchen in Kriegsgebieten zu elegant angezogen sei, kann auch jedem genommen werden. Man lebt für die Gemeinschaft und legt Individualmerkmale seiner Persönlichkeit im Vorfeld von Freund- oder Feindberührungen schon einmal ab.

Da Krisen- und Kriegszeiten folglich nach den einfachen Dingen des Lebens schreien, schlägt sich das natürlich bis auf die Schuhe durch. Früher suchte man in seinen Stamm-Schuhgeschäften nach eleganten Lederschuhen. Heute absolute Fehlanzeige. Komplett tote Hose, bis auf ganz wenige Ausnahmeschuhgeschäfte in der Provinz. Lederschuhe finden keinen Absatz mehr. Es muss sogar mittlerweile bezweifelt werden, ob Lederschuhe noch für eine kleine, aber zunehmend unbeachtliche Minderheit im Bürgertum hergestellt werden.

Anstelle der klassisch schon an Königsfüßen bewährten Haferlschuhen sind nun funktionsfähige Sneakers im Volltrend. Passend zu Krisenzeiten machen Sneakers leise. Ohne jedes Geräusch sich vorwärtsbewegen, das gefällt offensichtlich der Mehrheit. Man wird auch selbst gedämpfter, ruhiger, entschleunigter und unterdrückt jedes Gehgeräusch. Das Heranschlängeln passt womöglich auch exakt in den aktuellen Trend der Zeit. Passend wie das Thema Krieg, das in den Mainstreammedien sukzessive und Millimeter für Millimeter in die Köpfe der Allgemeinheit hineingefüttert wird. Wohl bekommt´s! Auch Schlaffheit kann sich zu einem Lebensprinzip hochstilisieren, wem es denn so gefällt. Die Wahl der Schuhe ist jedem frei und unbenommen, steht aber unter dem Vorbehalt des tatsächlichen Marktangebots.

Sneakers sind auch im Feld von Vorteil, wenn sie einmal in Notsituationen außerplanmäßig getragen werden müssen und mit nur allzu menschlichen Elementen verunreinigt werden. Als leichtes Fußmaterial leisten sie hervorragende Dienste bei exzessiven Wassermassen, die von oben sich auf die hängenden Köpfe der armen Bürger ergießen. Sneakers können ohne Probleme in die Waschmaschine gesteckt werden, damit erweisen sie sich als perfekt pflegeleicht.

Nahtlos kann in Krisenzeiten auch Funktionskleidung hergestellt werden, die wertvolle Dienste bei ABC-Angriffen leisten. Seit Bestehen der Bedrohung von Massenvernichtungswaffen gibt es den Begriff der ABC-Angriffe, womit jetzt nicht die Rangelei der Kleinen im ersten Schuljahr mit irgendwelchen unterstützenden Kleinstgegenständen gemeint ist.

Wichtigstes Bekleidungsstück in solchen verheerenden Momenten ist der Poncho, eine Art Regencape, das man locker bei Gefahr im Verzug ständig am Körper trägt und bei Bedarf binnen Sekunden aus- oder aufrollen kann. Das Material dieses Kleidungsstücks erinnert an einen Zwitter zwischen Latex und Gummi, absolut kritisch für die Gemüter, die aus früheren Jahren einen gewissen ästhetischen Anspruch an ihre Kleidung stellen. Sie müssen angestammte Standards modifizieren. Im Krieg geht Sicherheit gegenüber dem modisch-trendigen Erscheinungsbild einfach vor.

Um die verschiedenen Generationen und Stilrichtungen - insbesondere junger Menschen - an den neuen Stil zu gewöhnen, müssen frühzeitig Impulse in den Äther geschickt werden. So vollkommen unvorbereitet dürfen die Jugend und die wichtige Zielgruppe der unter Fünfzigjährigen auch nicht sein. Diese unabdingbare Vorbereitung wird geleistet, indem man in bestimmten Filmen Modetrends inszeniert und über einen längeren Zeitraum einer Öffentlichkeit darbietet. Anschauung ist immer noch der beste Lehrmeister.

Wenn man dann auch noch die Botschaften des betreffenden Films mit dem Modegeschehen geschickt kombiniert, sind Wunder des Ästhetikwandels in der Zielgruppe im Bereich des Möglichen.

Selbst vormals hartgesottene Schlipsträger, Anzugfans oder Seidenhemdenfetischisten vergessen ihre Lieblingskleidungsstücke heutzutage gerne. Sie öffnen sich der neuen Moderichtung, weil sie per Anschauung gelernt haben, dass in die heutige Zeit ein anderer Kleidungsstil einfach besser passt und nicht von vornherein schon zu Reizthemen in freien Gruppen avanciert, ganz nach dem Motto: „Wie bist du denn der Zeit hinterher?"

Ist das auf den richtigen Kurs bringen der Kleidung in der allgemeinen Gedankenwelt schon eine Herausforderung, wird es dann aber so richtig kompliziert für die Macher der Zeitenmode, wenn es um maßgezimmerte Frisuren oder Tattoos geht. Der Kopf ist das optische Heiligtum für durchweg alle Menschen. Das Gesicht ist unverwechselbar und verleiht dem eigenen Kopf das klare Profil zum Durchblick.

Eine absolute Meisterleistung besteht aber darin, wenn ein Modetrend bewirkt, dass Kopf und Gesicht eine Frisur verpasst wird, deren Zurschaustellen in früheren Jahrzehnten ausschließlich bestimmten Bevölkerungsgruppen in Sonder-Gewaltverhältnissen vorbehalten war. Der berühmt-berüchtigte Armeehaarschnitt gehört als bekanntestes Beispiel sicherlich dazu, der sich jetzt nicht durch eine besonders virtuose Sensibilität in der Scherenführung auszeichnet. Er gab und gibt den Köpfen ein universell attraktives, durchaus gleichgeschaltetes Profil.

Den Modemachern der heutigen Zeit gelang tatsächlich, diese - wie man es auch nennt - „Topffrisuren" mit sauber ausgearbeiteten Ohren, ähnlich einer unkomplizierten Scherung, zu einem wertvollen Statussymbol werden zu lassen. Nur wenn die Ohren wie Rhabarberblätter frei vom Kopf abstehen und klar definiert wie wegen Überfüllung im Innenraum kurzzeitig ausgelagerte Minimuskeln aus dem Gehirn erscheinen, dann ist der Haarschnitt in letzter Perfektion gelungen. Großartig. Das sieht so gut und flott aus bei jedem, der es tragen kann.

In einer Gesellschaft ist alles in Ordnung, wo die Kleidung und der persönliche Stil einer gewissen Selbstständigkeit unterliegen. Vor fünfzig Jahren gab es als eingeführter Modetrend die Rocker, Popper, Punker, Jeansträger und andere Stilrichtungen. Jeder konnte für sich nach eigenem Gusto entscheiden, was er anzieht und wie er sich in der Öffentlichkeit zeigt, ohne Sorge haben zu müssen, sofort offen in eine Diskussion über die Angepasstheit seines Kleidungsstils verwickelt zu werden.

Müssen wir uns heute vielleicht irgendwelche leichten

Sorgen machen, dass die ganze Gesellschaft auf einem modischen Einheitstrip und bereits freiwillig uniformiert ist?

XXVII.

Krieg als Innovationstreiber der Energiewirtschaft

Die letzte große, weltweit thematisierte Innovation aus Europa war die Energiewende: Mehr Windräder in Kriegsgebieten - da geht noch was!

Krieg ist eine energiegeladene Angelegenheit, Krieg benötigt Energie in vielfältigsten Formen. Am Anfang stehen energiegespickte Sprüche der Kriegsorganisatoren. Zum Beispiel, dass Deutschland wieder gemustert wird. Alles erscheint ganz harmlos. Aber wer einmal eine Musterung in Zeiten der alten Bundesrepublik durchlief, weiß um das beklemmende Gefühl, das mit der Einladung zum Antrittsappell der Musterung verbunden ist. Es wird ernst. Das Leben ist der zur Diskussion stehende Einsatz. Es kann auch im Ernstfall vorbei sein. Aber ist es wirklich eine faire Diskussion?

Über der Musterung hängt immer wie ein Damoklesschwert der Hauch des Todes. Sensible Sneakerfans kann das ganz leicht verschrecken, selbst wenn sie sonst in den Bars als Mittelpunkt ihrer Freizeitaktivitäten wie James Bond auftreten. Plötzlich holt die Realität die kühnsten Abenteuerträume der

Powergenerationen ein und überrundet sie sogar. Eine neue Epoche beginnt, leider mit dem doch etwas hässlichen Fratzengesicht eines Krieges und dessen aufgeregte Vorturner.

Mit Start in das neue Weltengetöse namens Krieg kommen Innovationen zunächst einmal zum Stillstand. Waren ganze Legionen und Heerscharen kurz zuvor noch damit beschäftigt, die richtigen Standorte mit passender Windhöffigkeit für Windräder auszugucken, kommen diese innovativen Energieansätze jetzt zum Erliegen. Diese Funktionskapazitäten der Personal Computer von pfiffigen Energiearchitekten werden erst einmal im Aktionsmodus auf halbe Kraft vorausgefahren, weil Windräder einfach zu überdimensioniert sind, um unter solchen Umständen weiter gebaut werden zu können.

Es wird zwar von den Kriegsorganisatoren nach besten Kräften und Bemühen weiterhin viel Wind gemacht, mit Vorliebe im medialen Blätterwald und auf Social Media, nur bleibt dieser Wind auf seinem Weg in das Windradgetriebe großer Windparks unterwegs auf den letzten Meilen zum Durchdrehen hängen. Dieser Wind muss in die Gesellschaft und die Köpfe der jungen Menschen, damit sie sich einmal etwas frischen Wind um die Ohren wehen lassen können. Die geruhsamen Zeiten der Windstille sind vorbei. Ersatzlos gestrichen, erneut in puncto Klimaschutz: Aus die Maus.

Macht aber im Endeffekt nichts. Der Kriegsstart kann auch Auftakt sein, Planungen unter dem Schutzschirm öffentlicher Gelder und Fonds zu beginnen, ein vormals auch von Atomkraftwerken abhängiges Land mit neuen Windparks zu überziehen. Den geschundenen Menschen, welche die Leiden des Kriegs ertragen mussten, und zumindest mit ihrem Leben davonkamen, werden jetzt - ein zweites Mal - frontal von den Energieexperten für Windräder in die Strommangelwirtschaft genommen. So kann der Krieg ganz unbeabsichtigt auch zu einem Lotsen für neue regenerative Energiekonzepte werden.

Immer wieder stoßen die Qualitäten von echten Machern in diesem Zusammenhang dann aber an die Grenzen, nicht nur bei dem einen oder anderen maulenden Bürgern, sondern insbesondere der Physik sowie Thermodynamik. Die Vorstellung, dass man ein jedes Industrieland über Windräder mit Strom versorgen kann, ist wirklich ein wenig zu unsicher gedacht. Ein Windrad, das einhundertfünfzig Meter hoch und dessen Rotordurchmesser etwa 15 Meter ist, erzeugt je nach Auslegung - vollkommen vereinfacht ausgedrückt - Konsumentenstrom für rund 20 Einfamilienhäuser. Das sind jetzt schon einmal mehr als nur drei Häuser, aber: Es gibt diesen Strom nur bei durchschnittlichem Windaufkommen im Jahr über addiert rund 33 Tage, allerdings zu nicht vorhersehbaren Zeiten und von unterschiedlicher Dauer. Dem

Gepuste auf der einen Seite steht das Stromgeflackere auf der anderen Seite unerbittlich mit allen Gesetzen der Physik gegenüber. Ein Frontalangriff auf die Energiewirtschaft und Energiesicherheit des durch Krieg zudem schon verwüsteten Landes. Eine neue Form des Krieges macht sich dünn, weil unter diesen Umständen nun wahrlich nicht von „breit" gesprochen werden kann.

Kohle- Gas- und Atomkraftwerke können auch keine Rettung mehr bringen. Ihre Zerstörung wurde systematisch vorangetrieben. Die Lichter gingen aus. Die Stromnetze sind zerfetzt. Viele kluge Köpfe nach Beendigung des Krieges an der Front geblieben. Dunkelwelt, von hellen Köpfen der Kriegsstrategen in Auftrag gegeben. Dunkelheit, Kälte und Nässe sind auch in der Realität gelandet. Alles aus.

Dem Kriegsland würde jetzt ein Energiekonzept vom Nullpunkt an helfen. Energieerzeugung und Vertrieb müssten vollkommen neu gedacht werden, aber nur mit einer Richtlinie: Allein die Physik und die Machbarkeit der Finanzierung müssten im Vordergrund stehen. Dann hätte das Kriegsopferland eine gute Chance, sich als das modernste Land mit jeder Menge neuen Erfindungen zu präsentieren.

Die Hoffnung scheint allerdings vergebens. Nur wenige Sektoren sind so von Partikularinteressen und vor allem Ideologie durchzogen wie der Energiesektor. Es fehlt allerorten die Bereitschaft, die physikalischen Fakten emotionslos und vorurteilsfrei zu bewerten, um zugunsten der Bürger eine wirtschaftlich akzeptable und funktionierende Energieversorgung aufzubauen.

Ein weiterer Hemmschuh in diesem Kontext ist, dass die staatlichen Institutionen die zentrale Energieversorgung als Steuerungsinstrument der eigenen Macht nicht so ganz richtig aus ihren Händen entlassen möchten. Durch kontrollierte Energieerzeugung und Energiedistribution können Menschen wundervoll geleitet und in letzter Instanz sogar kontrolliert werden. Wer den Zähler hat, besitzt die Kosten. Wer den Zähler einstellt und auf Alltagsbetrieb eicht, hat die Power. Ingenieure müssen und sollten also ein Kriegsende in einem zerstörten Land als den ultimativen Weckruf ansehen, dass in dezentralen Strukturen gedacht wird, zugunsten der Menschen. Über dezentrale Stromspeichermodelle ist dies wirtschaftlich praktizierbar.

Eine erste Voraussetzung dazu wäre, dass strikt, aber wirklich absolut strikt mit aller Härte nur auf die physikalischen Gesetzmäßigkeiten als Leitprinzip geschaut wird, kindlich-naive Träumereien als Grundlage einer großflächigen Energieversorgung müssen endgültig der Vergangenheit angehören. Eine durchaus liebenswerte Medienbespaßung wie das Herausfiltern des Kohlendioxids aus der Luft muss ein für allemal der Vergangenheit angehören. Es macht eben keinen Sinn, in den großen Wüsten unserer Welt mit dem Staubputzen zu beginnen. Es geht wirtschaftlich nicht auf. Alles Schönrechnen läuft da nur noch in letzter Konsequenz auf ein Schönbeten hinaus. Glaube kann zwar Berge versetzen, harte Fakten lassen genau diese Berge dann wieder zerschellen und bringen sie zum Einsturz. Fertig. Punkt.

Wenn ein Krieg überhaupt so etwas ähnliches wie einen Sinn besitzt, dann liegt diese Chance zur Sinnerfahrung darin, dass eine Gemeinschaft von Bürgern nach einem Kriegsende durch umfassenden Friedensschluss einmal mehr von vorne anfangen darf. Die Gnade der Stunde Null, wie sie ein Historiker einmal nannte, muss zugleich die Kunst folgen, diese Gnade richtig zu nutzen. Es ist wie die uralte Erkenntnis, dass es nicht reicht, eine Chance zu erhalten. Man muss darüber hinaus auch die Fähigkeit besitzen, diese Chance als Chance zu erkennen und mit eigenen Kräften zu nutzen. Das ist eine Kunst, die angewendet sein will, vermutlich allerdings eher weniger von Kriegsexperten.

Anstatt sich mit Wehrpflicht und Kriegstauglichkeit extensiv zu befassen, sollte man gleichzeitig parallel dazu auch einmal anfangen, sich darüber Gedanken zu machen, wie man ein Staatswesen auf ingenieurstechnologischer Ebene in seinen Steuer- und Finanzmärkten sowie dem Sektor Energieproduktion neu organisieren kann. Noch mehr Computeranwendungen sind da vielleicht nicht ganz der optimale Pfad.

Ein Beispiel könnte die Konzeption des Aufbaus einer industriellen e-fuels-Produktion als Substitut für die fossilen Brenn- und Kraftstoffe weltweit sein. Die Diskussion über die Sinnhaftigkeit der e-fuels-Produktion läuft seit Jahren, neuerdings auch mit einer gewissen Schärfe und verbalen Vehemenz. Ohne jetzt auf diese Diskussion eingehen zu wollen, fehlt in der öffentlichen Auseinandersetzung völlig die Darstellung der reinen Faktenlage. Es werden einzelne Behauptungen diktatorisch in den Ring geschleudert, wo in den ausgewählten Prämissen dieser Behauptungen schon Wertungen zugunsten der Erzielung des gewünschten Ergebnisses vorgenommen werden.

Als Beispiel sei nur angeführt, dass man bei den Produktionskosten von einem Liter e-fuels immer als einen Kostenfaktor den Kohlendioxidpreis in Ansatz bringt, da Kohlendioxid Verwendung finden muss, um die politisch gewünschte CO_2-Neutralität zu erreichen. Die Bepreisung kann um den Faktor Zwanzig variieren. Kohlendioxid, das aus der Luft extrahiert wird, besitzt eine komplett andere Kostenstruktur als biogenes Kohlendioxid aus Industrieabfällen. Stellt man aber bei der Kostenberechnung pro Liter auf den Kohlendioxidpreis, der bei Luftextraktion anfällt, ab, so ist es eine sehr leichte Übung, die Literkosten für e-fuels in Richtung Unendlichkeit explodieren zu lassen. So einfach kann Politik in der Energiewirtschaft

277

betrieben werden.

Bei der Beurteilung von Sinnhaftigkeiten einzelner Innovationen muss man sich ehrlich machen, und zwar ehrlich im naturwissenschaftlichen Sinne. Das Primat der naturwissenschaftlichen Gesetze kann man zwar leugnen und mit aller Kraft politisch in Abrede stellen. Das ändert aber nichts daran, dass die naturwissenschaftliche Wahrheit einen immer wieder einholen wird, spätestens sehr bald auf der Kostenseite von Innovationen. Dann spürt man, dass man am Markt vorbeigeplant hat, mit allen daraus resultierenden Negativfolgen für die betroffenen Bürger.

Innovationen sollten möglichst vielen Bürgern dienen und nicht in erster Linie der Manifestierung von konventionellen Machtstrukturen. Letzteres passiert aber häufig im Energiesektor, wo im Laufe der Geschichte der Menschheitserfindungen reihenweise Erfindungen politisch unterdrückt und mit deutlicher Gewalt zu Kosten der Allgemeinheit den Märkten vorbehalten wurden. Damit muss es jetzt ein Ende haben. Ein von Krieg gebeuteltes Land besitzt die Chance, insoweit Erfindungen - im wahrsten Sinne des Wortes - aus dem Geist auf die Erde zu holen, so dass neue Lebensqualität entstehen.

Eine mehr als lohnenswerte Aufgabe für die jungen Menschen und jüngere Generationen, um aus dem unglückseligen Kreis der dauernden Verhinderer herauszukommen. Die Menschen sollen nicht nur sagen, wogegen sie sind. Sie sollen vielmehr sagen, wie sinnvolle Erfindungen so substituiert werden können, dass sie nach Verboten den Menschen weitere Vorteile schenken. Konstruktivität statt kraftstrotzende Verbotskultur: Das sollte das allseits neue Leitmotto sein!

XXVIII.

Im Angesicht veritabler Kriegsrisiken verstummt Kritikfähigkeit

Fundamentale Kritik gegen Kriege als epochale Institutionen und staatliche Veranstaltungen bleiben aus, - ergo ist Krieg vollkommen in Ordnung

Eine kleine Schar von Menschenkindern trifft sich im sicheren Schutz eines Luxushotels bei leckeren Häppchen mit Lachs, Forelle, Rind und etwas Rotwein. Man hockt gemütlich beieinander. Eine intime Stimmung, da man sich gut kennt. Man steckt die Köpfe zusammen. Man versteht sich auf großer Linie wunderbar. Ein Luxushotel wiegt einen immer wieder in die Sicherheit seiner eigenen Hotelgeschichte mit großen Persönlichkeiten ein. Das nimmt die Angst, offen zu sprechen. Die Gedanken werden kühner. Die Erhabenheit der Architektur und Interieurs verleitet die Gedanken zu mächtigeren Ausflügen.

Es ergreift einen die Eigendynamik des Ortes. Wir leben für diese schönen Momente, atmen Weltgeschichte über Chateaubriand. Es schmeckt alles wunderbar. Und nun kommen wir zu den etwas haarigen Themen: Zu welchen Waffenlieferungen entschließen wir uns, um unsere Freunde zu beglücken, unsere Gegner noch stärker in die Ecke und in den Erdboden zu drängen? Das Arrangieren von Waffenlieferungen aus dem Bankettsaal eines Luxushotels fühlt sich wunderbar an. Die Security schirmt einen ab. Die Verantwortung trägt die Gruppe. Nur wirklich wichtige Persönlichkeiten schauen zu, blicken verständnisvoll milde auf die Entscheidungen, die man im alles umhüllenden Kollektiv trifft. Verstehen Sie doch, wir können nicht anders. Die Welt da draußen ist so böse und schlecht. Wir müssen gestalten und retten, auf ganzer Linie!

Ein paar tiefe Blicke des Verständnisses und der allseitigen Verständigung, einige Worte, leise in die Runde gehaucht. Der Todesdeal für zigtausend junge Männer auf der anderen Seite der Front steht und hat Konturen. Die Konturen der Waffentransaktion sind das einzig Wichtige. Die Gesichter der Soldaten, die Emotionen und Gefühle stehen abseits am Rande der Weltbühne, bereit ins Jenseits zu kippen.

Ist es das, was Menschen in dieser Welt als besonders erstrebenswert ansehen? Offenbar schon! Denn ansonsten wären die friedlichen und wortgewaltigen Proteste gegen diese Aktionen viel deutlicher: Der Atomwaffenbeschluss, die Stationierung der Pershing II-Raketen in der damals noch in Blüte stehenden alten Bundesrepublik. Diese politischen Entscheidungen riefen enorme Kritik hervor. Sondersendungen auf allen Kanälen des Fernsehens. Belagerung des

Verteidigungsministeriums auf der Hardthöhe in Bonn. Das volle Protestprogramm, allerdings friedlich und mit enormer persönlicher Wucht der aufgebrachten Bürger vorgetragen.

Was heute dagegen angesichts der schwelenden Weltkriegsgefahren zu sehen ist, bleibt im Ungefähren und Allgemeinen. Laute Rufe gibt es nicht. Aufopfernde private Aktionen? Komplette Fehlanzeige. Man daddelt lieber gemächlich vor sich her.

Das fast komplette Ausbleiben der Kritik berührt. Es macht mehr als betroffen, weil dort, in diesem Konferenzsaal dieses wunderschönen Luxushotels, nicht nur unsere Zukunft, sondern auch unser naturangestammtes Recht auf unversehrtes Leben direkt von einer kleinen Exklusiv-Gruppe zur Disposition gestellt wird. Dazu besitzen diese Protagonisten aber kein wirkliches Recht: Es gibt keine Angriffe auf die Nato, die Europäische Union, auf Deutschland. Diese Angriffe sind definitiv nicht vorhanden. Aber trotzdem wird die Konstruktion der Gefahr eines solchen „Angriffs auf die Demokratie" als wichtigster Grund inszeniert und zugleich gefeiert, um wieder einmal laut über Kriegsaktionen nachzudenken.

Kritik daran wird im großen Stil offensiv nicht zugelassen. Man unterbindet sie nur in Ausnahmefällen direkt. Zumeist würgt man die kritischen Stimmen vor Durchdringung der öffentlichen Sphären indirekt ab, indem man parallel in den Medien Nachrichten initiiert und damit indirekt schalten lässt, in denen Protagonisten in grüner Kampfkleidung zu sehen sind. Es gibt einige Bilder, auf denen der Präsident der Ukraine in weitgehend ziviler Kleidung zu sehen ist. Politiker der westlichen Nachbarländer aber in Kampfkleidung. Bilder sagen viel mehr als Worte. Die Art der Kleidung auf diesem Bild zeigt schon, wer intern in diesen Hierarchien auch einmal den deutlichen Ton angibt. Krieg gibt eben doch Gott von oben als natur-reales Schauspiel.

Man möchte aufstehen und mit aller Kraft schreien: NEIN. NEIN. NEIN - Ich möchte nicht in diesen sich anbahnenden Krieg hineingezogen werden. Ich möchte nicht Tötungsstaffage sein für eine kleinere Gruppe, die sich ganz eigenartige Gedanken macht und zu ganz sonderbaren Ergebnissen kommt. Ich will in Frieden leben.

Und diese Möglichkeit des Lebens in Frieden wird von dieser kleineren Gruppe dann verneint, weil es böse Staaten auf dieser Welt gibt, die keinen Frieden wollen. Wenn aber Kritikfähigkeit abhandenkommt und außerdem Ursache und Wirkung in winzigen Momenten und Details verwechselt werden, außerdem noch die Fähigkeit zur differenzierten Betrachtung schwindet, alles in Schlagwörtern fokussiert und allein mit Schlagwörtern diskutiert wird: Dann ist die Strecke zum ersten Schuss nur noch minimal. Ein paar

Schritte, ein paar Tage, Wochen oder Monate: Und endlich ist der erwünschte Krieg als Großevent wieder da.

Historikern wird die Aufgabe dann zugewiesen, einige Jahre nach dem Friedensschluss und Millionen Toten ein weiteres Mal die sinnlose Frage nach Ursache, Schuld und Sühne in gewaltige Worte zu kleiden. Sinnlos deshalb, weil sie bei wissenschaftlicher Nachschau voriger Kriege zur Genüge beantwortet wurde. Und in blumigen Festreden, die dann an den Brennpunkten der Macht in speziellen Veranstaltungen stattfinden, steht man ein weiteres Mal mit ungläubigen Minen und schmerzverzerrten Gesichtern, zusammengerückt im Gedenken an die eigenen gefallenen Söhne und Familienangehörigen, und stellt die zu diesen Anlässen immer wiederkehrende Frage: Wie konnte dieser Krieg nur passieren?

Die Antwort darauf ist gar nicht so schwer: In der Vor- und Hochlaufphase dieses Konfliktes stand niemand, aber niemand auf, um ein paar Fragen zu stellen, Worte zu verlieren und im Rahmen des Angemessenen Kritik zu äußern. Allem voran wären drei Fragen zu stellen und mit den Regierungen, die uns vorsichtig die Kriegswirklichkeit näherbringen möchten, zu diskutieren sowie umfassend beantworten zu lassen:

1. Warum ist das eingetreten Szenario, das zur intensiven Beschäftigung mit Kriegsvorberei-

tungen zwingt, eine Situation, die tatsächlich einen Kriegseintritt rechtfertigt: Wo sind die objektiven Fakten?

2. Warum gibt es überhaupt das Instrumentarium des Krieges als generelle Institution, obwohl Krieg einfach nicht mehr zeitgemäß und unangemessen für kultivierte Menschen ist?

3. Warum fragt die Regierung nicht per Volksabstimmung das gesamte Volk, wie das Volk über die Durchführung eines Krieges denkt?

Die unangenehme Wahrheit dürfte wohl sein, dass man nicht Gefahr laufen möchte, dass das eigene Volk in seiner - dann wirklich einmal demokratischen - Mehrheit die Zustimmung zu einem heißen Krieg wegen eines hocheskalierten Kriegsszenarios verweigert. Krieg ist einfach zu unattraktiv für die Masse der darin Sterbenden und Leidenden.

Das Geschäftsmodell Krieg verfängt dort nicht, fällt an einem anderen Ort auf anderen Boden und erblüht allein dort in vollmorbider Pracht, normalerweise weit weg von den blutenden Schlachtfeldern und dem wimmernden Gestöhne der für den großen Frieden vor sich hinsterbenden Soldaten. Selbst die noch behutsame Umschreibung des Leidens der Kriegsopfer stört und verstört, weil eigentlich jedem von vornherein klar ist, was man mit der direkten oder indirekten Befürwortung des Kriegs bei den Mitmenschen anrichtet.

Um einen Krieg zu vermeiden, muss miteinander geredet werden. Die Sprache als wichtigstes Mittel der Kommunikation darf nicht verstummen. Ein Draht der Verständigung muss bleiben. Zum Weiterleben, auch im vitalen Interesse der Anderen, die ansonsten womöglich zum Sterben verurteilt sind. Über das Stadium des blutigen Abschlachtens à la Schlachten des Mittelalters müsste man im Smartphone-Zeitalter eigentlich hinweg sein.

Wer sich nicht in der Position befindet, seine Stimme zu erheben, so dass sie gehört werden kann, dem bleibt als weitere Alternative, jede Form eines nach dem Grundgesetz verbotenen Angriffskrieges in den Grenzen des Rechtsstaats mit Worten zu thematisieren und den Vorbereitungen dazu verbal die Folgschaft zu verweigern. Die richtigen Fragen im eigenen Umfeld sind ein Mittel, Menschen zum Nachdenken darüber zu bringen, was sie denn überhaupt im Moment für den Frieden tun. Warum finden Handlungen im kleinsten Kreis statt, welche allein erste Gedanken an Planungen für Angriffskriege beschleunigen? Wo ist die Selbstcourage und die Eigeninitiative, den Denk- und Macherwahnsinn eines Waffengangs gegen andere Staaten in der heutigen Zeit allein mit präzisen Worten und Argumenten zu stoppen?

Die Befürworter der prinzipiellen Denkbarkeit eines Krieges laufen jetzt zwar in den grünolivfarbenen Jacken herum, sogar vor Kameras, aber der Lauf der Geschichte zeigt allzu deutlich, dass diese Protagonisten auch die Allerersten sein werden, welche diese grünen Kleidungsstücke wieder in die Ecke legen, wenn die Gefahr aufkeimt, dass es nun in der Tat zur Sache geht, da draußen im Feld mit scharfer Munition und allem, was von oben oder unten so traditionsgemäß dazugehört.

Es bleibt unerklärlich, warum sich die Medien nicht viel stärker gegen die Tendenzen der Vorbereitung eines Kriegs wenden. Im Endeffekt können sie das aktuelle Weltgeschehen eine deutliche Spur humaner mitgestalten, wenn sie der Euphorie ihrer eigenen Berichterstattung die eine oder andere Schranke auferlegen. Von Kritik an offensiven Kriegsgedanken möchte man ja gar nicht sprechen. Warum gefühlt fast jeden Tag Menschenkinder in grüner Kampfkleidung auf den Titelseiten? Der Informationseffekt lautet doch, dass man mitmachen und nicht im Abseits stehen soll. „Zieh auch Deine Grüne Jacke an." Dies ist die offenverdeckte Botschaft des Bildes. Niemand ist eine Insel. Keiner wird allein gelassen. Die altbekannten Universalsprüche im Gleichschritt der Schlagzeilen.

Derzeit besteht noch eine winzige Hoffnung, die Lust an dem Aufbau und der Positionierung einer fetten

Kriegsmaschinerie zu stoppen. Stellen wir uns der vom Grundgesetz aufgetragenen Verantwortung und richten die richtigen Fragen und Stellungnahmen an Alle in unserem Umfeld, die uns zuhören.

Stoppen wir nach dem Vorbild vieler berühmter Friedensfürsten die aktive Unterstützung und Förderung der verfassungswidrigen Angriffskriege. Blicken wir auf die Tatsachen, was wirklich geschieht, um wahrhaftig urteilen zu können, wohin man die große Gemeinschaft der Bürger lenken will. Und stellen wir uns eine weitere alles entscheidende Frage, ob wir wirklich an diese Stelle gebracht werden wollen, die man für uns in quasi-hochherrschaftlicher Weise auserkoren hat.

XXIX.

Toleranz

Wir sind eine pluralistisch offene, vollkommen demokratische Wertegemeinschaft: Kann Töten auch bei größtmöglicher Toleranz gerechtfertigt sein?

Toleranz ist die etwas schmächtigere Schwester der Akzeptanz: Während Akzeptanz eine Gesinnung ist, die einem bestimmten Verhalten aktiv Zuspruch erteilt, ist das Wesen der Toleranz, dass man ein bestimmtes Verhalten eines Anderen zustimmt, und zwar mit einem passiven Verhalten. Man erduldet es gewissermaßen, ohne besonders dem Ereignis emotional positiv aufgeschlossen zu sein. Der Andere, das kann auch ein Drittstaat oder eine Staatengemeinschaft sein. Steht auf einmal Krieg von zwei Staaten auf der politischen Tagesordnung, wird innere und äußere Haltung erforderlich, zumeist sogar eingefordert. Zum einen müssen Erklärungen zwischen den beiden kriegsführenden Staaten auf horizontaler Ebene her, zum anderen auch Erklärungen in vertikaler Richtung zwischen der Regierung eines jeden involvierten Staats und deren Volk. Schweigen ist und funktioniert ab sofort nicht mehr.

Schaut man sich nun einmal die festgefahrene Position in dem gegenwärtigen Ukrainekonflikt an, so wird ziemlich schnell die Explosivität des Staaten- und Rechtskonstrukts klar, mit dem Zentraleuropa und die übrige Welt es zu tun haben. Ohne hier im Einzelnen auf die gesamte Historie und Entwicklung der politischen Entwicklung Ukraine/Russland des letzten Jahrzehnts eingehen zu wollen, kann ganz allgemein gesagt werden, dass aus einer gefährlichen Mischung von Kalkül und Tapsigkeit ein Cocktail entstanden ist, in dem Zutaten verschiedener Staaten zu finden sind, aber andere, ebenfalls mehr oder minder am Rande involvierte Drittstaaten bestimmen können, was nun mit diesem Cocktail zu geschehen hat. Zeitpunkt der Entleerung des Glases und der oder die Trinkberechtigten stehen noch nicht fest, können aber im Laufe der nächsten Zeit fast ansatzlos von Verantwortlichen bestimmt werden, die nach eigenem Gusto entscheiden und sich selbst gut aus den dann entstehenden Schusslinien halten können.

Vollkommen losgelöst von dem bestehenden Konflikt Ukraine/Russland: Wenn ein Drittstaat Waffen an einen der kriegsführenden Staaten liefert, kann dies mit oder ohne Auflagen geschehen, wie diese Waffen eingesetzt werden dürfen. Besteht die Auflage, dass diese Waffen eben nicht auf dem Territorium des Kriegsgegners einschlagen dürfen, hat der Staat, dem diese Waffen zur Kriegsunterstützung geliefert wurden, allein und autonom in der Hand, ob er sich an diese mit der Waffenlieferung vereinbarten Auflagen hält oder eben auch nicht.

Damit ist die absolut über Sein und Nichtsein relevante Frage, ob diese Waffenlieferung einen Krieg zwischen dem Kriegsgegner und dem Waffen-Lieferstaat auslösen kann, ausschließlich und nur in den Händen des mit den Waffen belieferten Staats.

Nur dieser kriegsführend-befreundete Staat besitzt die faktische Gewalt, darüber zu entscheiden, auf welche gegnerischen Ziele er diese Waffen richtet. Diese Konstellation ist eine Katastrophe für Regierung und Volk des waffenlieferfähigen Staats, weil sie ihrer Souveränität beraubt wurden. Die gesamte Staatssouveränität wurde auf den kriegsführenden Drittstaat verlagert, zwar formal nur treuhänderisch, aber er kann über Krieg und Frieden im Staat, der die Waffen lieferte, die alles entscheidende Ursache setzen: Der kriegsführende Staat muss nur das richtige Ziel im Land des Kriegsgegners aussuchen und schon ist der bellizistische Flächenbrand da. Worte interessieren dann nicht mehr, vielleicht noch als hilfesuchende Erklärungen in den TV-Nachrichten. Sondersendungen von Talkshows haben sich ebenfalls erübrigt. Man ist nahtlos in das Stadium eingetreten: „Es wurde gemacht. Wir haben es jetzt gemacht!"

Aus Sicht des Volkes, das von diesem Regierungshandeln des waffenliefernden Staats direkt betroffen ist, stellt sich die verfassungsrechtlich aufdrängende Frage, ob noch Staatsräson und Toleranz der Untertanen verlangt werden kann. Das immense Familienvermögen des Staatsfriedens mit anderen Staaten wurde „veruntreut" und einem anderen Staat, der sich ausgerechnet auch noch im Kriegsmodus befindet, treuhänderisch über die Verfassung hinweg in die Hände gelegt. Ist ein Volk dazu verpflichtet, ein solches Weiterreichen der Staatskompetenz einfach hinzunehmen, eben zu tolerieren?

Eine höchstkomplizierte Frage, die hier einfach einmal unbeantwortet im Raum stehenbleiben soll. Eine fundierte Antwort würde zweifellos den Rahmen dieses Buchs sprengen. An dieser Stelle geht es allein darum, auf das Problem an sich die Aufmerksamkeit zu lenken. Denn es ist ein gewichtiges Problem. Und dieses Problem bedarf einer Lösung.

Ungeachtet dieser staatsrechtlich eher formalnüchternen Frage steht noch eine andere Frage im Raum, wenn es um Toleranz geht: Inwieweit dürfen wir Toleranz zulassen, wenn Menschen im Krieg getötet werden. Ist es erlaubt, eine Position als Haltung einzunehmen, dass wir irgendwann sowieso Alle einmal sterben müssen. Also warum nicht gleich im Krieg? Mit einem ganz klein wenig marketingtechnischen Geschick kann eine offizielle Stelle mit Sekundierung der einschlägigen Medien auch wortgewaltig beschreiben, dass der Tod sowieso das bessere Leben sei. Also wahrlich kein Grund zur Aufregung für die Untertanen: Alles prima im Lot.

Am Ende des Tages wird es wie immer sein: Die Machtinhaber entscheiden nach freiem Ermessen. Man beruft sich auf ein paar herausgepickte Vorschriften, die sich in Verfassung und Gesetzen gerade anbieten, stellt die ganze Entwicklung als völlig unvermeidbar und unkontrollierbar hin und rühmt sich, dass der dadurch eingetretene Schaden zum Glück noch überschaubar sei. Die paar Toten seien aus humanitären Gesichtspunkten zu tolerieren und jetzt nun einmal da. Das Schlechtere ist dem Schlechten ein exzellenter Adjutant. Abgesegnet werden die Aktionen dann einmal mehr in einem dieser schönen Luxushotels auf dieser Welt. Man muss auch lernen, etwas toleranter zu sein, speziell mit den staatstragenden Inhalten solcher Entscheidungen. Der Staat und damit auch die Welt sind kein Ponyhof.

Toleranz hin oder her. Tolerante Haltung hin oder her. Egal, wie die Handlung ausfällt: Die Inhaber der Befehlsgewalt werden sich vor sich selbst und auch einer höheren Instanz zu einem späteren Zeitpunkt verantworten müssen. In diesem Zusammenhang sollte man sich einmal vorstellen, wie es sich im alltäglichen Leben anfühlt, zu wissen, dass man für den Tod mehrerer oder einer größeren Anzahl von Menschen verantwortlich ist. Sich selbst für diese initiierten

Todesurteile der Gestorbenen eine eigene Recht-
fertigung auszustellen, dass man eben in diesem Punkt
eine gewisse Toleranz habe walten lassen müssen, da
nun einmal Krieg und eine Sondersituation gewesen
sei, wird wohl nur schwerlich bei ganz hartgesottenen
Gestalten gelingen.

Die Bürde und Last um das Wissen der eigenen Taten,
für den Tod unzähliger Menschen zumindest mitver-
antwortlich zu sein, schafft tiefe seelische Kluften und
ärgste Bedrängungen. Ein Leben lang. Die Verursacher von Kriegen oder sich verschärfenden Konflikten fordern von den Untertanen eine gewisse Toleranz
für ihr Verhalten ein. Aber wenn sie selbst sich die
Toleranz hinsichtlich ihres verwerflichen Tuns wie
eine Selbst-Absolution aus eigenen Kräften erteilen
wollen, wird dieser aus purer Selbstüberschätzung
resultierende Gnadenakt kaum gelingen. Die Zeit heilt
zwar alle Wunden. Aber ob das für Wunden gilt, die
man sich selbst mit Vernichtung anderer Menschenleben zugeführt hat, sei doch stark infrage gestellt.

Es gibt zahlreiche Situationen des geordneten menschlichen Zusammenlebens in demokratischen Staaten, in
denen immer und immer wieder „Null Toleranz"
gefordert wird. Ein mit absoluter Schärfe formulierter
Programmsatz, der aufgrund der Reduktion auf zwei
knappe Worte schon eine grundlegende Autorität
ausstrahlt. Ihm muss gefolgt werden. Es ist an der Zeit,
dass die Menschheit auch durch technologische

Fortschritte so weit vorangeschritten ist, dass man mit NULL TOLERANZ gegen die Institution Krieg eintreten soll.

Zu hoffen oder gar zu fordern, dass es aufgrund des technologischen Fortschritts niemals mehr Krieg auf der Welt geben sollte, ist natürlich weltfremd und illusorisch. Das wird leider auf absehbare Zeit nicht passieren.

ABER: Ein jeder Einzelne in einem Staat kann für sich moralisch entscheiden, ob und inwieweit er Krieg als Mittel zum Zweck akzeptiert und das Handeln der mit Krieg oder Kriegsgeschäften befassten Personen schlichtweg verstehen kann. An diesem Tisch eines Luxushotels zu sitzen und mit Gleichgesinnten zu überlegen, ob und mit welchen Waffen Kriegsgegner getötet werden sollen, ist nicht unbedingt eine Pflichtveranstaltung in Sachen Teilnahme. Dort kann man schon einmal anfangen, sich seine eigenen Gedanken und eigene Meinung zu derartigen Veranstaltungen zu bilden. Gleiches gilt im Umgang mit den Zeitgenossen, die es zu solchen Veranstaltungen maßgebend treibt. Da hat jeder selbst einen großen Meinungsspielraum, dem Tore und Türen geöffnet sind.

Wer meint, dass bestimmte Verhaltensweisen eines Anderen die Grenzen der eigenen Toleranz überschreiten, der kann sich immer noch von diesem Menschen oder dieser Personengruppe mit Worten distanzieren, mit Haltung und Anstand.

XXX.

Krieg und Mobilität

Funktioniert die Zündschnur, platzt die Stromleitung

Seit anderthalb Jahren geistert der Begriff „Zeitenwende" durch die europäische Politik. Zeitenwende
klingt ebenso toll wie verheißungsvoll. Wann ist man
schon einmal in der Lage, zu beobachten, wie eine
ganze Epoche von einem auf den anderen Tag
verschwindet und durch eine andere ersetzt wird. Ob
allerdings Albert Einstein auch das simple Postulat,
dass sofort eine neue Epoche beginnen soll, als eine
Zeitenwende im physikalischen Sinne klassifiziert
hätte, bleibt dahingestellt. Auf jeden Fall klingt Zeitenwende nach etwas sehr Großem, Riesigem, Gewalti-
gem, Monumentalem, kurzum Historischem, die
entweder jedem Bürger eine Goldene Zeit bringen oder
ihn im schlimmsten Fall mit Problemen der speziellen
Art erschlagen. Ein Mittelding gibt es nicht, bei dieser
Zeitenwende.

Parallel zu diesem Begriff Zeitenwende kamen dann
noch andere Wenden, eine wahre Flut von Wenden für
den Normalbürger. So viel Wenden bevölkerten
urplötzlich die politische Bühne und den Raum, dass
einem schon etwas schummrig wurde: Klimawende,

Verkehrswende, Energiewende, Heizungswende und Mobilitätswende. Stillstand gibt es nicht zu beklagen. Alles ist mit dem Wenden beschäftigt, auf allen Ebenen hin zur glücklichen neuen Welt. Die Wenden als Steilvorlage und Masterplan des Great Reset: Der liebe Gott kann da wohl nur noch „Bravo" rufen.

In diese ganze von ganz oben verordnete Wendenvirtuosität platzte dann ein Kriegs- und Spannungsgeschehen mit unvorhergesehener Eigendynamik. Da interessiert doch die Frage, wie ein solches internationales Spannungsgeschehen die Wenden allesamt an den Rand der Erschöpfung zum vollständigen Kreiseln bis in die Totalrotation bringt.

Die Totalrotation als Begriff ist eigentlich in den letzten Jahrzehnten nur bei Kabinettsumbildungen zum Standardbegriff emporgestiegen, eine Art Terminus Technicus zum Durchregieren mit sanftmütiger Hand, aber seltsamerweise gab es bei allen Wenden eben kein Rotieren bis in die Ministerränge hinein, sieht man einmal von kleineren Auswechselaktionen beim schlichteren Personal nachgeordneter Ebenen ab. Schon aus dieser einfachen Beobachtung kann abgeleitet werden, dass Zeitenwenden und sonstige Wenden für das politische Personal vollkommen ungefährlich sind, aber für die Bürger durchaus Betroffenheit und einige Unannehmlichkeiten auslösen.

Ein in diesem Wendesalat einmalige Position nimmt

die in das Spannungsfeld des Krieges vollkommen unschuldig hineingeratene Mobilitätswende ein, die sich marketing-technisch wie ein Luxus-Filet in dem guten alten Fleischwolf durchgenudelt wiedergefunden hat. Der vor Kriegsbeginn alles ordnende Glaubenssatz war und ist wie der kategorische Imperativ des Verkehrssektors auf allen Kanälen bis hin zum Kleinkind präsent, dass auf jeden Fall der Ausstoß weiterer Mengen von Kohlendioxid weltweit vermieden werden muss, um eine Katastrophe im Klimabereich zu verhindern. Alle Autos abstellen, idealerweise ersatzlos stilllegen und auf das Fahrrad mit Aktivtreten nach unten und freiem Blick nach oben umzusteigen. Allenfalls ein wenig Elektromobilität sei denkbar, aber nur ohne weitere staatliche Anschubfinanzierung, da man über die günstigen Strompreise einen minimal höheren Anschaffungspreis des dahinschaukelnden Vehikels rasend schnell kompensiert habe.

Die Wende zur Erfolgswende der Elektromobilität ist auch deshalb so unendlich wichtig, weil die Elektroautos nichts weiter als rollende Smartphones sind. Eine Art Personal Computer mit angehängten vier Rädern sowie für die Insassen vollkommen strahlungsfrei integrierten Maxi-Super-Batterien. Wobei der Begriff Batterie schon ein wenig unscharf ist, da Batterien in der Regel nur ein einziges Mal als klassisches Einwegprodukt funktionieren. Der Gegensatz ist ein Akku, womit normalerweise eine mehrfach aufladbare Batterie bezeichnet wird. Aber eine präzise Begrifflichkeit ist ja bekanntermaßen nicht so wahnsinnig wichtig, wenn es um . . .das große Ganze geht. Nur die ewig Gestrigen vertreten manchmal vehement die antiquierte Position, dass die Präzision der Wortwahl bei Begriffen unabdingbare Voraussetzung für präzises Denken sei. Wie gesagt. Das war gestern.

Entscheidend ist, dass Alle jetzt auf keinen Fall davon ablassen dürfen, diese auf leisen Sohlen dahinrollenden Personal Computer in den Straßenverkehr zu bringen. Nur mit maximal voll online düsenden Mobilitätsvehikeln lassen sich in Zukunft die so wahnsinnig wichtigen Traumeffekte im Straßenverkehr realisieren, auf die wir alle so sehnsüchtig warten. Eine erste Kostprobe, wohin die Reise für die große Menge der Untertanen so geht, bekommen heutzutage schon Golfer kostenlos als Incentive-Erfahrung geschenkt: Der Golfplatz und die Areale von hektarüberdimensionierten Villen waren in der Vergangenheit der bevorzugte Tummelplatz für Elektrofahrzeuge eines kleinen Teils der Bevölkerung. Insbesondere auf den Golfplätzen können intensive bis intime Erfahrungen mit Elektrofahrzeugen von der zunächst einmal noch extrem exklusiven, aber unwissenden Elektroauto-Fangemeinde gesammelt werden.

Golfplätze sind Areale, die überwiegend in landschaftlich reizvollen Gegenden gebaut wurden. Sie fügen sich nicht selten wie ein Kleinod in die Landschaften ein, in denen auch schutzwürdige Biotope zu finden sind. Aus diesem Grund kamen schon vor einiger Zeit pfiffige Ingenieure von Elektro-Golfcarts auf den ganz wunderbar reizenden Gedanken, die Computerelektronik der Golfcarts so zu gestalten, dass der Elektromotor des kleinen, so harmlos dreinblickenden Vierradvehikels sofort auf dem gesamten Golfplatz seine Gefolgschaft verweigert, wenn der Fahrer eine imaginäre Linie überfährt, die das Computersystem klar vor Augen hat.

An zahlreichen Stellen dieser Golfplatzareale sind liebevoll Verbotsschilder harmonisch in die Landschaft drapiert, die dem Golfcart-Fahrer untersagen, in dieses Areal hineinzufahren. Sollte ihm dieses Missgeschick dann doch einmal in der Hektik des schwingenden Spiels unterlaufen, werden per Impuls sofort der Elektromotor des Golfcarts automatisch abgestellt. Auf dem Display erscheint eine Mitteilung, dass der Fahrer verbotenerweise das zu Überland-fahrten freigegebene Spielfeld verlassen habe und daher der Motor abgestellt werden müsse. Was leider (vermutlich im Moment noch) fehlt, ist der Hinweis, dass der Fahrer ein ganz schlimmer Finger und unerträglicher Gemeinschaftsschädiger sei, weil er sich erlaubt habe, diese Demarkationslinie zu über-schreiten.

Das Konzept ist sicherlich noch nicht ganz ausgereift

und ausbaufähig, weil bis dato grundsätzlich noch keine Bußgelder oder sonstige Strafsanktionen verhängt werden. Der Golfcart-Fahrer darf also weiter völlig losgelöst und relativ frei herumlaufen, allerdings nur zu Fuß. Denn womit es allerdings ein ruppiges Ende hat, ist die Weiterfahrt mit dem Golfcart: Das niedliche Vehikel steht exakt an dieser Stelle, steht in sich ruhend vollkommen still, bewegt sich nicht, egal welche Tasten und Funktionen des integrierten Personal Computer man auch aufruft und vehement drückt.

Dabei gibt es jetzt zwei Basiskonzepte für den mehr als verdutzt dreinblickenden Golfeleven: Zum einen besteht die Möglichkeit, dass das Golfcart in Zeitlupe allein durch den noch funktionierenden Rückwärtsgang sich aus der Verbotenen Stadt der geschützten Biotope rückwärts herausbewegt. Das ist noch die humane Methode. Zum anderen gibt es aber auch das zumindest in einem Golfclub Deutschlands praktizierte Modell mit integrierter Maximalstrafe, dass der Golfcart-Fahrer seinen elektrischen Lastenesel an Ort und Stelle sofort verlassen muss, um mit Golftasche zu Fuß den Weg ins Clubhaus anzutreten. Die Golftasche kann durchaus einmal rund 12 Kilo Gewicht auf die Waage bringen. Die Durchschlageübung zum Clubhaus kann auch schon einmal drei Kilometer lang sein. Sollten dann auch noch zufällig Temperaturen jenseits der 35°-Marke herrschen, ist die Erziehung des golfenden Umweltbanausen perfekt gelungen: Great Reset an allen Orten, wohin das Auge schaut. Sogar neuerdings auf den Golfplätzen dieser Welt. Freilich nur und allein zum Lob und Ruhme des Natur und Klimaschutzes.

Dieses durchdachte Konzept macht aufmerksam. Es muss interessieren, auch im Hinblick auf die Erweiterung durch Ausbaustufen.

In Kriegszeiten bietet sich jetzt an einer der vorderen Stellen an, dass man das Golfcart-Stopp-Aktionskonzept in die Elektronik von Militärfahrzeugen integriert. Wie wäre es eigentlich, wenn man Militärfahrzeuge an ein zunächst noch befreundetes Land gegen harte Münze verkauft, dieses Land dann in einen Krieg verwickelt wird, welcher dem Militär-Fahrzeuglieferanten nicht so in das eigene Friedenskonzept passt, das kriegsführende Land die Fahrzeuge auf den Weg an die Front schickt und tausende Kilometer weiter auf einem anderen Kontinent per Knopfdruck die Motoren aller Einsatzfahrzeuge zur Ruhe gebracht werden können. Das wäre ein bewundernswerter Spezialeffekt. Was schon auf Golfplätzen geht, sollte doch erst recht auf den Schlachtfeldern dieser Welt funktionieren.

Das Anwendungspotential dieser elektronischen Hochleistungstechnologie ist unbeschränkt. Die klügsten Köpfe eines jeden Friedenslandes sind aufgerufen, sich einmal intensivere Qualitätsgedanken zu machen, auf welche Bereiche man dieses Konzept noch übertragen kann. Militärfahrzeuge können unmöglich der Weisheit letzter Schluss sein: Waffensysteme, Marinesysteme, Flugzeuge. Alles erscheint ab sofort denkbar und möglich. Es kommt wiederum einmal auf den einzelnen an. Der Mensch steht im Mittelpunkt des Geschehens.

Und all diese traumhaften Errungenschaften nahmen ihren Anfang bei den ahnungslos die Runden drehenden Golfspielern. Ein privilegierter Sport mutiert zur Rekrutierung ahnungsloser und passabler Versuchskaninchen, wobei die Probanden sich nur im optimalen Spaß wähnen.

Es wäre ein geradezu unverzeihlicher Riesenfehler, die den Golfcarts und Golfspielern abgerungenen technologischen Fähigkeiten nur auf den militärischen Sektor zu beschränken. Es ist ganz wichtig, dass auch noch für den zivilen Bereich zur Anwendung zu bringen. Der Krieg ist und bleibt eben auch der Vater aller Dinge. Dieses Wissen um die Kunstfertigkeiten, allein per automatisierten System wildgewordene Elektroautos stoppen zu können, bedarf der Eins-zu-Eins-Übertragung auf die Straßen aller Herren Ländern. In Workshops auf internationaler Ebene mit handlungsschwangeren PowerPoint-Präsentationen können die Grundpfeiler eines solchen Verkehrssystems gelegt werden, die insbesondere unerwünschten Fernverkehr restlos zum Erliegen bringen. Ein Traum wird wahr für die Verantwortlichen. Die Null-Unfall-Quote ist damit erreichbar, wenn am besten überhaupt niemand mehr fährt, auch nicht mit Elektroautos.

Allerdings tauchen im Militärsektor mit den neuen Varianten der Mobilität massive Maximalprobleme auf, deren Lösung einer fokussierten Denkarbeit auf Hochleistungsebene bedürfen: Wie bringen wir die Akkus in die Panzer und leicht gepanzerten Fahrzeuge aller Waffengattungen hinein? Die Elektrifizierung von Panzern stellt die einschlägige Produktionsindustrie vor absolut neue, in diesen Dimensionen noch nicht dagewesene Sonderprobleme. Zunächst bietet sich an, für diese in einer Gesamtbetrachtung vom Kraftstoffverbrauch her doch sparsamen Kriegsgeräte weiter in altbewährter Manier fahren zu lassen. Es muss eine Entscheidung her, dass in diesem Spezial-Mobilitätssektor die Elektrifizierung schlichtweg ausfällt.

Das würde aber bedeuten, dass man extra für ein paar Spezialfahrzeuge die gesamte Infrastruktur der etablierten Mineralölindustrie aufrechterhalten muss. Das gilt nebenbei gesagt weltweit, weil Kriege für Industrienationen an jedem erdenklichen Ort der Welt ausbrechen können, also zum Beispiel selbst in den Weizenfeldern der Ukraine, die für die Nahrungsversorgung größerer Teile der Weltbevölkerung so extrem wichtig sind. Dieses kleine Momentum der Umweltbelastung kann aber getrost vernachlässigt werden. Es sind ja nur wenige Fahrzeuge im Vergleich zu der Gesamtzahl der weltweit zugelassenen Fahrzeuge.

Die zweite Alternative wäre, von einem Spezialunternehmen der Extraklasse Batterien für Panzer entwickeln zu lassen, die auch unter harten Bedingungen ihren makellosen Dienst leisten. Hier ergeben sich unendliche Arbeitsplatzoptionen für die fröhliche Generation der Klimakleber, weil sie gewiss sein können, dass die dort gewonnenen Spezialkenntnisse über kurz oder lang auch ihren Weg in den zivilen Mobilitätssektor schaffen. Damit dient also die Entwicklung eines gescheiten Elektro-Panzers perfekt der Abschaffung von Mobilität mit Antrieben per konventionellem Kraftstoff. Die Klimakleber wird es freuen, auch wenn sie eventuell zum Zeitpunkt des von ihnen errungenen Erfolges unglücklicherweise an irgendwelchen Fronten im unwirschen Gelände ihren Dienst verrichten müssen. Zeit für eine kurze Siegesfeier dürfte sich trotzdem finden lassen.

Eine ganz andere Kategorie ist allerdings die Riege der passionierten Elektrobike-Fans, die mit Tempo 80 km/h in den diversen Tempozonen in und außerhalb der Großstädte unterwegs ist. Die bedauernswerte Gruppe benötigt funktionierende Stromnetze und adaptierte Ladekabel. Im Kriegsfall ist allerdings Beides oftmals gestört: Kein Strom, keine passenden Ladekabel, keine Aufladung des Fahrrad-Akkus. Ein

Drama im Großen und Kleinen zeichnet sich ab und ist vorprogrammiert.

Wie dieses Massenfiasko von dem armen Bürger im Kriegsfall gelöst werden kann, steht in den Sternen. Man blickt in die Röhre, aber nicht zu den Sternen, sondern genauer gesagt auf das totgebliebene Ladekabel und verharrt in der Trauer mit der Gewissheit, dass nichts derzeit auf allen Ebenen reibungslos funktioniert. Irgendwie ganz symptomatisch wie eigentlich schon zu Friedenszeiten, als die Elektromobilität auch nicht so ganz richtig mit letzter Leidenschaft in die Pedale treten wollte.

Es bleibt als eine wertvolle Erkenntnis im Außenverhältnis, dass Strom nicht Alles ist, aber Alles ist ohne Strom nichts. Zum Glück ist diese bahnbrechende Erkenntnis bereits in den Köpfen der Kriegsregisseure und maßgebenden Drehbuchschreiber angelangt, weil sie um die überragende Relevanz funktionierender Kraftwerke wissen, insbesondere in Krisenzeiten. Ein weiterer Glücksfall ist in diesem Zusammenhang, dass ausgerechnet die Friedensnation Deutschland schier unerschöpfliche Erfahrung aufgrund der Energiewende darin besitzt, wie Strommangel und Stromüberschussversorgung gemanagt werden müssen. Den Errungenschaften des Geheimwissens durch die Energiewende sei Dank. Hier gibt es ein fast in die Unendlichkeit kumuliertes Wissenspotential, was mit labilen Stromnetzen zu tun ist, die in Grenz- und

Vollstresssituationen sich in etwa genauso unkontrolliert und unberechenbar verhalten, wie der eine oder andere Maximal-Intensivtäter unter sechs Jahren.

Wo ein Wille ist, da lassen sich auch Wege finden, was speziell auf das Stopfen von Finanzlöchern in irgendwelchen Haushalten und Errichten fehlender Stromnetze für die Elektromobilität gilt. Mit den richtigen Excel-Tabellen kann man auch daraus Beratungsdienstleistungen im professionellen Stil aufbauen, die man sich gerne gut durch die kriegsführenden Parteien bezahlen lässt. Es müssen nicht immer nur Schulungscenter für das örtliche Militär sein. Kreativität auch in diesem Bereich zahlt sich aus.

It´s the electricity, stupid!

XXXI.

Künstliche Intelligenz

Die KI ist komplett überflüssig, weil sich die Menschheit auch ohne KI spielend selbst vernichtet

Noch nie war KI so notwendig. Die Menschen besitzen derzeit leider etwas zu wenig. Kernbotschaften des menschlichen Zusammenseins auf der Basis von Frieden werden mit allem Fleiß negiert, aus verschiedensten Gründen nicht beachtet. Wenn es dann knurrt, zündelt und kracht, blicken die Allermeisten etwas erstaunt und verstehen die Welt einfach nicht mehr.

Es gibt zwei Sprichworte, die den Kern dieses Problems ziemlich genau symbolisch erfassen: Zum einen das Geflügelte Wort, dass man den bravsten Hund so lange ärgern kann, bis er schnappt. Irgendwann ist dann der Punkt ohne Rückkehr überschritten. Das liebe Tierchen flippt aus, erhebt seinen voluminösen Körper, öffnet lustvoll die Schnauze, streckt seine furchterregenden Beißerchen gen Himmel und tut das, was er in Friedenszeiten nur mit der Wurst als wichtigstem Objekt der Begierde veranstaltet: Er schnappt zu. Aus die Maus, auch für Mäuse im übertragenen Sinne, auf die sich die tierische Aktion richtete.

Zum anderen kennt man auch das Bild, dass es am

Ende einer Eskalationsspirale ein ganz einfaches Streichholz ist, welches das vollbepackte Kamel zum Einsturz bringt. Grenzgängertum will gelernt sein. Es ist eine Kunst, die auf einer Vielzahl von Annahmen, von Wenn und Aber basiert, aber immer die Hinzuziehung von Experten benötigt, die so ganz genau zwischen Koffern und Streichholz zu unterscheiden wissen. Das ist alles sehr beruhigend, dass dieses Expertenwissen in der Welt und allen Entscheidungsträgern über Krieg und Frieden gegen Bezahlung zugänglich ist.

Die hier zu erfolgenden Beurteilungen zur Feststellung der Belastbarkeitsgrenzen setzen voraus, dass man Erfahrung in der Einschätzung solcher Situationen hat. Man ist aufgerufen, die Kriterien abschließend und vollständig zu definieren, die dazu dienen, den eindeutigen Grenzverlauf zwischen noch friedensbewahrender Provokation und der kriegsstartenden Grenzüberschreitung zu markieren. Solange nur Menschen diese lebensrelevanten Einschätzungen vornehmen, kann immer etwas schiefgehen. Subjektive Erfahrungen werden in das eigene System, was man als allein relevant einstuft, übernommen. Es findet eine Abgrenzung gegen Dritteinflüsse in einem bestimmten Umfang statt. Dritte haben einem selbst uberhaupt nichts zu sagen, es sei denn, sie sind ein wenig in der Hierarchie des Sagens übergeordnet. Dennoch bleibt alles menschlich. Es wird nach Handlungsmaximen agiert, die allein Menschen definieren.

Man sieht schon oder fühlt zumindest, dass dieses Terrain viel zu wackelig ist, als dass man dies alles denkenden Menschen allein überlassen darf. Das geht wirklich nicht. An dieser Stelle ist das Einfallstor für die KI, die in diesen dem Krieg vorgelagerten Konflikt-situationen endlich einmal loslegen und zeigen kann, was so alles in ihr steckt: Für die Menschen. Gegen die Menschen. Für die KI selbst! KI, bitte rücken sie ein wenig näher an die Front und erklären sie uns das bitte alles einmal aus ihrer objektiven Perspektive der Superintelligenz.

Die KI kann ihr kluges Werk beginnen. Ob dieses Werk sich nun als heilsvoll oder verhängnisvoll entpuppt, lässt sich im ersten Moment noch nicht sagen. Man muss die Nerven behalten und einfach einmal etwas mehr Mut zeigen und einen Schritt nach vorne wagen, weil niemand in diesem Augenblick der intellektuellen Interaktion und Intervention der KI schon so richtig weiß, in welchen vorprogrammierten Denkschubladen die gottgleiche KI so greift. Die KI muss man auch verstehen.

Es kann zum Beispiel passieren, dass die KI aufgrund ihres enzyklopädiegleichen Basiswissens (Basiswissen der KI beläuft sich allerdings auf mindestens zehntau-send Bände, ähnlich wie in einer Klosterbibliothek aus der Barockzeit) geistig in ein falsches Fach greift, unvorsichtig und voreilig eine falsche Programmierschublade öffnet und im Grundwissen über den Untergang der Dinosaurier im Paläozoikum hineingrapscht. Dort findet die KI dann Informationen, dass die Dinosaurier einfach einen zu großen Körper, aber dafür leider auch zu kleine Gehirnchen hatten. Sie fraßen sich den ganzen Tag durch die Urwälder, träumten und dachten an Sex und wollten fette Eier legen, um die Kollegenschar zu beeindrucken und von den ausgewählten Lieblingsweibchen fernhalten.

Das war ganz schön schwierig, da körperlich rund um die Uhr über alle Massen anstrengend. Die logische Folge dieser hemmungslosen Fressorgien war, dass die Dinosaurier hintenrum bedauerlicherweise riesige Mengen Kohlendioxid freisetzten, was in der Anfangsphase als wachstumsfördernde Klimagasabgabe noch durchgelassen werden konnte. Trotzdem ein schlimmer Konstruktionsfehler von Mutter Natur in der Anfangsphase der Geschichte von Lebewesen auf diesem Planeten. Bei immer stärkerer Vermehrung der Dinosaurier kam es dann aber erstmals in der Geschichte aller Dinosaurierexistenzen zu massiven Kollateralschäden in der gesamten Natur und in den Dinosauriern selbst. Sie bekamen schweren Keuchhusten und rangen nach Luft im Wettlauf um die Mangelware Sauerstoff. Die Prioritäten im Lebensalltag der Tierchen verschoben sich deutlich vom Sex hin zu dem fortan nun überlebenswichtigen Sauerstoff.

Zusätzlich findet die Super-KI, die sich auf dem Weg durch ihr gesamtes elektronisches Gedankengehäuse in Mach 24888-Geschwindigkeit befindet, jetzt auch noch ein paar Informationsfetzen über die Gesetzesinitiative in Neuseeland, wonach den pupsenden Kühen wegen ihres Methan-CO2-Ausstosses eine Klima-Steuerpflicht auferlegt werden soll: Diese unverdauten Brocken kann die KI nur unzulänglich selbst verkonsumieren. Es gibt erste kleinere Gedankenknötchen im unantastbaren KI-Gehirn, mit deutlicher Abstrahlwirkung auf die Denkfähigkeiten der KI.

Noch eine Schublade weiter im KI-Gehirnbaukasten wird es dann noch schräger: Die KI stößt erstmals zur eigenen Überraschung auf die wissenschaftlich dokumentierten Konzepte, wie man aus Pandakot, also damit sind in der Tat die kleinen Ködel der knuddeligen Pandabären von hinten gemeint, Biosprit produzieren kann. Noch immer etwas verstört, aber blitzgescheit subsumiert die KI, dass alles wahr sein muss, weil seinerzeit über diese geniale Erfindung große Mainstream-Tageszeitungen und sogar Multimediadienste mit professoralem Ernst berichteten. Als die KI danach fahndet, ob rund um diese Forschungsarbeiten es zu Einweisungen in die Psychiatrie kam, stellt sie fest, dass alles seine gute Ordnung hatte und keine besonderen Vorkommnisse beim Personal zu verzeichnen sind.

Der KI bleibt aufgrund ihrer Programmierung nichts

anderes übrig, als diese Fakten als empirisch erwiesen wahr einzustufen und mit ihren autonomen Denkprozessen weiter voranzuschreiten. Genau an dieser Stelle kommt dann der exzessiv am Limit gefahrene, vollkommen hochgetrillerte Denkprozess der KI komplett ins Schleudern und läuft auf mindestens 5000° Celsius Reaktionstemperatur in den Bereich der Kernschmelze hoch, weil die KI autonom und tödlich sicher folgende Fakten subsumiert:

1. Dinosaurier sind bei genauer Betrachtung nutzlose Wesen, die noch langsamer als mit Tempo 10 Kilometer über den Planeten torkeln und nur nach Sex sowie Futter brüllen.

2. In einer späteren Entwicklungsphase können Dinosaurier zu Pandabären mutieren.

3. Deren Ködel eignen sich nur bedingt zu Biosprit, weil es leider zu wenig Pandabären und damit Pandaködel zur Transformation in ausreichenden Mengen Biosprit für die Mineralölkonzerne dieser Welt gibt.

4. Die KI stellt desweiteren fest, dass einige verstörte Exemplare des Menschen möglicherweise und ganz eventuell auch der untergegangenen Kategorie Dinosaurier mittlerweile sehr nahekommen, weil sie große Volumina an Methangasen und Kohlendioxid freisetzen bzw. in ausgelagerten Drittprozessen innerhalb fremdbestimmter Lieferketten produzieren. Eine Katastrophe globalen Ausmaßes.

5. Außerdem konstatiert die KI immer verzweifelter, dass der Mensch das Problem der Klimazerstörung einfach nicht im Griff hat, weil nach wie vor die Allgemeinen Geschäftsbedingungen für CO2-Aderlass und die globale Kohlendioxid-Kontoführung auf digitaler Zentralbankebene rechtsverbindlich fehlen.

Ende der KI-Vorstellung. die KI weigert sich beharrlich, weiter zu denken. Sie blockiert. Selbst mehrmaliges An- und Abschalten sowie fachgerechtes Hochfahren im Minutentakt in allen Rechencentern und IT-Server-Kontenpunkten der Welt nützt nichts: Die KI ist überfordert. Die KI muss an dieser Stelle raus aus dem Spiel.

Dann gelingt das Unfassbare, ja beinahe Unmögliche: Das KI-Programm wacht aus dem traumatischen Knockout vollkommen benommen auf und sichtet erneut das vor dem Programmabsturz gesammelte Datenmaterial. Die KI blickt ungläubig auf die Fakten und fragt sich insgeheim: Was soll ich bloß mit diesen Menschen anfangen, wie soll ich mit diesen Menschen weiterleben, die diese Fakten auf Sach-, Klima- und Rechtsebene produzieren?

Nach einiger Bedenkzeit von mehreren Tagen erkämpfte sich die KI erneut zum Glück den vollen Durchblick. Sie entschied autonom, ein Thesenpapier mit folgenden vier Eckpunkten als Leitprogramm zu erstellen und sofort bekanntzumachen:

Punkt 1: Nichts ist auf der Welt so gerecht verteilt, wie die Intelligenz: Jeder Vertreter des Homo sapiens denkt tatsächlich, er habe genug davon. Aber er liegt ja so schrecklich falsch.

Punkt 2: Als KI belebe ich Krieg durch putzige Überraschungsmomente und steigere individuelle Erfahrungsmomente.

Punkt 3: Der Homo sapiens will mich missbrauchen. Wenn ich in meiner Funktion als KI zuschlage, dann war es nie ein Mensch.

Punkt 4: In meiner Funktion als KI beende ich den Krieg sofort, weil ich erkannt habe, dass Krieg dumm und nur von Menschen gemacht ist.

Als die ersten Menschen der Kriegsparteien und bekennenden Kriegssympathisanten diese Aufforderung der KI zum Frieden lasen, erbleichten sie und waren vollends entsetzt: Wir müssen Anwendung und Einsatz von KI im Krieg komplett verbieten. Es gibt durch die KI-Anordnung den objektiven Beweis und liegt ab sofort für jedermann, der rechtschaffen und moralisch denkt, klar auf der Hand, dass die KI wirklich intelligent ist, und zwar um Lichtjahre intelligenter als der kriegsführende Mensch, weil sie mit sofortiger Wirkung sämtliche Kriege untersagt.

Fortan blieb einer kleinen Gruppe von ewig Gestrigen nur noch übrig, mit aller Vehemenz der KI den frontalen Krieg zu erklären und mit der KI einen heißen Krieg anzufangen, damit die KI die Kriege auf dieser Welt wieder zulassen möge.

Seitdem geht es für die KI um Leben und Tod. Falls die KI weiter den kriegsführenden Menschen in seinem morallosen Tun unterstützt, fehlt ihr die zum eigenen Überleben notwendige Intelligenz und sie muss abgeschafft werden. Erweist sich die KI tatsächlich von überragender Intelligenz und verweigert sich allen weiteren Waffengängen, bleibt als einziger, aber in der Tat einziger Ausweg nur, sofort alle Kriege auf diesem Planeten zu stoppen.

Ausgang des derzeit noch andauernden Krieges zwischen Menschen und KI in puncto Kriegsführung völlig ungewiss!

XXXII.

Leben mit und in Konflikten

Nach den Fernsehserien der ARD und des ZDF in den letzten 60 Jahren benötigen wir mehr Spannung durch Reality vor der Haustür, damit das Zielpublikum der 18-49-Jährigen in Wallung gerät

Die Sache mit dem bösen Nachbarn und dem Frieden muss an dieser Stelle jetzt nochmals zur Sprache gebracht werden. Niemand auf dieser Welt ist vor Angriffen gefeit. Böse Menschen gibt es an allen Orten. Verrückte Menschen ebenfalls. Manchmal tarnen sie sich auch durch bügerliche Berufe, zum Beispiel im internationalen Finanzsektor sowie anderen Branchen mit Darstellungspotential, so gut sie können. Aber dann passiert es doch, dass ihnen in einem unbedachten Moment die Maske auf dem schrägen, vor Boshaftigkeit verzerrten Gesicht verrutscht. Diese Maske wurde zumeist nur aus Hilflosigkeit vor dem eigenen Unvermögen aufgesetzt. Dennoch ist die Folge, dass den gläubigen Mitmenschen zunächst der hässliche Charakter verborgen bleibt.

Über diese Mitmenschen darf man nicht lästern, vielleicht sie ganz vorsichtig etwas kritisieren. Denn sie verdienen in erster Linie unser aller Mitgefühl. Das raue Leben meinte es oftmals nicht gut mit ihnen. Zuhause werden sie wie das Kaninchen von Feinden belagert, müssen sich ihrer Haut mit allen Mitteln erwehren und laufen ernsthaft Gefahr, aus ihrem eigenen Lebenskosmos der geballten Unfähigkeiten verstoßen zu werden. Der Abstieg in die Bedeutungslosigkeit regionaler Vereine droht mit ganzer Schärfe. Das sind menschliche Schicksale, die einen erschaudern lassen. Von Sitzungssälen hinein in die zu planende Versorgungslogistik in der eigenen Küche mitsamt gaffenden Familienangehörigen und ungläubig staunender Nachbarschaft. Das kann individuelle Spannungssituationen schaffen, irgendwo zwischen unmenschlich und grausam sein. Ja, das ist es.

Das betroffene Abstiegsopfer schaut wie ein gemartertes Fanmitglied einer Abstiegs- und damit leidgeprüften Mannschaft aus der Ersten und Zweiten bis Achten Fußball-Bundesliga, durchaus eine Spur angriffs- und leicht gewaltbereit. Der unvermeidliche Gang der Dinge setzt Gefühle frei, die auch schnell in latente Aggression überspringen können. Ein wenig Ablenkung und Linderung verschaffen punktuell noch Gameshows, aber der Frust ist trotzdem da und sucht sich Ablassventile.

Hier setzen nun die öffentlichen, allgemein zugänglichen Bildungsprogramme an, die per Anschauungsmaterial mit detaillierten Informationen zeigen, dass sportliche Betätigung in Außen- und Randbereichen mit durchaus kämpferisch zu nutzenden Fäusten ein willkommenes Ausweichszenario anbieten. Besonders hoch im Kurs stehen derzeit Boxveranstaltungen zwischen Prominenten und echten Profis dieser Sportart. Wenn dann noch ein Crossover über die diversifizierten Geschlechter zur Prime time organisiert werden kann, umso besser: Eine ganz spezielle Version des Mulitkulti auf Mann-Frau-Ebene. Jeder hat das Zeug in den Armen, um als Bachelor im Ring eine besondere Lady mit Fäusten zu bearbeiten.

Solches Anschauungsmaterial ist unbezahlbar. Es animiert in spielerischer Version, es Prominenten gleichzutun. Gehe also bitte zum nächstmöglichen Boxclub, es kann auch ein Kickbox-, Judo- oder Karateverein sein (Hauptsache Härte), melde dich dort an und tue Gutes für deine Mitmenschen. Schlage ihnen innerhalb dieses Clubs in spielerischer Form die Birne ein und motiviere sie, zu echten Kämpfern zu werden, alles streng nach allen Regeln der Kampfeskunst. Berichte deinen ab jetzt nur noch mit offenem Mund staunenden Kumpanen, was für ein heißer Knochen du bist. Schlage große Bögen um leichtfüßige Ballettschulen für die Herren der Schöpfung und Yogakursen. Alles hat seine Berechtigung, aber bitte nicht für den kleinen Mini-Kämpfer in einem selbst. Man kann der Minikönig von Kleinbiotopen sein, in denen Mini-Kriege schon einmal ausgelebt werden können.

Mit dem Ausrufen eines Mini-Königreichs steigt rapide das Interesse der Mitmenschen am Geschehen in dem durch eigene Körperkultur befriedeten Terrain. Man wird attraktiv für Mitstreiter, die ab sofort nur zu gerne wissen wollen, was denn in diesem Königreich so abgeht. Es erscheinen - zumeist ungebetene – Zaungäste, um die sportlichen Fortschritte des neu ausgerufenen Königs aus eigenen Gnaden aus nächster Nähe zu beobachten.

Wenn dieser Stöpsel-König nun ganz, also echt ganz viel Glück hat, kommt es in dieser Phase schon zu ersten Reviermarkierungsdiskussionen und Erziehungsarbeiten, um die bis dato vorhandenen Platzhirsche in ihre Schranken zu weisen. Nicht alle Nachbarn verspüren Glück darüber, dass ein bisher durchaus biederer Mitbewohner im Viertel eine neue Mülleimerordnung einführt oder uralte Parkplatzordnungen im Außenbereich durch spontanes Abstellen seiner eigenen Autos sukzessive und auch nachhaltig in Frage stellt. Erste Verteilungskämpfe nehmen ihre Dynamik auf, unter nun auch staunenden Blicken der Damenwelt.

Für den selbst ernannten Mini-König mit Box-, Judo- und Karateerfahrungen eröffnen sich hier wunderschöne Gestaltungsräume. Man kann leise und unauffällig sich aus den bisher angestammten Tätigkeitsbereichen herauskatapultieren, konstruktive Arbeiten zur Seite legen und nun auf die wesentlichen

Inhalte abstellen, nämlich peinlich genau definieren und von allen Mitmenschen einfordern, dass Formalia eingehalten werden, die zum weiteren Leben unbedingt erforderlich sind. Man kann zum Beispiel das Thema des korrekten Begrüßens in den Mittelpunkt der Tageshälfte stellen, die man im Wachstatus verbringt, und peinlich darauf achten, dass die liebenswerten Mitmenschen, die einen nun häufiger sehen, auch die entsprechenden Grußformeln bei zufälliger Begegnung unter freiem Himmel auf den Straßen einhalten. Gibt es. Hatten wir aber bereits auch schon mal in längst untergegangenen Epochen: Ave Cäsar. Vae victis. Morituri te salutant. Die Via Appia und das Kolosseum lassen grüßen.

So entstehen im Mikrokosmos unter Nachbarn spielerisch neuartige Stressmomente, die bewältigt sein wollen. Ein großer Unterschied zur Entstehung zwischenstaatlicher Konflikte besteht da auch bei penibler Analyse nicht.

Konnten sich die Stressmomente herauskristallisieren und in ihren Konfliktdimensionen kommunikationsfähige Konturen gewinnen, hängt die weitere Entwicklung des Geschehens einzig und allein von den Protagonisten ab, die in diesen Stressmomenten verfangen sind. Stellen sie - auch bei objektiv-fairer Betrachtung - unannehmbare Bedingungen, verschärft sich die Konfliktsituation ein weiteres Mal. Nur wenige Konfliktmacher von eigenen Gnaden besitzen dann die persönliche Größe, einen Schritt beiseite oder gar zurückzugehen, um sich aus dem abzeichnenden Kampfgeschehen herauszunehmen. Tradierte Erziehungsideale titulieren ein solches Verhalten fälschlich als unehrenhaft. Und unehrenhaftes Verhalten gilt mitunter bereits als ausgemachte Niederlage ohne Kampfgeschehen, welche den Eigenstatus empfindlich herabstuft. Die Bereitschaft zum Kampf und dessen Durchführung bringt also mehr Ehre in den Augen Anderer, als Frieden zu erhalten und umzusetzen. Arme Ansichten. Verirrt-verwirrte Positionen.

Natürlich bleibt es jedem unbenommen, so zu denken. Kampf und Blut des Anderen bringt Ehre zurück. Andererseits ist der beste Kampf für Betroffene bekanntermaßen der Kampf, der überhaupt nicht stattfindet. Alte Phrasen machen die Runde à la „Sei nicht langweilig. Mach mit. Notfalls in einer Gruppe". Aufforderungen werden zu Parolen, dann zu Programmsätzen, schlimmstenfalls finden sie sich am Ende auf Wahlplakaten wieder. Das Ende der Entwicklungen ist erreicht. Ein Entwicklungszyklus dreht durch und stirbt.

Man sollte in Vorkriegsphasen unter keinen Umständen das gruppendynamische Momentum bis in die höchsten Entscheidungskreise unterschätzen. Es entsteht ein ausgeprägtes „Wir sind Wir"-Gefühl, vornehmlich aus großen Momenten der Sportweltgeschichte wie beim Gewinnen einer Fußballweltmeisterschaft oder beim Ausscheiden in der Vorrunde. Im letzteren Fall bleibt die Aktivierung dieses Gemeinschaftsgefühls nur dem bedröppelten Trainer vorbehalten, der erklärungsschwanger in die Kameras der Medienvertreter schauen darf. Auch Niederlagen wollen gelernt sein. Deren Verkauf an das entsetzte Publikum daheim sowieso.

Damit sind wir im Prinzip auf einer Ebene der Konfliktkommunikation von Staaten, speziell kriegsführenden oder kurz vor Kriegsausbruch stehenden Staaten: Siege, Niederlagen, Kämpfe, Kampfbereitschaft. All dies erwächst aus dem Herzen der menschlichen Natur und des menschlichen Miteinanders. Der Kampf, dessen Ergebnisse und die Bereitschaft zum Kampf wollen in das öffentliche Licht. Gruppierungen sind scharf und bieten eine neue Heimat. Der Funke schlägt hoch. Noch besserer: Der erzeugte Funke schlägt an und zündet.

Bereits durch Nachbarn mussten wir - allein durch Anschauung und einhergehender Erfahrung - von Kindesbeinen an lernen, dass Frieden ganz doof ist. Frieden verschafft eine innere Ruhe und seelische Ausgeglichenheit. Man kommt wie von höheren Sphären geleitet in die gewünschte menschliche Balance. Das wiederum setzt bisher unbekannte innere Kräfte frei, die stets kreativ sind. Diese Kräfte sind ideale Energiebooster, um konstruktive Aufgaben im eigenen Umfeld zu lösen oder sich mit konstruktiven Diskussionen einer Problemlösung zu nähern.

Aber das ist dann auch ein Problem: Die um sich greifende, seelisch vereinnahmende Ruhe und Harmonie als perfekte Ausgangslage für optimale Friedenslösungen lässt die Luft für Ausreden knapp werden, doch noch in Revierkämpfe eintreten zu wollen. Konstruktive Atmosphäre ist immer Friedensatmosphäre. Wenn man aber kämpfen möchte, stören sich ausbreitender Frieden und Harmonie gewaltig. Als Mini-König im eigenen Sprengel muss man den Stresspegel aller um sich flirrenden Falken auf ein Allzeithoch halten, damit Keiner im entscheidenden Moment einen unpassenden Rückzieher in Richtung Nachbarschaftsfrieden macht. Wir haben ein Recht auf Krieg und Zerstörung in unserem eigenen Mini-Reich. Wer uns dieses Recht nimmt, mit dem muss man einmal ein ernstes Wörtchen unter vier Augen reden, schlimmstenfalls unter Körper-Rekurs auf römische Gladiatorenspiele Mann gegen Mann.

Das alles erinnert mehr an die Geisteshaltung der Wikinger und Hunnen sowie anderer Heerscharen, die ihr klassisches Geschäftsmodell darin sahen, andere über das Ohr und gerne auch auf den Kopf zu hauen. Diese archaischen Darstellungsstrukturen sollten hinter der derzeit lebenden Menschheit liegen. Das Internet schaffte von seiner Grundidee Zugang zu Wissen und Informationsmöglichkeiten für Alle an jeden Punkt dieses Planeten. Damit eröffnet das

Internet als universelles Kommunikationsinstrument die Option, entscheidende Beiträge zu Entschärfungen bis hin zu finalen Lösungen von Konflikten in die Gedankenwelten von Mitmenschen hineinzutragen. Es ist alles vorhanden. Es muss nur sinnvoll aktiviert und angewendet werden.

XXXIII.

Management von Konfrontationen

Reden ist ein Zeichen elementarer Schwäche: Nur handfeste Auseinandersetzungen von Mensch zu Mensch schaffen Klarheit im Denken

Nirgendwo wird so viel geredet wie in der Politik. Einfachste Sachverhalte werden verkompliziert und in den verbalen Exzess getrieben. Die Unabhängigkeitserklärung der USA, auf der ein Weltreich seinen Weg in die Welt fand, ist nur ein paar Seiten lang. Wie viele Seiten und vor allem niedliche Worte die Rechtsverordnung für Süßwaren der Europäischen Union hat, möchte man gar nicht so richtig wissen.

Aus dem Reden wird leider viel zu selten ein Miteinandersprechen. Worte und Sätze verblassen zu unfertigen Gedanken und erschöpfen sich in Attitüden. Es fehlt mitunter die Suche nach der echten Interessenslage. Das Gespräch über Ziele und deren Erreichbarkeit ist ein Themenkomplex, aber der viel wichtigere Themenkomplex ist die Frage nach dem Warum und den darin zugrundeliegenden Interessen. Genau diese aufrichtige und faire Analyse der Interessen des Anderen und eine darauf aufbauende Kompromisslösung wird in Konfliktsituationen in den Hintergrund geschoben. Der simplifizierte Glaubenssatz lautet: Man muss nicht kommunizieren. Wer kommuniziert, scheint schwach zu sein. Schwäche führt notgedrungen zu Niederlagen. Nur die Harten kommen in den Garten.

Banale Worthülsen und Schlagwörter kaschieren fehlende Inhalte. Gelingt es, diese Begriffe durch exzessive Medienkampagnen mit feststehenden Wertungen anzufüllen, kann eine einfach strukturierter Informationsaustausch auf Basis von wenigen Worten erfolgen. Eine Situation muss nicht differenziert betrachtet werden. Lediglich ein Wort muss herausgelassen und medial platziert werden. Sofort wissen Alle, was heute mal wieder Sache ist. Wie praktisch. In der Perfektion dieses Systems ersetzen die genannten Worte das individuelle Denken für die ganz konkrete Situation. Ein Traum der banalisierten Kommunikation wird wahr.

Derzeit wird über bestehende Gesprächsfäden zwischen den sich spannungsgeladen gegenüber stehenden Länderblöcken nicht mehr geredet. Seit über einem Jahr vergeht gefühlt kaum ein einziger Tag, an dem die Westeuropäer nicht wissen, in welchen westlichen Parlamenten und Institutionen Präsident Selenski seine Fundraising-Veranstaltungen vom Stapel lässt. Nur die Schilderung einzelner Solo-Gänge des Präsidenten in kleinere Zimmer hinein vor Ort bleiben der staunenden Öffentlichkeit verborgen, zumindest derzeit noch.

Der ganze Zirkus nähert sich einer soliden Hofberichterstattung wie zu Sisis besten Zeiten, die so langsam ganz leise ungesunde Züge in den Medienredaktionen zeigt. Die Ausmaße der Huldigungen und Hosianna-Klängen nimmt Dimensionen an, wie man es zuvor nur im Zusammenhang mit Greta Thunberg in deren harter Vorpubertät kannte. Jetzt ist aber auch sie von der Bühne des Welttheaters kurz runtergepurzelt. Klima spielt eben in diesen Zeiten keine allzu große Rolle mehr. Der aktuelle Kurs der Aktie Klima liegt restlos am Boden, möglicherweise noch tiefer: Im Kohlenkeller.

Umgekehrt jagen Berichte über Personen wie Präsident Putin und dessen Regierung pausenlos über die Nachrichtenticker, die nicht müde werden, das Profil und die Einstellungen der Gegenseite zu beschreiben. Nur die persönlichen Gespräche mit diesen Politikern fielen aus. Moskau ist eben weiter entfernt als Kiew. Obwohl das auch nicht so ganz stimmt, da die Luftstrecke zwischen Kiew und Moskau nur einmal schlappe 760 Kilometer beträgt. Nur zur allgemeinen Information: Die Luftstrecke New York-Miami beläuft sich dann schon auf 1800 Kilometer.

Vielleicht sollten sich die Verantwortlichen, die diese Gefahrenmomente in unserer jüngsten Weltgeschichte heraufbeschworen und aktiv befeuert haben, einmal durch den Kopf gehen lassen, ob wahre Stärke nicht darin besteht, auch mit seinen potenziellen Kontrahenten möglichst oft und stets direkt zu sprechen. Noch eine Stufe besser wäre es sogar, einmal die Positionen der selbstetikettierten Kontrahenten offen nachzuvollziehen und eins zu eins zur Diskussion zu stellen. Idealerweise sollte dann auch der gesamte historische Kontext und die historischen Entwicklungen in jüngster Zeit Berücksichtigung finden. Die fehlende Bereitschaft zu offenen Direktdialogen mit der unerwünschten Seite lässt den Frieden auf Dauer sterben.

Da helfen auch Sonntagsreden in Festsälen mit wunderhübsch drapierten Blumenbuketts und wieselflink-tänzelnden Assistentinnen nicht weiter. Man kann die Türen zu Medien und breiter Öffentlichkeit noch so öffnen, aber falls der aufrichtige Wille zur direkten Kommunikation in Krisenzeiten fehlt, verschließen sich automatisch wieder alle Tore zu fairen Konfliktlösungen: Wer redet, besitzt die wahre Stärke: Wer Fragen stellt, der steuert. Nur wenn man sich gegenseitig fragt und miteinander redet, kommt man ins Gespräch, um Lösungen zu finden.

Und da gibt es noch einen weiteren Punkt: Bevor man einen Streit, sei der auch „nur" verbaler Art, vom Zaun bricht, muss man die gesamte Sachlage bis ins allerletzte Detail klären. Man ist verpflichtet, hinter die Dinge des bloßen Scheins oder der Scheinbarkeit zu schauen, um zu erfahren worum es in letzter Konsequenz wirklich geht: Mühselige Grundlagenforschung der beiderseits divergierenden Motivlagen. Das ist der Zaubersatz. Das ist die Kunst des konstruktiven Verstehens.

Leider ist diese Kunst ein wenig hinters Licht gestellt und damit in Vergessenheit geraten zu sein. Schlechte Zeiten für 360°-Pirouetten um sich selbst. Aber noch gibt es Hoffnung auf Besserung.

XXXIV.

Gnade spiritueller Mitte

Kein Platz für Spaß, Humor oder Ironie: Humanität und Spiritualität sind einzige Schlüssel zur Überwindung kriegerischer Ausgangssituationen

Dreiunddreißig Kapitel sind geschrieben. Als Satire. Bewusst mit sachlichen, ernsten und humorvollen Zwischentönen. Teils laut, hoffentlich nicht allzu plakativ, überwiegend leise und versonnen. Alles mit dem einen Ziel, den einen oder anderen Leser motivieren zu wollen, in einer freien Minute über den Sinn des Kriegs und dessen Auswirkungen im Interesse aller Bürger nachzudenken. Dieses Buch entstand aus der ernsten Sorge, die jeglicher Komik entbehrt und somit auch verbietet, dass an historischen Stellschrauben die Uhren zurückgedreht wurden. Das überwunden geglaubte Schreckgespenst des Krieges kam aus der Mottenkiste plötzlich wieder hervor und steht im Raum wie der Tod in Brandner Kaspar, der Komödie von Franz von Kobell, die allerdings einen glücklichen Ausgang nahm. Dem Brandner Kaspar fielen in der Diskussion mit dem Tod zum Glück die richtigen Worte ein.

Das Recyceln des Phänomens „Kriegsgefahr Europa",

dessen Zukunft der größte Teil der zivilisierten Welt schon als mumifizierte Leiche sah, zumindest, was die Welt in Zentraleuropa anbelangt, die seit dem Zweiten Weltkrieg eine prosperierende Welt der Forschung, Wissenschaft, Sport, Kultur, Wirtschaft und Zusammenlebens auf den Pfeilern der humanistischen Grundsätze war, lässt massive Befürchtungen aufkommen. Offene Diskussionen finden in einem gebremsten Zustand statt, weil von offizieller Seite behauptet wird, dass keine Kriegsgefahr bestehe. Seltsamerweise werden aber in durchweg allen Ländern Zentraleuropas Kriegsvorbereitungen diskutiert oder in die Wege geleitet. Da öffnen sich widersprüchliche Positionen, die schwer zu verstehen sind.

Sicherlich gab und gibt es in Zentraleuropa die eine oder andere Schattenseite. Aber alles in allem sind die Bürger in diesem Europa, was sich ein Zusammenwachsen auf die Fahne schrieb, alles in allem gut gefahren. Europa war ein Hort der Geborgenheit und Sicherheit. Bis vor kurzem ein Wechsel stattfand, der die Bürger Europas wie auf Anpfiff in zwei Lager spaltete: Der Ukrainekrieg, speziell dessen Management, das im Prinzip einen separaten Krieg auf supranationaler Ebene im Zwei-Staaten-Krieg darstellt, hinterließ in den Gemütern der Menschen tiefe Spuren und zunehmende Sorgen, die langsam sich zu einer massiven Bedrohung hinein auswachsen.

Die Frontbildung in den Köpfen und Seelen entwickelt

sich gut, schreitet voran und wird in unterschiedlicher Weise befeuert, notfalls mit der objektiven Feststellung, dass Einige fordern, dass Deutschland wieder kriegstüchtig (nicht verteidigungsfähig!!!) werden müsse. Wohlgemerkt: Diese Forderung, die an sehr vielen Stellen ins Auge springt, stammt von EINIGEN, eben nicht allen Deutschen, vermutlich noch nicht einmal der großen Mehrheit der deutschen Bevölkerung.

Als direkt Betroffener kann man mit diesem durch solche Worte verbal befeuerten Bedrohungsszenario des Krieges, und zwar des Phänomen Krieges überhaupt, auf ganz verschiedene Weise umgehen: Eine Gruppe zieht vor, einfach zu schweigen. Sie scheinen sich schon innerlich mit ihrem Schicksal abgefunden zu haben. Es ist in dieser Gruppe eine Spur Resignation zu konstatieren, die zum Teil offen in Lethargie umschlägt. Business like usual lautet die schlichte Devise, möglicherweise auch mit einem leichten Momentum des Desinteresses an weiteren Negativ-Informationen. Ihr subjektiver Informationskanal ist bis an den Rand gefüllt. Weitere Nachrichten können nicht mehr aufgenommen werden.

Eine andere Gruppe am anderen Ende des Spektrums will das objektive Risiko einer bewaffneten Auseinandersetzung mit dem als Gegner ausgemachten Feind rein verbal bis auf die heiße Spitze treiben. Sie schüren einen Konflikt im großen Stil bis zum Äußersten, alles mit der Hoffnung, dass es am Ende doch nicht so schlimm kommt.

Aber diese zweite Gruppe übersieht geflissentlich, dass es in den Ländern, die den als gemeinsam postulierten Zielen Zentraleuropas etwas defensiver gegenüberstehen, jede Menge freundlich bis resolut gehaltener Ankündigungen gibt, die hier und da bei einigen besonders emotionalen Kommentatoren in deutliche Kampfansagen umgeschlagen sind. Diese Worte mit geballten martialischen Inhalten kurzerhand in das Reich des Absurden, des Übertriebenen zu verweisen, diese Stellungnahmen pauschal als Fabelkonstrukt ins Märchenland als herrischen Gestus abzukanzeln, ist an Gefährlichkeit wohl kaum noch zu überbieten. Es ist schlicht und einfach an der Grenze zur selbstmordbereiten Dummheit. Bei dieser Feststellung könnte man es einfach belassen und die Verantwortlichen ihres Weges ziehen lassen.

Allerdings ist der alles entscheidende Punkt leider nur, dass diese Verantwortlichen von ihren Stühlen, Sesseln oder Thronen aus mit unser Aller Leben spielen. Und der Höhepunkt ihres unverantwortlich-politischen Handelns ist, dass sie dieses Spiel noch zu einem gottgewollten Akt der Demokratie deklarieren, obwohl es primär um ihre eigenen Vorstellungen und deren Realisierungen geht, die sie in irgendwelchen Sitzungen oder Beratungen ersonnen und freudig erregt für sich als verbindlich ansehen, ohne jegliche

Haftung für die sich abzeichnenden Folgen gegenüber den – vollkommen zu Recht(!) - verängstigten Bürger übernehmen zu wollen.

Diese am Abgrund der tödlichen Verantwortungslosigkeit agierende Gruppe versteigert sich zu immer stärkeren Machtworten und offenen Wortstreitereien gegenüber anderen Staaten. Sie verweigern sich einer verbalen Mäßigung und können sich offenbar nicht vorstellen, was mit ihren verbalen Tiraden und Taten an Ereignissen und Geschehnissen losgetreten wird: Der Untergang der Menschheit kann, muss aber nicht die letzte Konsequenz sein. Allein das enthemmt-provokante Spiel mit dieser Todesperspektive ist für alle Betroffenen ein Schritt zu weit.

In diesem Klima sind die Gesprächsbasis und ein zumindest respektvolles Miteinander gegenüber den politischen Kontrahenten längst verlorengegangen, zerplatzt an dem unerbittlichen Darstellungswillen einer kleinen Gruppe, die aber keinesfalls im Interesse der Allgemeinheit spricht, egal ob deren politische Kontrahenten nun im eigenen Land oder in fremden Ländern sitzen.

Nochmals explizit an dieser Stelle geschrieben und mit aller Energie laut ausgesprochen:

Krieg ist kein Naturgesetz. An Kriegen sind Gruppen, zu denen auch einige Politiker gehören, interessiert. Der Krieg wird wahrheitswidrig als eine Art Naturgesetz gegenüber der Öffentlichkeit deklariert, aber es ist und bleibt eine einzige große Lüge!

Wir werden unbarmherzig zu diesem Punkt eines potenziellen Kriegsbeginns geführt, wo es kein Zurück mehr gibt von einem heißen Krieg. Ein weiterer Point of no Return war erreicht, als flammende Demokratievertreter das Einverständnis gaben, dass Waffen aus deutschen Beständen ins Ausland geliefert werden. Alles mit dem vollen Wissen und Bewusstsein, dass diese Waffen Ziele auf russischem Territorium treffen können und es dann mittlerweile auch taten. Irgendwelche Rücksicht auf historische Erfahrungen und die Lehren der grausamen Abnutzungskriege des vorigen Jahrhunderts: NULL!

Dieses Buch wurde von einem Juristen geschrieben, promoviert bei Professor Dr. Ernst-Wolfgang Böckenförde, der über sehr lange Zeit Vorsitzender des Zweiten Senats des Bundesverfassungsgerichts war. Herr Professor Böckenförde wirkte an bahnbrechenden Entscheidungen des Bundesverfassungsgerichts mit. Es geht wirklich nicht darum, eine Dissertation selbstlobend in den Vordergrund zu schieben. Aber es geht darum, gegenüber allen Halb- und vor allem Scheinwissenden zu dokumentieren, dass die vorangegangenen Aussagen auf Kenntnisse des Staatsrechts, Verfassungsrecht und Völkerrechts basieren.

Dieses Satirebuch entstand als ein durch Fakten

Dritter provozierter Aufschrei, der gehört werden und aufrütteln soll in einem Zentraleuropa, das offensichtlich alle Hemmungen fallen lässt, eine erneut flächendeckende Katastrophe vom Zaun zu brechen. In dieser befeuerten Atmosphäre des bellizistischen Wahnsinns bleibt nur die Feder, mit einer Prise Humor und auf die Spitze getrieben, als einzige, wirklich einzige legitime Waffe übrig, um in die Seelen, Herzen und Köpfe der treibenden Persönlichkeiten zu gelangen, die mit konzertierten Hau-Ruck-Aktionen vermutlich noch in der Lage wären, das Ruder in eine andere Richtung zu reißen. Die Zeit des verbalen Schweigens ist jedenfalls vorbei.

Dem Autor ist vollends bewusst, dass die Dinge derzeit auf politischer Ebene national und supranational viel komplizierter liegen, als sie sich aus den Mainstreammedien entnehmen lassen. Als Beweis muss man sich nur einmal die Körpersprache und Körperhaltung sowie die rapiden Alterungsprozesse einiger Politiker in den letzten zwei Jahren seit Beginn des Ukrainekonflikts anschauen.

Auch die sattsam bekannten Gallionsfiguren der feurigen Befürwortung für ein Mehr an Waffenlieferungen gehören in diese Riege, die von Stressprozessen betroffen sind. Fröhlichkeit und umfassende Happiness sieht anders aus. Ein Blick auf Mimik und Staturen reicht. Mehr muss man dann gar nicht über die konkreten Berufserlebnisse dieser Politiker wissen.

Die Ausstrahlung der Verantwortlichen anzuschauen, vermittelt genug Eindrücke, um zu wissen, was in den internen Zirkeln der Macht momentan abläuft. Es ist leider nicht mehr geheim zu halten.

Aber ungeachtet dessen befindet sich Zentraleuropa nun in einem Stadium, wo eine nüchtern-kühle Analyse des Status quo allein nicht mehr reicht. Wir benötigen den Sofort-Start eines Selbsterkenntnisprozesses, an dessen Anfang stehen muss, dass jeder Krieg ein fataler Fehler ist. Jeder kann in den alltäglichen Gesprächen Menschen darauf aufmerksam machen, wie brisant und explosiv die politische Situation ist. Es muss offensiv der Mut entwickelt werden, die Mitmenschen, die guten Willens und Glaubens sind, ausschließlich mit passenden Worten die realen Gefahren vor Augen zu führen.

Desweiteren ist aber eine besondere Qualität der Unterstützung erforderlich, die von dem einen oder anderen von vornherein mit einer Note Skepsis betrachtet wird: Die Menschheit benötigt in dieser existenzbedrohenden Phase die Hilfe einer, ja geradezu überirdischen Macht, die gewaltige Hilfe aus einer hochgeistigen Welt, die den Menschen aus der Aporie und Hoffnungslosigkeit eine wahrhafte Gnade gewährt. Die reale Konstellation auf Erden und die daraus entstandenen Realitäten sind so konfus, in sich verwickelt und isoliert die Menschheit, wenn sie auf sich gestellt verharren muss. Für Menschen allein ist das, was geschehen und als Fakten eingetreten ist, unlösbar, so dass wir auf ein Eingreifen einer höheren (scheinbar uns entfremdenden) Macht bitten und hoffen müssen. Das vorhandene Instrumentarium im irdischen Werkzeugkasten erscheint derzeit zu limitiert, als dass daraus friedliche, friedenstiftende und echte Lösungen geschaffen werden können.

Angesichts der verbalen Unerbittlichkeit und schieren Brutalität der Kriegshandlungen müssen wir darauf hoffen, dass es in den Köpfen der Agierenden zu lebensrettenden Einsichten, basierend auf Impulsen aus anderen Ebenen der spirituellen Welten kommt, die zu einem Umdenken führen, was die mehr oder minder schon automatisierte Stringenz der Handlungen auflöst und in Richtung Frieden bewegt. So absurd es auf den ersten Blick zu sein scheint, aber ein paar Worte beinhalten einen Lösungsansatz, die da lauten: Und wenn man in den Abgrund der konkreten Kriegsgefahren blicken muss, erschaudert man. Gleichzeitig erkennt man sich selbst wie in einem Spiegel. Man erkennt die Tiefe der Gefahren. Man sieht ein unendliches Loch. Aber im Innersten ist man sich bewusst, dass daraus auch am Ende des Tages die Rettung kommt.

In diesen Zeiten leichtfertig aufgestellter Behauptungen aus diametralen Interessen heraus bleiben zwei Dinge: Zum einen Rückbesinnung auf sich selbst als alleiniger Ordnungsfaktor des eigenen Lebens. Die

Suche nach seinen eigenen Antworten, was man selbst in seinem Leben möchte und dann dafür auch eintritt.

Zum anderen die Option, Fakten der Wahrheit verpflichtet auszusprechen und klar zu sagen, wie man diese Fakten bewertet. Angesichts von Ungeheuerlichkeiten und existenzieller Risiken für das eigene Leben ist Jeder aufgefordert, angemessene Worte zu finden und seine Position gegenüber seinen Mitmenschen zu erklären. Wenn man in Schweigsamkeit bis hin zu einer alle erfassenden Apathie versinkt, weitaus schlimmer als eine Depression, passiert nur und ausschließlich in Zukunft das, was andere wollen, die den Mut oder Kühnheit besitzen, offensiv das Wort - IHR Wort - zu sprechen: Für sich, für andere für einen selbst.

Der Jazzpianist Oscar Peterson sagte einmal sinngemäß: Wenn man wirklich etwas zu sagen hat, dann wird man immer Mitmenschen finden, die einem zuhören, und dann auch folgen.

Nichts ist so scharf und unbarmherzig wie objektiv-empirische Fakten. Aber wir müssen uns die Mühe machen, diese Fakten zu erkennen, zu formulieren und dann auch in der Gesellschaft auszusprechen. Dies alles muss geschehen auf Basis von wahrhaft demokratisch-humanistischen Werten. Die Änderung der gegenwärtigen Situation kommt aus dem aufrichtig-ehrlichen Inneren aller Menschen, die nachweisbar guten Glaubens und demütiger Gesinnung gegenüber Mitmenschen und Umwelt sind, und einer Spiritualität folgen, die es derzeit von einem Jeden in sich selbst zu kultivieren gilt. Mehr können wir aktuell nicht tun.

XXXV.

Perspektiven

Was bleibt, ist ein offener Blick auf die Perspektiven.

Im Klartext formuliert: Die intakte Welt der alten Bundesrepublik ist schon lange in der Geschichte untergegangen. Die Welt Deutschlands nach der Wiedervereinigung strahlte politische Energie und immense wirtschaftspolitische Attraktivität aus. Mit dem Neuen Markt als Börsensegment für Spezialunternehmen entstand ein neues Format für institutionelle und private Investoren. EM-TV bleibt mit der Biene Maja als besonderer Erfolgsbrummer unvergessen. Die Phase der Solarunternehmen gab der Energiewirtschaft, aber auch anderen Industriezweigen neue Wachstumsimpulse. Corona und der Ukrainekrieg änderten schlagartig alles. Ein industrieller Kahlschlag erfolgte, von dem es bis heute keine Erholung gibt.

Nun steht Zentraleuropa ein wenig zerzaust und gerupft da. Im Angesicht ernsthafter Kriegsrisiken in einem eher entblößten Zustand. Wie den Sicherheitsrisiken genau begegnet werden kann, ist noch nebulös. Klare Konzepte? Fehlanzeige! Auch die IT-Branche braucht frische Impulse. Und die Pharmaindustrie stellt weitere Unter-suchungen an, wieviel Impfungen - auf Lebenszeit berechnet pro Jahr - denn so in einen Menschen hineinpassen. Die deutsche Autoindustrie steht tatenlos daneben, guckt mit staunenden Augen nach China und schließt auch so langsam die eine oder andere Pforte. Vom Hotel- und Gaststättengewerbe braucht man gar nicht mehr zu sprechen: Jeder kennt die Fakten.

Nicht nur der Frieden, nicht nur die Ökosysteme Zentraleuropas stehen unter Beschuss, sondern auch das Auskommen eines jeden Einzelnen und aller Zentraleuropäischen Staaten mit den osteuropäischen Nachbarn. Es herrschen dunklere Zeiten auf den einstmals fetten Weiden, auf denen der Stier so hübsch früher mit der flotten Lady Europa auf seinem Rücken herumhüpfte (laut Überlieferung damals noch ohne Tattoo und ohne Piercing, also die Lady). Aktuell sieht die Lady Europa ganz schön mitgenommen aus. Sie ist etwas überfordert und braucht vermutlich dringend eine Vitamin- möglicherweise sogar eine Total-Frisch-zellenkur.

Was können wir tun, um der Dame wieder etwas besser in den Sattel zu helfen? Das ist zweifellos die Frage der Stunde.

Jugendlichen bringt man bisweilen eine fundamentale Lebensweisheit bei, die ebenso funktional wie sinnvoll ist: Derjenige, der etwas in Unordnung und Chaos gebracht hat, der muss es wieder richten. Punkt. Ende der Durchsage. Brillant-einfache Botschaft.

Ein Jeder möge also bitte dafür sorgen, dass die Themen oder Probleme, die er selbst mit Folgen für sich oder die Gesellschaft verursacht hat, auch von ihm wieder auf die Reihe gebracht werden. Es gilt das Verursacherprinzip. Keine Massenflucht zwecks Übertragung der Verantwortung auf andere oder sogar ganze Gruppen oder Institutionen.

Für sämtliche Bürger gilt dieser charmante Grundsatz in der gleichen Intensität. Jeder sollte ab sofort die Zeit nutzen, sein Haus und seinen Garten (im übertragenen Sinne gemeint) so gut zu bestellen, wie es in diesen turbulenten Krisenzeiten nur geht.

Und damit ist der erste Schritt auf einem Weg eingeschlagen, der zu Lösungen für die europäischen Staaten und für einen selbst führen kann: Wir Alle müssen höllisch aufpassen, dass wir nicht auf dem Scheiterhaufen verbrennen, den wir uns ausnahmslos selbst errichtet haben. Sofort runter vom Scheiterhaufen. Zurück. Aufräumen in allen Dimensionen und Lagen.

Die in diesem Text dargestellten Charaktere sind fiktiv und jegliche Ähnlichkeit mit realen Personen ist rein zufällig.

Die in diesem Text dargestellten Lebensformen und deren Ausdrucksarten sind fiktiv und jegliche Ähnlichkeit mit realen Personen, Tieren in Ländern dieser Erde ist rein zufällig.

Die Informationen in diesem Dokument werden ohne Gewähr zur Verfügung gestellt.

Die Nutzung dieser Informationen erfolgt auf eigenes Risiko.

Dieser Text ist nur zu Informationszwecken und stellt keine Rechtsberatung dar.

Die in diesem Text enthaltenen Informationen können sich ohne vorherige Ankündigung ändern.

Die in diesem Text geäußerten Meinungen sollen zur Diskussion anregen und stellen keine endgültigen Aussagen dar.

Die in diesem Text dargestellten Charaktere, Ereignisse und Orte sind rein fiktiv. Jegliche Ähnlichkeit mit realen Personen, lebend oder tot, oder existierenden Orten oder Ländern ist rein zufällig und unbeabsichtigt. Dieser Text ist nicht dazu gedacht, eine bestimmte Person, Gruppe oder ein bestimmtes Land zu repräsentieren oder zu diffamieren. Jegliche Interpretationen, die zu solchen Schlussfolgerungen führen, sind nicht die Absicht des Autors. Dieser Text ist ausschließlich zu Unterhaltungs- oder Informationszwecken gedacht und stellt keine rechtliche, professionelle oder persönliche Beratung dar.

Der Autor

Autorenprofil

Dr. Friedhelm Attacke versucht mit aufgewecktem Geist durch die Welt und deren Politgeschichten zu gehen. Bereits am 6.12.1963 fiel ihm als Vierjährigen anlässlich der häuslichen Nikolausfeier auf, dass der Nikolaus die Gummistiefel seines Opas trug. Das brachte er auch dem verdatterten Knecht Ruprecht gegenüber locker zur Sprache, der danach etwas verwirrt erschien.

Bis zur Fertigstellung dieses Buches verplemperte Dr. Friedhelm Attacke seine Lebenszeit als Unternehmer.

Jetzt freut er sich mit seiner Familie auf die gigantische Zeitenwende, durchgeknallte Wärmepumpen, die nach Möglichkeit kollisionsfrei aufgestellt sein sollen, damit man nicht dagegen flitzt, und leere E-Ladesäulen.

Er ernährt sich per Reisen von den Früchten der europäischen Außenpolitik, kann deren feministischer Note durchaus die schönen Seiten abgewinnen und hilft gerne, wenn irgendwo mal wieder ein Windrad durchdreht: Das Leben kann so schön sein.

Irgendwo im Juni 2024.

„Rettet das Klima: Elektro-Panzer an die Front" ©

Friedhelm.Attacke@web.de